银行营销实训系列

U0678689

供应链融资

宋炳方 著

经济管理出版社
ECONOMY & MANAGEMENT PUBLISHING HOUSE

图书在版编目（CIP）数据

供应链融资/宋炳方著 . —北京：经济管理出版社，2014.4
ISBN 978 - 7 - 5096 - 3083 - 9

Ⅰ . ①供… Ⅱ . ①宋… Ⅲ . ①中小企业—企业融资—研究 Ⅳ . ①F276.3

中国版本图书馆 CIP 数据核字（2014）第 079017 号

组稿编辑：谭　伟
责任编辑：谭　伟　王　琰
责任印制：黄章平
责任校对：超　凡

出版发行：经济管理出版社
　　　　　（北京市海淀区北蜂窝 8 号中雅大厦 A 座 11 层　100038）
网　　址：www. E - mp. com. cn
电　　话：(010) 51915602
印　　刷：北京银祥印刷厂
经　　销：新华书店
开　　本：720mm×1000mm/16
印　　张：22.5
字　　数：346 千字
版　　次：2014 年 10 月第 1 版　2014 年 10 月第 1 次印刷
书　　号：ISBN 978 - 7 - 5096 - 3083 - 9
定　　价：58.00 元

关于本丛书的几点说明

一、本丛书以银行营销人员为主要阅读对象，以可操作性和实践性为着力点，围绕"如何做营销"（营销方法）和"用什么做营销"（银行产品）两大主题组织内容，基本涵盖了银行营销人员开展业务所需的主要方面。

二、本丛书的部分内容以我曾经公开出版过的著作为底本，纳入本丛书时，做了相应的修改与完善。

三、本丛书参考了众多金融类和非金融类图书，并得到了众多金融同业人士的帮助与指点，在此深表谢意。不当之处，亦敬希谅解。

四、本丛书利用业余时间完成，时间较紧，加之水平有限，肯定仍有不甚完善之处，今后如有机会将再加以认真修订。

五、为广大银行营销人员提供更多更有价值的帮助，是作者多年以来的心愿，希望本丛书的出版能达到该目标。

六、本丛书各册内容简介如下：

1.《营销方法新说》：本书基于中国历史文化传统，立足于中国当前社会现实，提出了一种用来指导银行营销人员如何开展营销工作的新框架，并分析了这一营销框架的运作基础。本书还提供了指导"个人"开展营销工作的具体策略。

2.《营销基础述要》：本书尽可能详细地介绍了银行营销人员应该掌握的基础内容，包括：客户经理制度、学习方法、素质提升方法、银行产品分类、营销工作规则、金融学及管理学等基础知识。

3. 《营销能力训练》：本书对银行营销人员营销技能类别及内容、作为营销技能提升重要途径的案例整理与观摩分别进行了介绍，并附大量试题供读者自测使用。

4. 《营销流程与技巧》：尽管银行营销人员的营销工作是高度个性化的，但了解营销工作的一般流程仍非常必要。本书将客户营销流程概括为确定客户拓展战略、搜寻和确定目标客户、拜访客户、围绕目标客户调研、识别客户风险、评价客户价值、同客户建立合作关系、合作关系维护众八个依次进行的环节，并对每个环节中应该掌握的工作技巧进行了介绍。

5. 《授信与融资》：本书在介绍授信知识及其操作要求的基础上，对流动资金贷款、法人账户透支、固定资产贷款、项目贷款、银团贷款、并购贷款、杠杆融资、信贷资产转让等常见的融资产品进行了介绍。此外，本书还专门分析了房地产融资这一银行当前非常重要的业务品种，并对银行如何向政府平台公司、普通高等院校、船舶制造企业、文化创意企业和中小企业等具有一定特殊性的客户提供融资服务进行了介绍。

6. 《票据融资》：本书在介绍商业汇票理论知识的基础上，对普通商业汇票贴现、买方与协议付息票据贴现、无追索权贴现、承兑后代理贴现、承兑与无追索权贴现组合、商业汇票转贴现与再贴现等票据融资具体业务品种进行了重点介绍。

7. 《供应链融资》：本书首先介绍了供应链及供应链融资的基础知识，然后分权利融资、传统贸易融资和新型贸易融资三部分对特别适合于向中、小企业提供的融资品种进行了介绍

8. 《信用金融》：本书主要介绍了承兑、开征、保函、承诺与代理五大类信用金融业务。

9. 《智慧金融》：智慧金融与融资、信用金融相辅相成，构成了完整的银行业务体系。本书重点介绍了财智管理、顾问咨询和同业合作三大类智慧金融业务。

前　言

供应链融资业务主要面向为核心企业提供配套服务的中小企业。该种业务模式充分考虑并采取技术性措施降低了中小企业融资风险，因而为各家银行所重视，并把该业务作为战略性产品来培育。但近一个时期以来，由于国内部分地区出现了钢贸企业、纺织企业的融资风险，给一些银行带来了一定的损失，因而又出现了一些否定供应链融资业务的声音。有些银行及其从业人员对大力扶持供应链融资业务的态度发生了摇摆。其实，只要和客户做业务，银行就必须面对一些风险。钢贸、纺织等企业出现风险，与供应链融资业务本身并没有必然联系。可能是没有真正领会供应链融资业务的精神实质而造成的。比如，我们用钢材作质押给某企业放款，当然可以缓释我们的风险。但如果用来作质押的钢材并不为受信人所拥有，由此产生的业务风险你能说是质押本身造成的吗？我们要知道，任何业务方式都是在一定程度上发挥风险防范和控制的作用。我们应用供应链融资方式做业务，已经比过去单纯地发放信用贷款前进了一大步。继续最大限度地采用技术性措施防范风险，查补业务模式的漏洞，应该是我们今后发展供应链融资业务要重点从事的工作。

本书是我结合担任光大银行钢铁金融中心主任时的工作实践及对国内多家银行开展供应链融资业务的培训实践写成的。本书从供应链及供应链金融基础知识讲起，认真系统地探讨了供应链融资业务的内涵、主要内容与操作要求。

目　　录

第一章
基 础 知 识

供应链融资是商业银行应对产业界的变化趋势而提出的一种崭新的融资形式。要全面理解供应链融资业务的内涵，就必须首先全面理解产业界发生的各种变化，因为银行的服务是基于客户的需求而研发并提供的。经过改革开放 30 多年来的发展，我国国民经济的重大变化之一就是重要行业大都形成了以龙头企业为核心的供应链格局，这种格局的形成对银行服务提出了新的课题，需要银行以新的服务形式进行满足。

第一节　供应链与供应链管理

供应链的概念在 20 世纪 80 年代末被提出，并迅速在制造业管理中得到普遍应用。近几年来，供应链管理已经作为一种新的管理模式在几乎所有的行业得到普及。尤其是国际上一些知名的企业如惠普、戴尔等在供应链管理中取得巨大的成绩，产生了良好的示范效应，使得越来越多的产业界人士坚信供应链管理是新世纪企业适应全球竞争、降低成本、提高效率的一种有效途径。

一、供应链的概念、特征与类型

（一）供应链的定义

相关企业之间的供需关系是客观存在的，它反映了企业之间的合作关系及产业关联关系，被称为供应链。由于供应链上的每个环节都含有"供"与"需"两方面的含义，即供应链中的任何一个企业，相对于上游企业，它是需求方，而相对于下游企业，它是供给方，故也称其为供需链。传统的供应链含义还指一个企业内部不同部门之间的产供关系，即将采购的原材料和收到的零部件，通过生产的转换和销售等过程传递到企业的用户这样一个过程。这种理解把供应链看成是企业中的一个内部过程，显然有其历史的局限性。

相对于传统意义上的供应链概念，现代意义上的供应链概念是个更大范围、更为系统的概念，也是一个对企业的生产经营和市场竞争更有指导意义的概念。现代意义上的供应链不再指企业内部各部门之间的关系，而是专指由客户需求开始，贯通从产品设计到原材料供应、生产、批发、零售等过程，把产品送到最终用户的各项业务活动，联结的是一个企业与其上、下游企业之间的关系，尤其是围绕核心企业的网链关系，即核心企业与供应商、供应商的供应商乃至一切前项的关系，与用户、用户的用户及一切后项的关系。供应链通常由供应商、制造商、分销商、零售商等多个环节组成。尽管从理论上讲无形物品（服务）转移而形成的链条也是供应链，但通行的、可以管理的供应链仅限于由有形产品转移而形成的链条。

供应链的产生与企业追求自己的核心竞争力密切相关。某家企业为了使自己区别于其他企业、使自己保持相对于其他企业的竞争优势，就必须专注于核心业务。这样就需通过外包形式把非核心业务交由其他企业来做。这些企业向上联系上游企业、向下联系下游企业，形成一条自原材料采购到产品制造，再到产品销售的"链条"。处于链条上的每个节点企业之间的关系都是供需关系，但这时的供需关系已不同于传统意义上企业之间的供需关系。传统意义上的两个供需企业之间一般是业务联系不紧密、信息较少共享、各自独立决策；但在供应链项下，供需企业之间的关系要紧密得多，两者之间为长期合作关系、在多个领域实施信息共享、彼此依赖程度较大。与传统企业之间的关系更强调各自的市场利益不同，供应链各节点企业之间追求的是长期的合作、共同的努力及解决共有的问题。

供应链总是有"链主"的，即供应链上的核心企业，一条具体的供应链也可以说成是某个核心企业的供应链。根据企业的商业形态，可以分为两种带有明显行业特性的供应链，即制造业的供应链，如钢铁、汽车、石化行业；商贸业的供应链，如中国香港利丰集团、沃尔玛、苏宁电器。其中制造业供应链是目前学术界以及银行界研究和应用最为广泛的供应链。在构建利益共同体的过程中，核心企业要承担起供应链管理的主要职责，因为核心企业通过对资金流的协同，提升供应链的整体效率，在实施供应链管理过程中发挥着管理和组织作用。

一个供应链构成的全景如图1-1所示。

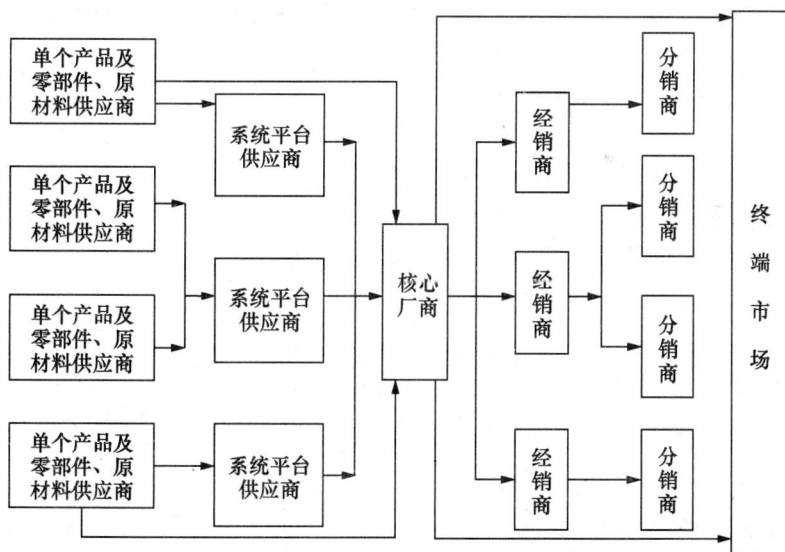

图1-1 供应链构成示意图

供应商网络位于制造商的左边，包括所有直接或间接提供输入的组织。例如，一个计算机制造商的供应商网络包含所有提供产品的公司，产品范围涉及塑料、芯片等原材料以及像硬盘、主板等组件和部件。特定的材料在装入计算机之前，会经过多个供应商。例如，硬盘供应商的供应商又有它自己的一套供应商队伍。销售网络位于制造商的右边，主要负责产品的分销和零售，包括分销商和零售商。仓储物流公司供应商、制造商以及销售商的下方，负责原材料、产品等在各地之间的移动，配送管理涉及储存、进货、仓库以及销售渠道。

供应链作为一个从开始挖掘需求到满足需求（提供产品）的流程，是商流、物流、信息流和资金流的有机组合。其中，商流从消费者需求开始，包括需求分析、产品开发与设计、生产计划指定、企业之间订立合同、承诺交易、执行交易、交易后维护等工作；物流是实物的交付和转移，是履行交易的必要过程，包括运输、仓储及包装等，它本身并不能满足客户的需求，但能增加产品的价值和减少供应的成本；信息流是供应链各环节行动的依据，它为供应链上各成员企业进行合适的商业决策提供有用的信息；资金流是企业在产品销售之后收取顾客货款和清偿供应商款项的过程。以上"四流"的基本关系是：信息流带动商流，商流决定物流，物流反馈为资金流。"四流"缺少任何一个，供应链都无法有效运转。

供应链可以从不同侧面被理解。

首先，它是一条联结供应商到用户的物料链，通过链中不同企业的制造、组装、分销、零售等过程将原材料转换成产品再到最终用户的转换过程。在任何一个产业内部都存在着链式结构，即如果以产业内核心厂商为基点，则在核心厂商的上游是由核心厂商与供应商组成的原料供应关系，在核心厂商的下游是由核心厂商与下游经销商及最终用户组成的产品销售关系。

其次，它是一条增值链，物料在供应链上因加工、运输等过程而增加其价值。通过对供应链的有效管理，可以实现比竞争对手更大的市场价值。从货币价值的角度分析，原材料从投入开始，经过加工、转化并被消费者最终购买消费，当中做出的所有增值活动都是在供应链上的各个企业完成的，增值过程所构成的网络称核心企业的价值链，价值链是供应链的资本层面。核心企业无不期望有效地管理供应链上信息流、物流、资金流的运转，以获取最大程度地价值增长。

最后，它是一条合作链，通过与重要的供应商和用户建立战略合作伙伴关系，可以更有效地节约成本、拓展市场。核心厂商与供应商、经销商建立相对稳定的业务关系，进行上、下游资源的重新整合，形成利益合理分享、风险多头共担、稳定有序的企业商务生态链。

上述价值增值流程、物流功能网链、企业间合作网链结构等描述，实质上从不同层次、不同侧重点反映了供应链构成的形式与活动内容，反映了供应链运作的复杂性。

（二）供应链的特征

全面把握供应链的特征有助于我们更深入地理解供应链的含义。对于供应链的特征，我们从以下几个方面进行了解。

1. 供应链结构具有完整性

现代企业之间的竞争不再是自身实力的竞争，而是以自己为核心的整个供应链的竞争，为此，每个在市场中竞争的企业都力图构建以自己为核心的完整的产业链：针对上游，它希望掌握所有原材料供应；针对下游，它希望掌握全部销售渠道。以钢铁冶炼企业为例，其生产规模、能力等并非决定自身竞争成功的主要因素，它只有掌握了铁矿石的供应，即锁定了上游原材料的成本，才能使自己以优于竞争对手的投入生产出相同的产品；同样，它也只有控制了更多的销售渠道，才能比竞争对手销售更多的产品。为此，钢铁冶炼企业的竞争格局就是前后项一体化以打造从原材料供应到产品销售的一条完整的供应链。

2. 供应链系统具有一致性

以核心企业为主构成的供应链中的各个企业主体，在运营目标上具有一致性，即都是希望通过自身的高效运转，降低整个供应链的运营成本，进而提升整个供应链的运作价值，实现自己更大的财务效益。任何一个企业都处于链中的某一节点，都以整个供应链的成功为成功、失败为失败，所以，内在的利益驱动使供应链中各企业紧密连接在一起，为实现整个供应链的目标进而使各个节点企业的目标而运转。围绕核心企业的各个配套企业由于力量单薄，竞争实力较弱，更依赖整个供应链，所以都会自觉、自愿地围绕在核心企业周围。

3. 供应链主体具有独立性

虽然众多企业围绕核心企业形成一个完整的供应链，但链中各个节点的企业并非核心企业的内部部门，而是一个个独立的市场中的企业，它们在服从于整个供应链利益这一大背景下，都有着自己独立的利益诉求与运行特点，各企业间也存在着利益冲突，有意或无意地损害供应链整体价值的创造。同时因不同产权主体的因素等原因导致企业间信息资源的协调不一致，导致信息流在企业间的流转不畅，也影响供应链价值的创造和共享。供应链中的核心企业通过对整个供应链的计划与调控，实现供应链上各节点企业的利益协同。从这个意义上讲，供应链结构是介于市场组织与企业组织之间的一种组织，它既不像市场组织那样完全互补干涉、完全独立，也不像企业组织那样实现了完全的内部一体化。也正因为如此，核心企业才需要对供应链中的其他企业进行科学管理，以实现整个供应链的有序、高效运作。

4. 供应链功能具有关联性

供应链中任何一个企业都与其他企业密切相关，供应链中的各个环节都相互关联。只有这些企业、环节协调一致，才能保证整个供应链的有效运转。所以，核心企业在构建以自己为核心的供应链时，总要认真研究各节点企业的特点，力图使供应链网络更为科学、合理。供应链使得原本是相互独立的信息化孤岛上的企业联结在一起，建立起一种跨企业的协作，将过去分离的业务过程集中起来，通过原材料供应商、加工和组装、生产制造、销售分销与运输、批发、零售、仓储和客户服务等相互配合的全部过程，实现了从生产领域到流通领域、消费领域的一步到位。

5. 供应链边界具有相对性

一个完整的供应链包括从需求挖掘到需求满足的整个过程的活动，但对于市场中的具体企业来讲，它构建的可能是仅包含其中若干环节的供应链。如一个连锁超市构建的供应链可能包含商品供应者和周围社区的需求者，而一个煤炭开采企业构建的供应链则可能包括矿山勘探、矿山设计与施工及洗煤、选煤等企业。此外，供应链与供应链之间的环节也具有相对性，一个企业既可能处于某个供应链中，也可能同时处于另一个供应链中。如焦炭企业既可以在煤炭企业构建的供应链中，也可以在钢铁冶炼企业构建的供应链中，因为煤炭的深加工是煤化工行业，焦炭是煤化工的主要行业，同时焦炭又是钢铁冶炼企业的主要燃料，现在很多钢铁冶炼企业都在开工建设自己的焦炭生产设施。

（三）供应链的类型

1. 基本供应链

基本供应链由一个企业、该企业的直接供应商和直接客户构成，包括了从需到供的循环。这是供应链最基本的模式，也是一种最简单的模式，它是各种复杂供应链模式的基础。从资本追逐盈利的特性出发，一个企业从依靠自身来从事市场竞争到通过构建供应链来从事市场竞争，只是完成其走向大型化、规模化之路的一个阶段，它肯定会向控制越来越多的供应商和下游客户发展，如没有非市场力量的干预，其最终要么失败，要么实现寡头垄断。在资本主义发展的早期阶段，钢铁、石油等行业很快就形成了若干垄断企业，最终催生了这些国家制定并颁布"反垄断法"。在基本供应链中，一般有三种类型的企业：核心企业、供应者和需求者。核心企业在产业链中居于支配地位，有较强的话语权，供应者和需求者是围绕核心企业运转的，因此又称为配套企业。

2. 产业供应链

核心企业在构建完基本供应链后，会向供应商的供应商和用户的用户扩展，最终形成一个涵盖从需求挖掘到产品供给的完整链条，这就是产业供应链。或者说，产业供应链是由若干个基本供应链构成的。基本供应链中的核心企业在产业链中可能仍是核心企业，也可能成为另一个核心企业的配套企业，这取决于其在整个产业链中的地位及竞争能力。由于任何一个企业都不可能成为所有业务上的杰出者，它只有联合其他具有优势互补特征的产业链中的其他企业，共同组成一个利益共享的供应链，才能成为市场中有差别竞争优势的主体。所以，企业总是倾向于向范围更广的供应链发展，产业供应链最终会成为供应链的主要模式。

3. 全球网络供应链

全球网络供应链是在全球范围组合而成的供应链。随着全球经济一体化进程的加快，全球网络供应链越来越显示出其竞争实力。很多跨国企业以放眼全球的眼光，根据产品特性和竞争特点，从全球范围内选取有竞争力的合作伙伴，将供应、生产置于最合适的地方，从而组成全球供应链。如一些大型跨国零售企业，生产基地遍布世界各地，而采购中心仅分布于若干国家。又如一些跨国 IT 企业，产品设计、研发与生产被分布在不同国家。造成上述分布的原因在于跨国企业善于在全球范围内最佳配置资源，以实现成本最低、效益最高。

4. 效率型供应链

效率型供应链是以尽可能低的成本价格来有效实现以供应及时、充足为基本目标的供应链。这类供应链总是力争存货最小化，并通过高效率物流过程形成物资、商品的高周转率，从而在不增加成本甚至减少成本的前提下提升供应链的价值。为提高效率，核心企业会倾向于更为有力地控制配套企业，以增加运作的协同性。效率型供应链还表现在能对市场不可预见的需求做出迅速反应，因此要求生产系统具备足够的缓冲生产能力和存货。

（四）供应链在不同行业的表现

从整个国民经济来看，有上游行业、中游行业和下游行业（如图1-2所示），并且行业之间是有密切联系的（如表1-1和图1-3所示）。从每个行业来看，也有上游企业、中游企业和下游企业。就一个行业供应链来讲，上游表现为原材料提供，中游表现为产品制造，下游表现为产品销售及消费，但行业不同，其供应链表现的具体形式也有所不同。

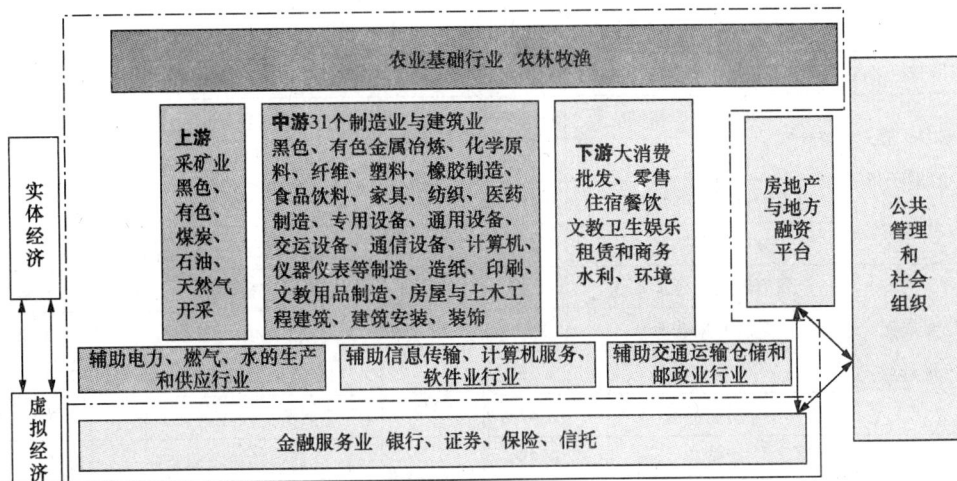

图1-2 国民经济行业格局

表1-1 国民经济部分行业产品的主要去向

所选行业	产品主要去向	份额	所选行业	产品主要去向	份额
煤炭开采和洗选业	电力、热力的生产和供应业	34.24%	石油加工、炼焦及核燃料加工业	交通运输及仓储业	28.03%
	金属冶炼及压延加工业	12.20%		化学工业	18.68%
	非金属矿物制品业	11.80%		金属冶炼及压延加工业	13.35%
	石油加工、炼焦及核燃料加工业	11.61%		电力、热力的生产和供应业	6.05%
石油和天然气开采业	石油加工、炼焦及核燃料加工业	124.71%	化学工业	化学工业	41.64%
	化学工业	15.01%		卫生、社会保障和社会福利业	6.43%
	燃气生产和供应业	5.81%		农林牧渔业	6.01%
	电力、热力的生产和供应业	3.77%		纺织业	4.89%
非金属矿及其他矿采选业	非金属矿物制品业	40.53%	非金属矿物制品业	建筑业	58.48%
	化学工业	26.53%		非金属矿物制品业	16.59%
	建筑业	21.67%		金属冶炼及压延加工业	3.65%
	非金属矿及其他矿采选业	6.70%		通信设备、计算机及其他电子设备制造业	2.88%
食品制造及烟草加工业	食品制造及烟草加工业	19.04%	金属制品业	建筑业	12.83%
	农林牧渔业	11.25%		金属制品业	12.53%
	住宿和餐饮业	10.53%		通用、专用设备制造业	9.42%
	化学工业	2.19%		电气机械及器材制造业	7.02%

续表

所选行业	产品主要去向	份额	所选行业	产品主要去向	份额
电力、热力的生产和供应业	电力、热力的生产和供应业	35.87%	信息传输、计算机服务和软件业	建筑业	9.37%
	化学工业	9.30%		金属冶炼及压延加工业	5.42%
	金属冶炼及压延加工业	9.10%		金融业	4.93%
	非金属矿物制品业	4.56%		公共管理和社会组织	3.48%
金属矿采选业	金属冶炼及压延加工业	142.55%	通用、专用设备制造业	建筑业	4.64%
	金属矿采选业	10.31%		通用、专用设备制造业	21.50%
	化学工业	3.52%		交通运输设备制造业	7.76%
	金属制品业	2.42%		金属冶炼及压延加工业	4.90%
建筑业	建筑业	0.95%	交通运输设备制造业	交通运输设备制造业	33.01%
	卫生、社会保障和社会福利业	0.44%		交通运输及仓储业	6.39%
	公共管理和社会组织	0.36%		通用、专用设备制造业	1.82%
	房地产业	0.29%		批发和零售业	1.45%
交通运输及仓储业	建筑业	14.90%	电气机械及器材制造业	电气机械及器材制造业	14.31%
	批发和零售业	8.12%		建筑业	9.62%
	交通运输及仓储业	6.82%		通用、专用设备制造业	7.76%
	化学工业	4.78%		电力、热力的生产和供应业	6.08%

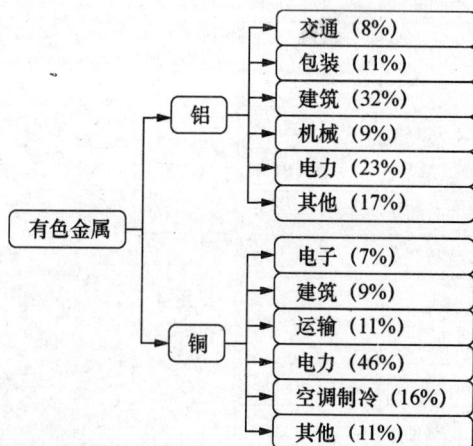

图1-3 有色金属产品的主要去向（括号中所示为大概数据）

1. 石化行业供应链

石化行业的上游主要是围绕原油和天然气的勘探、开采和采购，中游主要是以原油和天然气为原料加工生产出石化产品，下游则主要以石化产品和附加产品为基础进行深加工及产品销售。围绕石化行业的上、中、下游产业还派生出许多相关产业，包括：采掘业、设备制造业、批发零售业和交通运输业等。从供应链角度考察，石油炼化企业是整个供应链的核心企业，石油天然气勘探公司、勘探设备制造公司、开采公司等构成石油炼化企业的上游配套企业，各种化工产品的深加工企业及销售公司则构成石油炼化企业的下游配套企业，如图1-4所示。

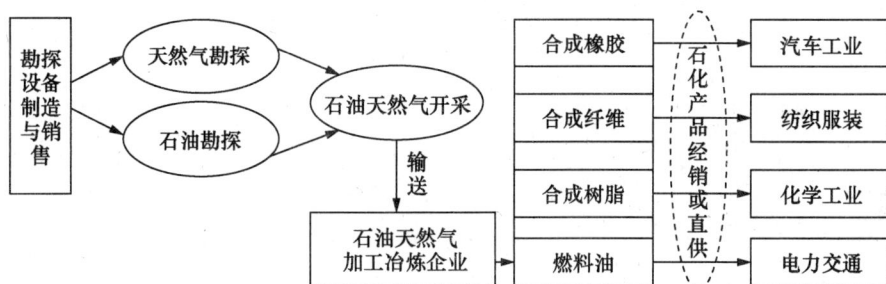

图1-4 石化行业供应链

2. 医药行业供应链

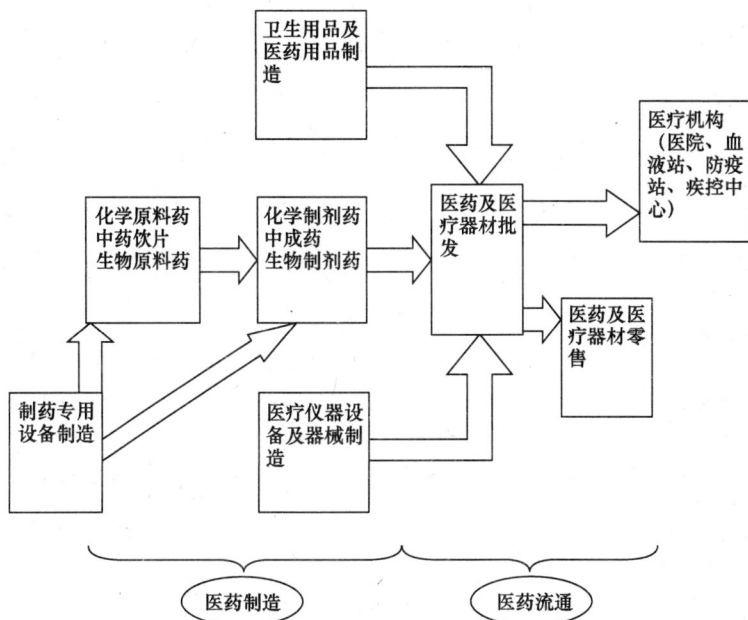

图1-5 医药行业供应链

3. 电子行业供应链

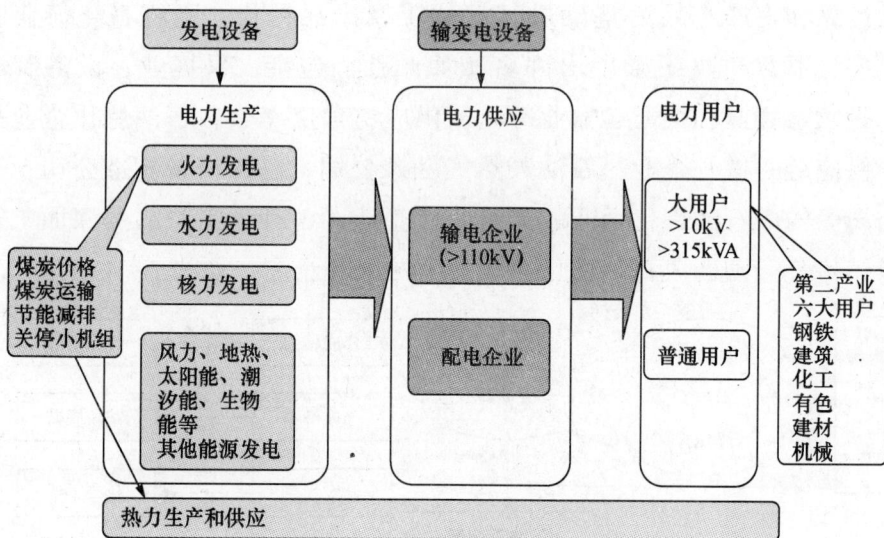

图 1-6 电力行业供应链

4. 汽车行业供应链

汽车行业（如图 1-7 所示）的上游主要是零配件及原材料供应商，包括轮胎供应商、发动机供应商、钢材供应商、特种玻璃供应商、汽车设计公司等；中游主要是以汽车、工程机械生产为主的核心制造商，如第一汽车制造公司、丰田汽车公司等；下游主要是汽车经销商、法人终端客户及个人购车者。

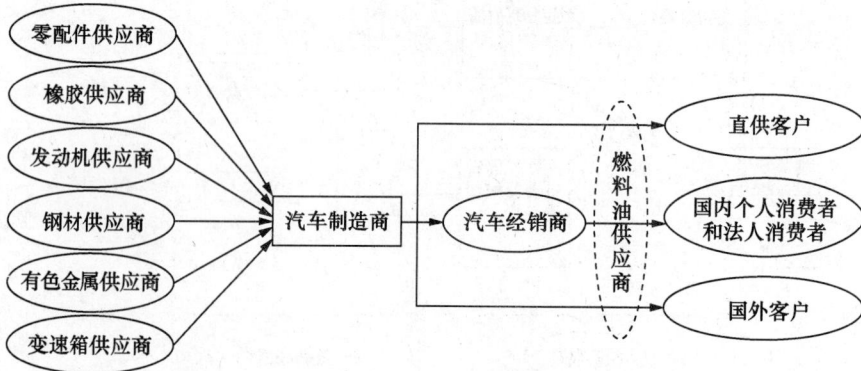

图 1-7 汽车行业供应链

5. 钢铁行业供应链

钢铁行业的上游主要是矿山勘探、开采，包括挖掘设备制造与销售者、铁矿石供应商等；中游主要是钢铁冶炼企业，如武汉钢铁公司、鞍本钢铁公司等；下游主要是钢材销售及消费，包括各级钢材经销商、房地产商以及燃油供应商等。按照重量来计，钢材占到汽车的50%，包括圆钢40Cr、大梁板用的510板材、悬架用的STE285板材等，各类铸铁件占到20%~30%，铜铝等有色金属占到3%~5%。

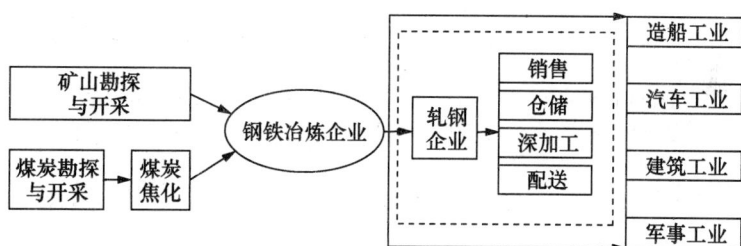

图1-8 钢铁行业供应链

6. 房地产行业供应链

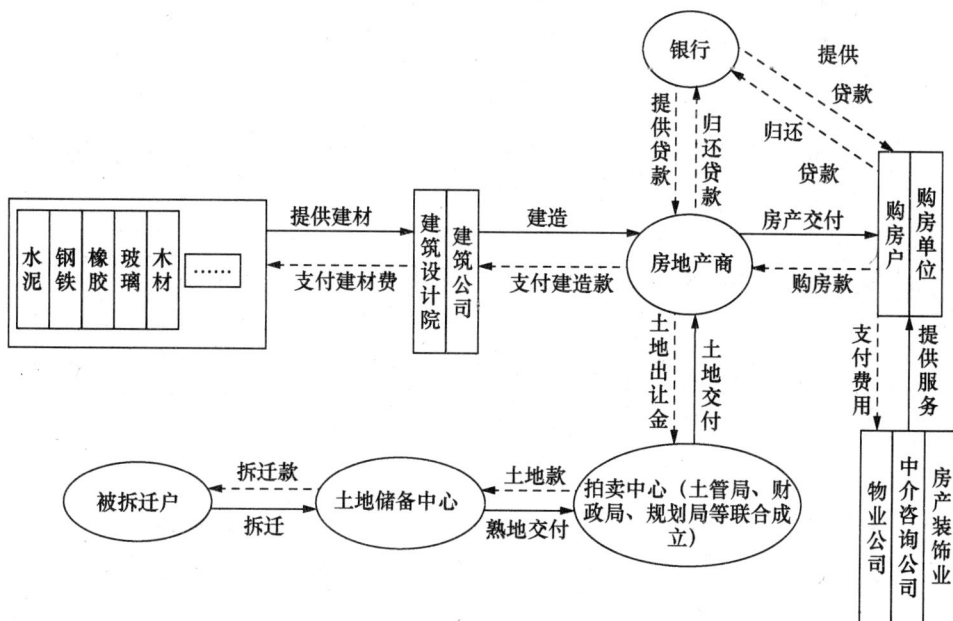

图1-9 房地产行业供应链

房地产行业的上游是土地供应部门、建筑设计院与建材供应商；中游主要是房地产开发商；下游主要是公司、个人购房客户。围绕房地产开发商，还衍生出房地产经纪公司、房屋装修公司、测量公司等。

7. 船舶行业供应链

船舶行业的上游主要是钢材制造与销售、锅炉制造与销售以及各种导航设备制造与销售；中游主要是载重量不同的船舶制造商；下游主要是从事运输的各种交通运输企业以及使用船舶的相关企业。

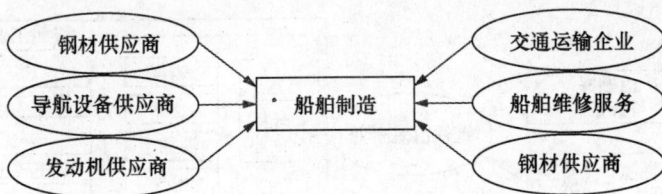

图 1-10 船舶行业供应链

8. 有机化工行业供应链

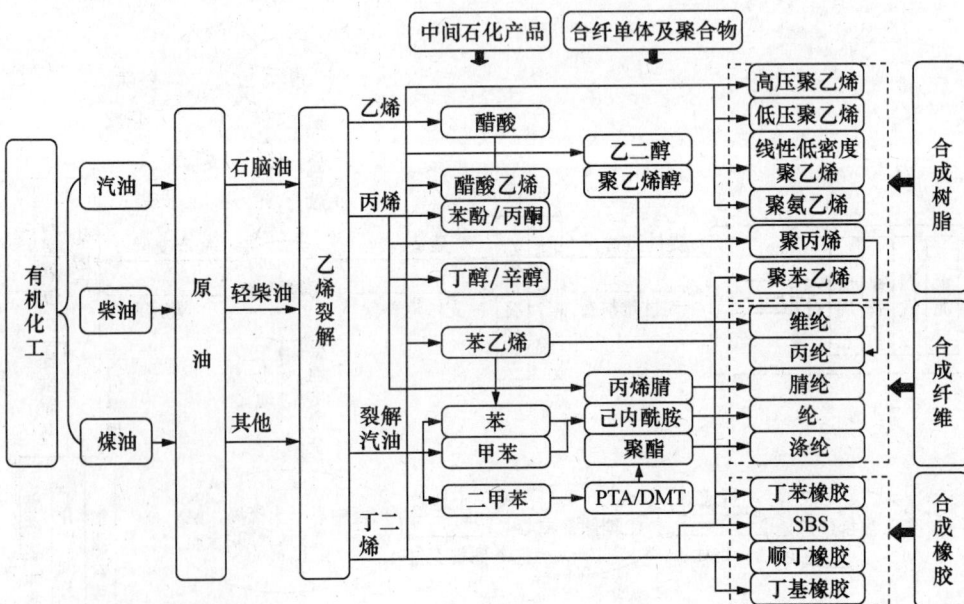

图 1-11 有机化工行业供应链

9. 无机化工行业供应链

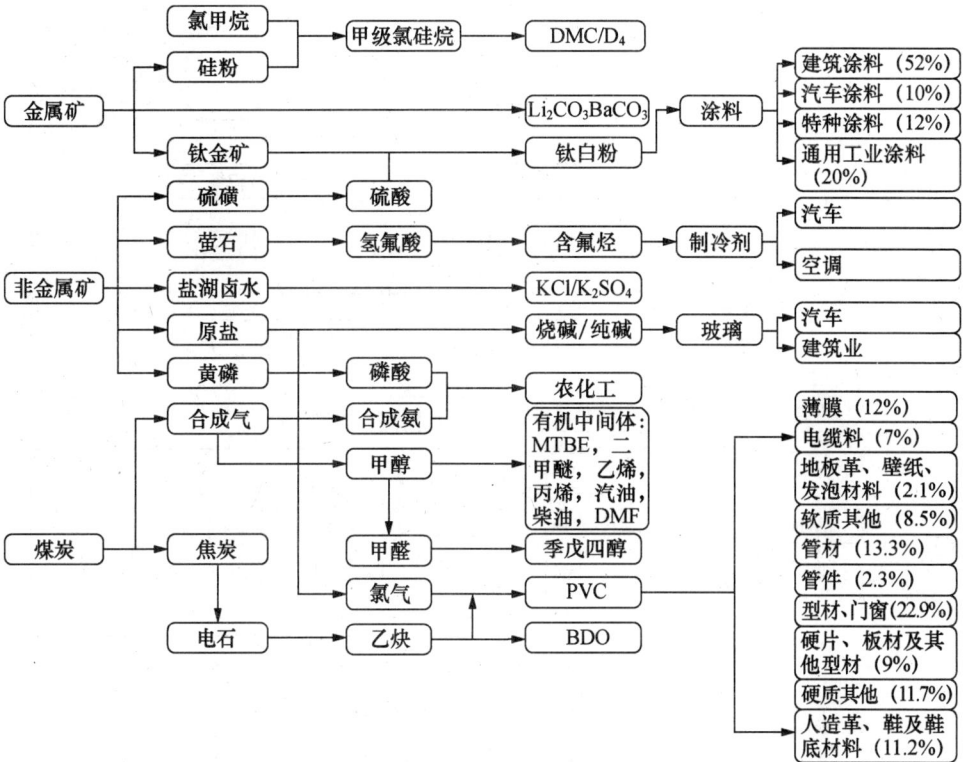

图 1-12 无机化工行业供应链

10. 聚氨酯行业供应链

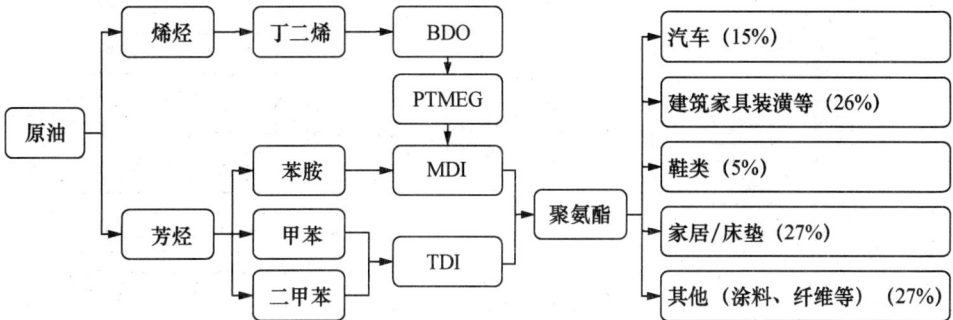

图 1-13 聚氨酯行业供应链

11. 煤炭行业供应链

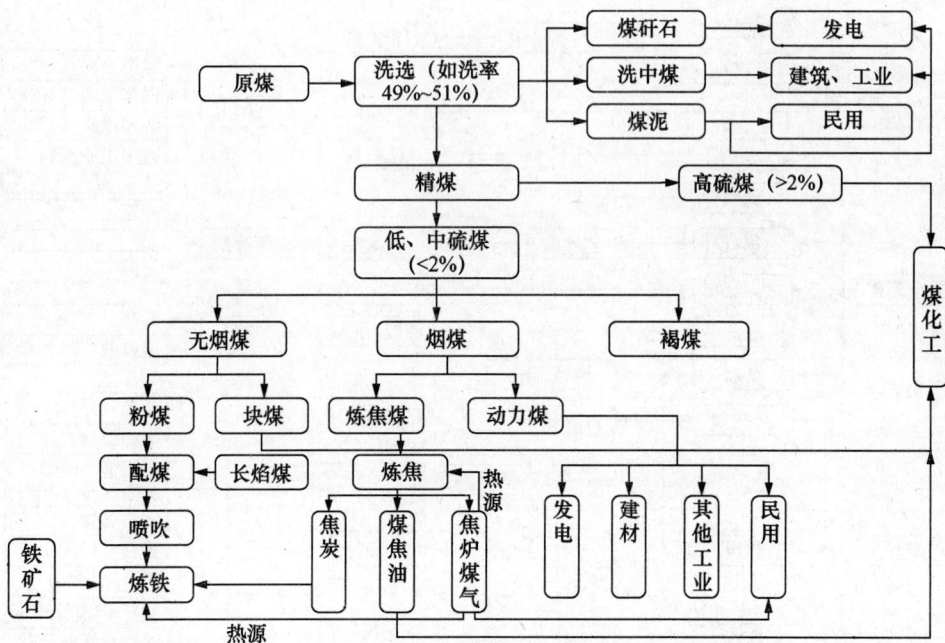

图 1-14　煤炭行业供应链

12. 机械设备行业供应链

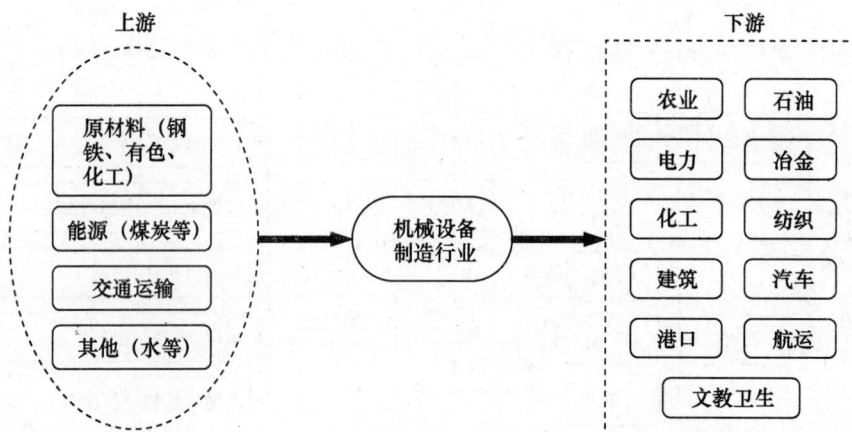

图 1-15　机械设备行业供应链

二、供应链管理及与银行融资的关系

供应链表现为由原材料供应商、制造商、分销商、物流商等上、下游企业组成的网链结构，这一网链结构能够有效支持产品和服务形成并到达最终用户，满足用户需求。这一系统能否达到总体绩效最优，取决于核心企业对它的整体协调与控制，因而产生了供应链管理的概念。所谓供应链管理，就是在满足服务水平要求的同时为降低系统总成本而将原材料供应商、制造商、分销商、物流商到最终用户组成网链来组织生产与销售商品，并通过商流、物流、信息流和资金流系统的设计、运行和控制等活动来达到预期目的。简言之，供应链管理就是核心企业通过对其上、下游企业的有效组织与管理，实现整个供应链的最佳运转，进而以最快速度满足用户需求，实现整个供应链的价值增值，使供应链每个节点企业实现最佳的财务效益。

供应链管理是一种集成化的管理理念，其核心意义在于使企业充分了解客户及市场需求，与供应商及其他合作伙伴在经营上保持步调一致，实现资源共享与集成，协调支持供应链上所有企业的协同运作，从而取得整体最优的绩效水平，达到提高供应链整体竞争力的目的。

随着"微利时代"的到来，企业对建立新管理模式——供应链管理的需求也日益迫切。在企业发展早期，它们关注的是实现纵向一体化，但是，全球经济一体化的趋势使企业在更大范围和更高层次上进行竞争。大而全、自给自足的"纵向一体化"模式已丧失了竞争力，取而代之的是跨行业、跨地域的"横向一体化"的经营模式，即企业把主要精力放在提升核心竞争力上，其他非核心业务外包给合作企业完成，利用企业外部资源快速响应市场需求。企业经营战略从纵向一体化向横向一体化的转变要求企业具有一定的知识和能力，企业能够根据内部的资源特点，发现、选择和利用外部资源，从而通过对内部资源和外部资源的整合来提高企业的核心竞争力。

供应链管理的主体是网链中处于主导地位的核心企业，由核心企业自起始点到消费点围绕网链上各节点企业、设施资源、功能服务对物流、信息流、商流和资金流进行一体化和集成管理。供应链管理以满足最终客户需求为目标，着眼于提升整个供应链的效率和盈利能力。提升供应链整体效率与盈利能力的技术有很多，如建立合理的物流配送中心、科学选择网链节点企业、设计科学合理地针对节点企业的激励措施等。无论具体技术有多少，最基础的东西都是每个配套企业均要有较高的效率，这是因为配套企业是构成供应链网络的基本单元。

专栏 1-1

肯德基的供应链及其管理

早期的中国肯德基在供应链上是非常分散的，全国各个市场都有自己独立的采购团队及供应网络，上海总部采购部的功能基本上是协助各市场采购部达到不断货的目标。这种高度自治、联邦型的"分治"组织结构虽然有利于各个市场快速推进，但很难摆脱产品及服务质量、成本及效率等领域的种种弊端。

以鸡的采购为例，1997 年以前每个肯德基市场都有各自选定的一群供应商，有些规模较大的供应商则同时供货给数个不同的肯德基市场，而同样的货却收取不同的价格。对于一些市场紧缺的货物，各个肯德基市场为了预防缺货，过量囤积，造成市场更加紧缺，各个肯德基市场之间相互竞争与内讧。

中国肯德基如欲快速扩展，就迫切需要改进产品及服务质量，大幅度降低成本及提高运作效率，同时也需要保持零售点的产品及服务质量水平的一贯性和稳定性，以树立品牌。在此情况下，只有统一管理才是达到最高效率的选择。

为此，中国肯德基从供应链开始，进行了组织结构重组、运营标准统一等优化供应链管理的工作。

1. 整合供应链。

在推动采购部与品管部内部组织合并的同时，推动供应商的精

简。选择供应商的主要条件包括产品质量、成本及价钱的竞争力、配合意愿、生产规模及投资能力等。供应商包括鸡、设备、设施及服务项目的供应商。这些供应商都要经过肯德基"供应商追踪、审核、确认系统"的考验，因而精简后的供应商多是规模较大、管理较有序、财务较强、效率较高、产品质量较佳者。

供应链整合后，中国肯德基及时将未来的成长计划和游戏规则向供应商报告，包括强调质量第一、公平竞争、信息公开、公正对待、言而有信等基本价值观。同时，针对员工进行一系列的培训活动。

供应商数量的精减，使肯德基不但降低了原料和交易成本，而且提高了供应商及其产品的质量。供应商由于从中国肯德基拿到的订单平均额度及订货稳定性得以提高，也使其生产成本降低、规模效益增加，因而也愿意做长期投资，以增加产量和提高效率，实现了供应商自身业务发展的良性循环，也实现了肯德基与供应商的"双赢"。

2. 推动供应链本土化。

巨幅点餐牌、冰箱、冻库、厨房不锈钢设备、大型儿童玩具设备及少量因保护商业机密原因而需从国外进口的除外，中国肯德基的供应已基本实现本土化，由此节约了大量成本。

3. 通过引入竞标系统降低断货的风险。

如因特殊原因只有一家供货，则必须对供应商的成本结构做详细的分析，并与其同行竞争对手做仔细的对比，否则所有进货均采取竞标制度。由此，减少了断货的风险。

4. 与供应商互动，让供应商与中国肯德基一同成长。

5. 吐故纳新，不断培养新的供应商，以减少风险。

6. 对所有供应商一视同仁，在供应商面前树立道德典范，不接受所有供应商的礼品。

7. 重视配销与物流。

> 配销与物流是战略重要性较高的部门，中国肯德基的配销及物流系统坚持"客户第一、专业敬业及不怕苦、不服输"的精神。自营而非外包的配销与物流系统、租用而非自购的仓库，使得肯德基的配销与物流系统要优于同行业的其他公司。

提升每个配套企业的效率是供应链中核心企业要首先考虑的问题，手段包括人才培训、销售返点甚至直接的资金注入等。但我们注意到，核心企业不会允许配套企业无限制、无成本地占用自己的资源，它总是希望在尽可能节约使用核心企业自身资源的前提下提升配套企业获取资源的能力。然而配套企业获取资源的能力远远不及核心企业，除非让资源提供者看到配套企业具有与核心企业相同的资信或实力。核心企业不投入实际资源但使配套企业获得资源的途径是有的，如承认配套企业是自己为核心的供应链的组成者、愿意为配套企业获取资源提供担保等。

资源的概念很宽泛，在不同场合有着不同的内涵。对于在市场中竞争的企业来讲，资金无疑是项重要的资源。采购货物依靠的是资金，回笼货款使用的仍然是资金，利润反映的形式也是资金。然而，资金作为资源是稀缺的。这与市场流动性强弱无关，即使市场中资金再富裕，对一个具体的企业来讲，它拥有的资金与它希望完成的事业之间总会存在着不小的差距。每个企业无不希望获得发展业务所需要的资金，这对供应链中各企业尤为重要。核心企业往往是资金密集型企业，其自身的市场地位、盈利能力、信用程度决定其具有较为宽松的融资环境，并且因为其管理较为规范，资金也会被较为节约地使用。供应链中的配套企业实力较弱，资金来源渠道有限，对资金的需求更是迫切。

因此，发展壮大供应链需要资源投入，但为尽可能节约供应链各节点企业的成本支出，作为资源的资金需要从供应链外部引进，这一市场缝隙即是本书所阐述的供应链融资业务的产生基础。

第二节　供应链融资及其分类

一、供应链融资的含义及特征

供应链融资与供应链管理紧密相关。如果说供应链管理是从核心企业角度而言的、针对其供应链网络而进行的一种管理模式，则供应链融资则是从银行角度而言的、针对核心企业供应链各个节点企业而提供金融服务的一种业务模式。

（一）供应链融资理念的出现

供应链的核心企业通常为制造商。一方面，供应链表现为以核心企业为主导的网络结构，这决定了供应链上的配套企业的资金实力与核心企业的资金实力不匹配，配套企业处于资金链中弱势地位；并且，由于核心企业的强势导致配套企业在信息和谈判地位上处于劣势，这反过来又导致其资金需求的进一步加强。另一方面，固定资产只占配套企业资产很少一部分，流动资金、库存、原料等是其资产的主要表现形式，且配套企业的信用等级评级普遍较低，这些情况使得配套企业很难获得以固定资产抵押担保方式提供的银行贷款服务。物流、资金流和信息流是供应链运作的三个重要因素，配套企业资金流的缺口将很难保持供应链的连续性，造成资源的损失和浪费。

供应链融资的解决思路是，首先，理顺供应链上相关企业的资金流、信息流和物流；其次，银行根据稳定、可监管的应收、应付账款信息及现金流，将银行的资金流与企业的物流、信息流进行信息整合；最后，由银行向企业提供融资、结算服务等一体化的综合业务服务。物流、资金流和信息流的统一管理与协调，使参与者，包括供应链环节的各个企业以及银行分得自己的"奶酪"，从而进一步提高供应链效率并能够增强其竞争力。同时仓储物流公司通过对物资的直接控制帮助金融机构减少信用风险。

"供应链融资"就是在供应链中寻找出一个大的核心企业，以核心企业为出发点，为供应链上的节点企业提供金融支持。一方面，将资金有效注入处于相对弱势的上、下游配套中小企业，解决配套企业融资难和供应链失衡的问题；另一方面，将银行信用融入上、下游配套企业的购销行为，增强其商业信用，促进配套企业与核心企业建立起长期战略协同关系，从而提升整个供应链的竞争能力。

A.传统融资模式中银行与供应链成员关系

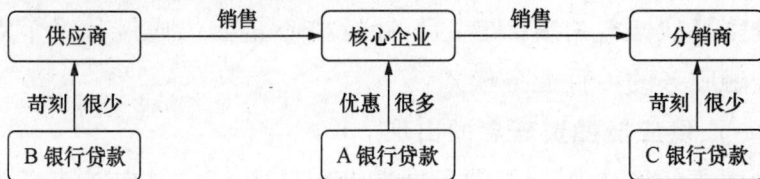

```
  供应商  ──销售──→  核心企业  ──销售──→  分销商
   ↑                   ↑                   ↑
苛刻│很少            优惠│很多            苛刻│很少
   │                   │                   │
B 银行贷款           A 银行贷款           C 银行贷款
```

B.供应链融资模式中银行与供应链成员关系

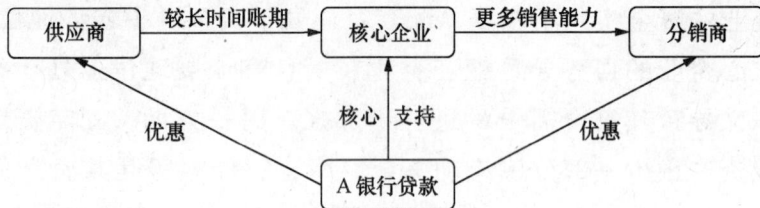

```
  供应商 ──较长时间账期──→ 核心企业 ──更多销售能力──→ 分销商
    ↖                       ↑                      ↗
   优惠                    核心│支持                优惠
       ↖                    │                  ↗
              A 银行贷款
```

图 1-16　银行与供应链成员的关系

对于银行而言，供应链整体信用要比产业链上单个企业信用要强，银行提供的利率与贷款成数是随着生产阶段而变动，并随着授信风险而调整的。例如，订单阶段，因不确定性较高，其利率较高，贷款成数相应较低，但随着生产流程的进行，授信风险随之降低，利率调降，贷款成数调升。因此，风险与收益相互配合，完全符合银行的风险控管与照顾客户的融资需求。并且，由于供应链管理与金融的结合，产生许多跨行业的服务产品，相应地也就产生了对许多新金融工具的需求，如国内信用证、网上支付等，为银行增加中间业务收入提供了非常大的商机。

尽管供应链上产生利润的环节很多，但最高的利润回报总是来源于高附加值产品和终端产品。在供应链的产品形态不断被加工制造转化的同时，银行通过为配套企业安排优惠融资，实际上也就扩大了核心企业的生产和销售；同时，核心企业还可以压缩自身融资，从供应链整体增值的部分直接获利，实现"零成本融资"甚至"负成本融资"。供应链上的"融资"行动，推动了供应链上的产品流动，实现从低端产品向高端产品的转换；进而，可以向整个供应链中的上、下游产品要效益，提高产品的附加值和核心竞争力，间接地为核心企业带来更多的利益。

（二）对供应链融资含义的理解

所谓供应链融资，就是指基于企业商品交易项下应收应付、预收预付和存货融资而衍生出来的组合融资，是以核心企业为切入点，通过对信息流、物流、资金流的有效控制或对有实力关联方的责任捆绑，针对核心企业上、下游长期合作的供应商、经销商提供的融资服务。简言之，供应链融资就是对核心企业的配套企业所进行的融资。

在供应链融资模式下，处于供应链节点上的企业一旦获得银行的支持——资金这一"脐血"进入配套企业，也就等于进入供应链，从而能激活整个供应链，使该供应链的市场竞争能力得以提升。供应链融资不仅有利于解决配套企业融资难的问题，还促进了金融与实业的有效互动，使银行跳出单个企业的局限，从更宏观的高度来考察实体经济的发展，从关注静态转向企业经营的动态跟踪，这将从根本上改变银行的观察视野、思维脉络、信贷文化和发展战略。

我们可从以下几个侧面来进一步理解供应链融资的含义：

1. 供应链融资不同于传统的融资业务，其本质是银行信贷文化的转变

传统的融资业务主要考虑行业地位、财务特征和担保方式，从财务、市场等角度对主体企业进行信用评级，是基于财务报表的主体企业授信，这实质上是一种针对单一企业的、判断长期还款能力的标准，

对核心厂商的上、下游配套企业并不适合。而供应链融资改变了过去银行对单一企业主体的授信模式，它围绕产业内某一家核心厂商，从原材料采购，到制成中间及最终产品，最后由销售网络把产品送到消费者手中这一贸易链条，将供应商、制造商、分销商、零售商、直到最终用户连成一个整体，全方位地为产业链条上的多个企业提供融资服务，审贷标准变为信用记录、贸易背景、交易对手、客户违约成本以及金融工具的组合应用，强调的是贸易背景的真实、贸易的连续性、核心厂商的规模与信用及实力、授信上限与额度分散原则、封闭运作与贷款的自偿性。通过银行产品的介入，实现整个产业链条上客户的不断增值。融资也从为单一企业提升竞争能力而进行的融资，变成为提升整个供应链竞争能力而进行的融资。

2. 供应链融资不同于供应商融资

供应商融资是针对产业链中核心企业的供应商而提供的融资，可视作供应链融资的一部分。我们讲供应链融资，主要从产业角度，基于核心企业与其上、下游配套企业之间发生的真实贸易关系，而对核心企业的供应商或经销商发放的融资，旨在解决核心企业的上、下游配套企业营运资金不足的问题。从出发点上看，是对核心企业的配套企业提供的融资；从归宿点上看，则是壮大核心企业的供应链网络，从而提升核心企业的供应链管理能力。

3. 供应链融资并非单一的融资产品，而是各类产品的组合序列

我们通常所说的向客户提供融资，实际上并不仅仅意味着提供贷款。贷款是融资的主要形式，但不是全部。我们讲向客户提供融资，从银行角度讲，实际上是指提供贷款、信用、智力的全部或其中的一种。信用主要以承兑汇票形式存在，智力则以财务顾问形式存在。目前我国的银行业虽然也开始推行财务顾问服务，但毕竟处于起步阶段，尚未形成气候。因此，我们讲供应链融资，从银行角度讲，主要是向配套企业提供贷款和（或）票据，并且这种融资形式也不是以一种具体产品的形式存在，而往往是通过有效组合能够提升供应链运行效率的各种银行产品，设计综合性的融资方案，进行个性化服务，来满足

客户的多样化需求，从而达到营销优质客户、提升自身营销收益的目的。

4. 供应链融资在实际运作中体现为多种金融工具的有效组合

供应链融资作为主要向中、小企业提供的金融服务，本身并不是一种产品。它作为一种银行针对供应链网络节点上企业所提供的银行服务，是由很多具体的金融工具构成的。一般来说，同其他任何银行服务一样，银行的所有产品都可向供应链网络节点上各企业提供。但从供应链融资角度讲，使用最多的金融工具是信用证、国内信用证、保函和商业汇票。

5. 供应链融资着眼于灵活运用金融产品和服务

供应链融资从产业内核心厂商入手研判整个产业链条，一方面，将资金有效注入处于相对弱势的上、下游配套企业，解决链条失衡问题和配套企业融资难问题；另一方面，将银行信用融入上、下游企业的购销行为，增强其商业信用，改善其谈判地位，使产业链条内成员更加平等地协商和逐步建立长期战略协同关系，提升竞争能力。在营销上则有两条线路，一条是从核心企业入手搜寻配套企业，另一条则是从配套企业逆向搜寻核心企业。两条线路的共同归宿是将核心企业引入风险控制，降低对配套企业提供融资的风险。

6. 供应链融资的对象仅限于与核心企业有密切、商品交易关系的配套企业

供应链融资是向核心企业的配套企业提供的融资，但并不是所有向核心企业的配套企业提供的融资都属于供应链融资。只有把这些融资与核心企业进行责任捆绑或者由银行对融资项下的债权、货权进行有效控制时，该种融资才可称为供应链融资。很久以前银行就开始向核心企业的配套企业提供融资，但那时并没有供应链融资业务的说法，就是因为那时向核心企业的配套企业提供融资时，是把配套企业独立看待，仅仅作为一个市场主体单独分析，没有用供应链的管理理念分析配套企业。从这点来看，供应链融资首先是一种理念的变革，是用新的思维来看待核心企业与配套企业的关系，并通过银行的产品来防

范针对配套企业提供融资的风险。

供应链融资重点关注贸易背景的真实性、交易的连续性、交易对手的履约能力、业务的封闭运作与贷款的自偿性。它将贷款风险控制前移至客户的生产、存储及其交易环节，以产业链整体或局部风险控制强化单一企业的风险个案防范。这涉及适合提供融资的配套企业的条件问题，并不是核心企业的所有配套企业都适合提供供应链融资。那些只是偶尔向核心企业提供商品或偶尔销售核心企业商品的配套企业，就不适合提供供应链融资。那些与核心企业交易关系建立很久且交易连续的配套企业，由于受到核心企业的信赖，在某种程度上核心企业也依赖这些配套企业拓展市场，因而对银行来讲，业务风险会小很多，因而是银行提供供应链融资业务的首选对象。供应链融资还特别关注贸易的真实性，这是因为供应链融资中常常使用票据作为融资工具，而票据签发的前提是贸易背景真实。另外，讲求贸易背景真实，还隐含着对融资对象资金使用的监管。从风险防范角度讲，如果一个融资对象真的把资金用在生产经营上，除非生产经营失误，一般来讲融资对象凭借自身的业务运转，是能够归还银行贷款的。那些不能按时归还银行贷款的客户，往往是挪用信贷资金用于非生产经营的客户。因此，供应链融资强调要基于真实的商品交易关系向配套企业提供融资。

7. 供应链融资是一个笼统的称谓，包括很多具体的业务模式，每种模式又包含不同的产品

供应链融资在不同的行业，体现的方式也不一样，有些行业适合提供贷款，有些行业则适合提供票据。可以说，从不同角度考察，可以看到不同的供应链融资形式。但为便于营销，也为了服从于品牌建设的需要，不同银行在推出供应链融资业务时，一般都给其取个"好听的名字"，如中国光大银行称其为"阳光供应链融资"，原深圳发展银行称其为"1＋N模式"。供应链融资产品体系十分庞杂，有些银行有专门的称谓，有些则归入其他产品门类中。

8. 供应链融资在一定程度上能减少业务风险

对核心厂商的上、下游配套企业开展供应链融资业务相对比较安全，这是因为供应链融资针对的是与产业内核心厂商有稳定产品供应或销售关系的配套企业。由于配套企业与核心厂商的真实交易背景难以伪造，核心厂商的规模实力能基本保证交易环节和付款环节的潜在风险，采取资金封闭运作方式，由银行直接按交易链条将资金直接付给客户的上、下游核心大企业，也使得银行能够直接把握企业的贸易行为，控制贸易项下的资金流和物流，这决定了核心企业的上、下游配套企业具有稳定的现金流，银行信贷资金可因优势核心厂商的履约而安全。如果配套企业的信用记录良好、贸易行为连续，但由于资金实力较小或资产规模较小而形成授信障碍，银行就可以针对该客户的单笔业务贸易背景和上、下游客户的规模、信誉实力，帮助客户借助上、下游大型客户的资信以单笔授信的方式，配合短期金融产品和封闭运作等风险制约，为该客户提供供应链融资。此外，供应链融资针对的都是单笔交易而非针对企业整体信用，从而避开了从企业的基本面上去控制风险这一"雷区"，由"看出身"、固定资产到关注企业的动产和贸易背景，在相当程度上解决了企业在融资过程中无核心资产抵押、无第三方担保的困惑。随着国内主要产业内部以核心企业为核心的链式结构的形成，各家商业银行开始积极拓展这一业务新领域。

9. 供应链融资业务的操作风险有所提升

供应链融资因其业务特性而降低了信用风险，但并不意味着整体风险下降。事实上，供应链融资的操作风险相对较大。这是因为供应链融资需要银行对贸易项下的货物、应收账款、业务流程进行密切监控，需要银行从业人员对贸易项下商品的经营规律有深刻的了解，操作方面的要求比传统融资业务大大提高。

10. 需要动态地分析企业状况

供应链融资项下，银行不再静态地关注企业的财务报表，也不再单独评估单个企业的状况，而是更加关注其交易对象和合作伙伴，关注其所处的产业链是否稳固以及目标企业所在的市场地位和供应链管理水平。若供应链体系完整，企业经营比较稳定，银行便会为其制定融资安排，这也是供应链融资最重要的一点。此外，供应链融资强调动态、系统的授信管理，强调贷后的实时监控和贸易流程的规范操作。

11. 从发展业务、防控风险角度看，银行需同核心企业建立战略合作关系

供应链融资的提供，可以帮助核心企业降低财务风险、密切与配套企业的关系、减少自身融资、扩大生产与销售，因此可以获得核心企业的认同。但对提供供应链融资的银行来讲，更需密切与核心企业的关系，这是因为核心企业是供应链的核心，配套企业的产品销售状况很大程度上取决于核心企业产品的品牌影响力。如果核心企业愿意为配套企业的融资提供风险保证，则银行更应看重与核心企业的关系。换句话讲，银行虽然是向核心企业的配套企业提供融资，但融资的风险很大程度上要取决于核心企业。如果与核心企业建立起长期的战略合作关系，则银行就可充分把握供应链的资金流、信息流、物流和商流，因而能做出科学决策，从而减少业务风险。

二、供应链融资的分类

供应链融资作为一个较大的融资范畴，从不同角度可做不同的分类。

（一）按融资对象在产业链中的地位分类

产业链从前端到后端依次为供应商、核心企业、经销商和最终用户。供应链融资据此可分为供应商融资、核心企业融资、经销商融资和最终用户融资。一般而言，核心企业具有较强的市场地位，对其授信评价主要看财务、市场及法人经营管理等情况，其融资可按主体企业授信进行；最终用户作为商品的最终购买者，其融资一般采取按揭的方式。个人客户采取个人按揭方式融资，如购车、购房，因此归入对私业务。我们在供应链含义下讲最终用户融资主要是指公司客户方面。供应商和经销商按与核心企业的关系远近还可分为一级供应商、二级供应商和一级经销商、二级经销商等，银行对不同等级供应商、

经销商的融资均纳入供应链融资的范畴。

（二）按实际承担风险主体的不同进行分类

供应链融资的对象不一定是实际的风险承担者，大多数情况下核心企业承担着配套企业融资的风险。按照实际承担风险主体的不同，供应链融资可分为核心企业承担实际风险的供应链融资、配套企业承担实际风险的供应链融资、特定专业市场供应链融资。其中，对于配套企业承担实际风险的供应链融资，银行为防范业务风险，要么掌控货权，要么掌控针对核心企业（卖家）的应收账款，因此，这类供应链融资又可大致分为基于债权控制的供应链融资和基于货款的供应链融资。

供应链融资的体系如图 1 – 17 所示。

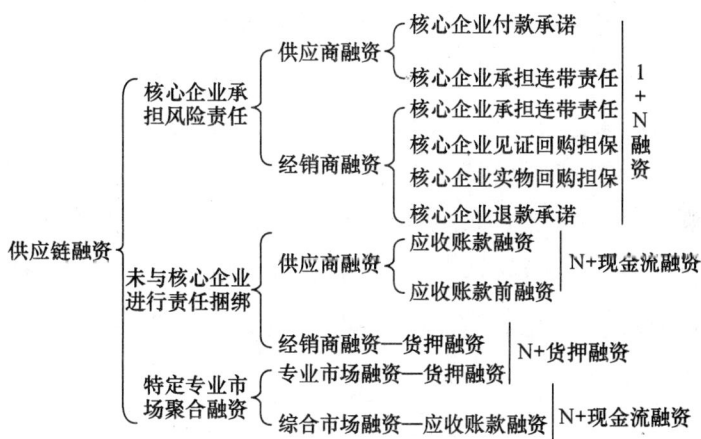

图 1 – 17　供应链融资业务体系

1. 核心企业承担实质风险责任的供应链融资

该类融资又称 1 + N 融资，其中 1 代表核心企业，N 代表配套企业，即核心企业的供应商与经销商，+ 代表核心企业与配套企业的风险连接。在实际业务中，由于供应商和经销商在产业链中的地位不同，发挥的作用也不同，因而核心企业对供应商和经销商的融资承担责任的特性也有所不同。核心企业除对供应商和经销商的融资都可承担连带担保责任外，对供应商融资而言，由于其是向核心企业销售货物，核心企业如承担风险责任，则表现为承诺定向付款；对经销商融资而言，由于其是向核心企业购买货物，核心企业可承担回购担保责任和未售退款承诺。

2. 以核心客户配套企业为责任主体的供应链融资

在此方式下，核心客户不提供连带责任保证、见证回购担保、实物回购担保或购买付款承诺。配套企业由于信用风险较大，银行只有采取更多的风险控制手段才能防范风险。对供应商而言，最大的价值在于其拥有针对核心企业的应收账款，因此银行在核心企业不承担风险责任的情况下，控制住其供应商针对核心企业的应收账款，则就控制住了供应商的现金回流，因而业务风险也就得到了防控；对经销商而言，其最大的价值在于能够获得核心企业的供货并通过货物的销售来回流资金，因此银行在核心企业不承担风险责任的情况下，可通过对融资项下货物的控制来控制资金的流向，同样可起到风险防范的作用。当然，供应商也可用货物质押来融资，但就主流来讲，在核心企业不承担风险责任的情况下，针对供应商，银行主要提供应收账款融资；针对经销商，银行主要提供货押融资。对于应收账款融资，由于是基于债权控制而进行的融资，因此又称为 N + 现金流融资；对于货押融资，由于是基于货权控制而进行的融资，因此又称为 N + 货押融资。

核心企业不承担风险控制责任，并不意味着在银行业务风险的防范工作中不需要核心企业发挥作用，银行应当尽可能要求核心客户提供一定的风险控制辅助措施，如对违约借款人进行一定的惩罚（降低其经销商资格等）、协助处理质押物或按银行指定路径发货等。

在应收账款融资方式下，银行面临着识别有价值应收账款的问题，只有应收账款有价值，银行才可能提供融资。提供融资前，银行还要设计严谨的资金流向管理策略，以确保应收账款实现后能用来归还银行融资。在货押融资方式下，严格的货权监管和货物本身的特性至关重要。银行一般借助管理规范、经营规模较大的特大型物流仓储企业对银行供应链融资项下的货物进行全程监管并足额保险，货物本身要具有较好的市场变现能力、市场价格透明、价格相对稳定，形成的货权凭证（仓单）可以在有形、固定的市场进行交易等特点。

3. 特定专业市场供应链融资

特定专业市场有两大类：一类如钢材交易市场，将众多钢材经销商会聚其中进行交易，交易市场为吸引更多的经销商加入市场从而获得更多的营业收入，愿意为入场客户的融资提供风险分担承诺。这类市场适用于专业市场、入场企业与银行三方合作的供应链融资，其基本模式是：交易商申请成为专业市场的入场客户，专业市场同意后接纳其成为市场会员，入场企业按专业市场交易规则进行交易；入场企业存在资金需求时，向专业市场提出申请，专业市场认可其风险水平后向合作银行进行推荐，并承担程度不同的风险责任；银行独立评审后决定是否向入场企业提供融资。具体操作时，专业市场内从事买卖的交易双方在交易合同签订后，需将交易合同金额一定比例的预付款和保证金交存到专业市场，余下金额向银行融资；银行批准借款人的融资申请后，专业市场冻结买卖双方资金账户，同时将交存到专业市场的预付款和保证金存入贷款银行指定账户内，银行则根据保证金存入通知单向借款人发放贷款。在这样的业务操作中，专业市场起着交易监管的作用。有时，银行为更好地防范业务风险，甚至要求专业市场为其入场客户在银行的融资提供担保。

除钢材交易市场这类专业市场外，另一类专业市场是像沃尔玛、肯德基这样的客户。它们通过采购吸引着众多的供应商，这些供应商由于向这些世界知名企业供货，因而回款较有保证，因此银行也可对这些供应商提供融资。

从以上介绍可知，钢材交易市场类供应链融资实际上是一类特殊的核心企业承担风险责任的供应链融资，这个"核心企业"就是钢材交易市场；沃尔玛类供应链融资则实质上是一类特殊的应收账款融资，特殊性体现在这个"市场"将很多购买者集聚在一起，而不像一般核心企业那样，其用户是"一对一"的。

第三节 供应链融资的市场价值

供应链融资获得产业界和银行界的普遍认可并被高度重视，是有深刻的现实基础的。对核心企业及其供应链网络以及提供融资的银行来讲，供应链融资具有巨大的价值。

一、供应链融资对于供应链网络及其各节点企业的价值

（一）有利于提升核心企业的市场竞争能力

供应链融资是随着供应链网络的形成与发展而出现的，满足了核心企业壮大其供应链网络从而提升市场竞争力的需求。企业之间的竞争从表面上看是其产品及综合实力的竞争，但实质上是其供应链网络的竞争，因为供应商决定着核心企业的原材料供应，经销商决定着核心企业的产品销售。原材料供应的及时、顺畅，决定了核心企业能以比竞争对手更高的效率来组织生产；产品销售的顺利进行则使得核心企业能够以更快的速度回笼资金，投入再生产。因此，核心企业的市场反映能力在很大程度上取决于供应商的供应能力和经销商的销售能力，而供应商的供应能力和经销商的销售能力又离不开作为"金融血液"的银行资金的支持。银行支持核心企业的供应商和经销商，实质上也就是在间接支持核心企业。核心企业凭借自己的市场信用，利用银行的支持，壮大了以自己为核心的供应链网络的实力，最终就表现在自己的市场竞争能力得以大幅度提升。

以汽车行业为例。汽车厂商生产各种品牌的汽车，但这些汽车需要分布全国各地的经销商网络来销售。只有这些汽车卖给最终消费者，才算真正实现了销售。但我们知道，核心企业要收到货款才向经销商发货，它要想让经销商销售更多的货物，只有更大批量地向经销商发货，这就需要经销商提供更多的采购资金。从经销商角度看，它要实

现更多的销售，首先就需要有大量的资金向汽车厂商进货，而经销商的典型特征是杠杆经营，自身资本投入很少。这就陷入一个怪圈：汽车厂商想扩大销售而又不愿给经销商提供更多的信用，从而使经销商在较少资金下提取更多的汽车；经销商想采购更多的货物以支持更大规模的销售而自身又缺乏充足的资金。银行的介入解决了这一难题：银行向经销商提供融资用于汽车采购，并要求汽车厂商对经销商销售不出去的汽车进行回购，用回购款支付经销商欠银行的贷款。这样，经销商获得了采购资金，汽车厂商及时回笼货款且未释放更多信用就实现了更多汽车的销售，银行则获得了融资业务项下的各种收入。通过银行的介入，汽车厂商实现了更大规模的销售，而更大规模销售的后果则是汽车厂商市场品牌的扩大和竞争实力的提升，因而，供应链融资对汽车厂商的意义尤其重大。

（二）有利于解决配套企业融资难的问题

核心企业的配套企业绝大多数都是中小企业。目前，中小企业的融资是个世界性难题。由于中小企业在其资产结构中，通常大部分资产都集中在流动资金、库存、原料等动产方面，固定资产仅占很少的一部分，不能满足向银行申请融资的硬性条件，因而束缚了它们向银行进一步融资、谋求更大发展的能力。在我国，虽然有中小企业版资本市场，但能进行直接融资的中小企业毕竟占中小企业群体的很少一部分；短期融资券也主要由大型企业发行；产业投资基金也主要投向理念有创意、产品有市场，有"概念"的企业，能具备产业投资基金所需条件的企业毕竟是少数，因此对众多核心企业的配套企业来讲，依托直接融资来发展生产经营并不现实，而银行长期以来一直局限于传统的主体企业授信思维，加之中小企业的确违约率较高，银行也不愿意为中小企业提供融资。

尽管供应链融资并不只对中小企业而开展，但它对于缺少资产抵押、财务报表透明度低、企业规模小的中小企业更为契合。在供应链融资项下，银行终于发现配套企业的核心价值，即它们和核心企业具有稳固的产销供应链。只要将这一链条牢牢控制住，银行的融资风险就不会很大。而银行只要业务风险能够控制，就会向企业提供融资。这样，配套企业的融资问题就解决了。需要说明的是，配套企业主要是中小企业，但并不是全部；银行供应链融资的对象不是所有的中小企业，只是那些与核心企业有稳固、连续贸易关系的中小企业。解决了这部分中小企业的融资难题，中小企业融资难的问题也就解决了大部分。而解决中小企业融资难的问题，具有十分重大的意义。因为，中小企业与垄断企业是现代经济的两极，大型垄断企业代表了一个国家的经济实力，而中小企业往往代表了一个国家的经济活力。中小企业吸纳了一个国家大部分的劳动力，是解决一个国家就业问题的主导力量。只要中小企业发展了，就业问题、稳定问题就不会成为问题。而中小企业发展的关键就是融资问题要解决，供应链融资部分地解决了这个问题，就间接地支持了国家的就业政策及经济发展政策。

向核心企业的配套企业提供融资，表面上是解决其融资难问题，但我们知道融资本身并不是目的，融资的目的在于做好生产经营。银行从核心客户入手分析整个产业链，着眼于合理运用银行产品，将银行信用有效注入上、下游配套企业，在满足其融资需求的前提下，适度放大了配套企业的生产经营能力：配套企业原来只能采购一定金额的货物，而通过银行融资的介入，采购能力可能就是"这一金额"的若干倍，这也是一种杠杆效应。

（三）有利于提升产业竞争实力

企业与企业之间的竞争实质上是供应链之间的竞争，而国与国之间的竞争实质上就是产业实力的竞争。产业实力取决于产业内部大型、中型和小型企业之间的协同程度。供应链融资极大地提升了配套企业与核心企业之间的协同程度，改变了过去企业单打独斗的市场格局，更大规模地拓展了市场，进而提升了以核心企业为主体的整个产业的实力。因此，从宏观意义上讲，供应链融资功不可没。

二、供应链融资对于银行的价值

对银行而言，发展供应链融资，可以说是一种不得已而为之的战略选择。

说是不得已的选择，是就银行发展面临的外部环境而言的。从成本收益来讲，或者从业务便利性上讲，银行是倾向于与大企业开展业务合作的，因为大企业市场地位高、信用程度高，还款有保障，并且提供融资后所进行的授信后管理工作也相对简单。银行的客户经理在条件许可的情况下也倾向于向大企业提供服务，因为向大企业提供服务的特点是"一次投入、长期产出"，不像供应链融资那样需要做很多细则的操作性工作，会占据客户经理大量的时间。然而，银行对大企业的争夺是非常激烈的，对中小银行来讲在服务大企业方面往往显得力不从心，不得不去搜寻"门当户对"的客户。况且，从产业发展态势上看，供应链产业格局的形成也为银行服务于中小企业提供了可能。供应链融资业务项下，中小企业蕴涵着丰富的市场机会，自己银行如不介入，其他银行也要介入，晚介入不如早介入，因此，在对供应链客户大规模的争夺中，每家银行都必须而且是不得已介入其中。

战略选择，是指银行为适应外部环境变化而主动采取的、长期性的举措。外部环境是供应链格局已经形成，只有适应这个格局，银行才能发展，才能在市场竞争中占据先机。很多银行从战略高度，认识到发展供应链融资业务的重大意义。

（一）供应链融资是强化交叉销售、提高银行业务综合贡献度的重要手段

交叉销售是一种新兴的营销方式，是指借助于客户关系管理来发现现有客户的多种业务需求，并为满足他们的需求而销售多种不同服务或产品，努力鼓励客户使用本银行多种产品或服务。供应链融资以促进交易、实现销售为杠杆和主要着力点，依托以不同核心客户为主要牵动载体的产业链商务模式、结算方式及货物流转的具体特点，全线推进银行相关产品的交叉销售，实现对产业链上各参与主体的综合化联动营销，是实现交叉销售的最好载体。银行开展供应链融资，需要深入了解核心企业及其配套企业的产业特征、贸易特点，这有利于对客户需求进行深入挖掘，从而提高该客户对银行的价值贡献。

业务实践证明,挖掘既有客户的价值远比营销新的客户要容易,这也是客户关系管理近些年获得大力发展的主要内在动因。银行需要在既有客户身上进行多种产品的交叉销售,从而获得更多的价值。从另一个侧面上看,银行提供供应链融资也可深化客户关系,更好地获得客户的认可。很多银行通过对核心企业的配套企业提供细致、周到的服务,与配套企业建立起密切的关系。慢慢地,这些企业就离不开银行了,因为银行如果只提供一种产品,客户很容易转而向其他银行寻求服务,而如果银行提供的是多种产品,则客户转向其他银行寻求服务的"转户"成本就会很高。考虑到成本的因素,这些企业一般不会再去寻求新的银行。当银行牢牢掌控住配套企业后,核心企业也就离不开银行了,因为配套企业的资金往来、账户开设均在这家银行,核心企业就不得不同这家银行打交道。所以说,供应链融资还是银行深化客户关系的好工具。

(二) 供应链融资能有效控制基于交易风险而产生的企业信用风险

信用风险是商业银行面临的最古老、最基本的风险。从事资金交易的银行则主要面临市场风险,而对于以信贷业务为主的银行则主要面对信用风险。我国商业银行发展历史上,有几次不良资产剥离的事件。造成数万亿不良资产出现的重要原因,就是银行没能管住借款人的信用风险。所以说,对商业银行来讲,如何对信用风险进行科学管理一直是个挑战。供应链融资由于自身所具备的贸易真实性、交易连续性、过程封闭性和自偿性的特点,将有效改变现有的风险管理的本质缺陷,全面提高客户的履约能力,从而降低银行的信用风险,因而受到各家银行的普遍重视。有些银行经过近些年的成功实践,也的确发现供应链融资项下出现不良贷款的概率已大为降低。

(三) 供应链融资可以逐步优化银行公司业务的利润贡献结构

供应链融资作为突破中小企业授信障碍的一种全新综合化金融服务模式,具有优化银行客户结构、丰富产品体系、增加收入来源、有效控制风险、培育基础客户群体的重要作用。尤其重要的是,供应链融资给商业银行带来了新的盈利模式。

1. 笔数小、频次高、周转快、手续费收益高

作为中小企业，配套企业融资需求的最大特点就是"急、小、频、快"，而这非常适合供应链融资。供应链融资的主体业务品种是商业汇票及其衍生产品。针对银行承兑汇票业务，在占用风险资产余额不变的情况下，缩短单笔票据期限，提高开票频次，既能在真实交易过程中跟踪控制风险，又可提升授信额度的总体价值回报。因为在现行法律框架下，承兑汇票的手续费是按次数以金额为基础收取的，与承兑日到到期日的时间长短无关，而这一时间只要不超过 6 个月就行。换句话说，在承兑金额限定的情况下，开票的次数越多，对银行就越有利。银行根据配套企业贸易项下资金支付特点，可针对性地开出时间长短不一的承兑汇票，这比仅承兑 6 个月的汇票能获得更多的手续费收入。此外，对于保证金之外的敞口部门，银行实质上承担着巨大的信用风险，因此很多银行在业务实践中除向承兑申请人收取手续费外，还收取比率不等的风险承担费，从而缩小与流动资金贷款利息收入的差距。

2. 收入来源结构多元化

供应链融资业务有较高的技术含量，产品附加值较高，尤其是在没有核心客户责任捆绑和特定交易方式融资项下，银行为配套企业提供的量体裁衣式融资方案，需要付出大量的劳动，因此可向配套企业收取一定的财务顾问费，以弥补银行这一部分的劳动付出。

3. 参与特定中介机构的收益分成

银行开展供应链融资业务，需要与仓储公司、保险公司等机构建立业务合作关系，在互惠互利的前提下，银行可安排借款人在指定保险公司投保、银行也可指定仓储公司承接货物监管。既然银行为这些中介机构带来了新的业务机会，当然可以参与对保险费、仓储保管费的收入分成。

4. 结算控制与物流项下的低成本存款收益

配套企业以从事生产经营为主，交易过程中会产生大量的资金沉淀。在当今经济格局下，存款对银行而言仍属稀缺资源，因此，供应

链融资对银行增加存款而言意义重大。如果银行能够再把核心企业营销到位，则获得的存款规模会更大。以经销商与核心企业的关系为例，经销商如果用现金支付购货款，则核心企业会收到现金；如果经销商用票据支付购货款，则核心企业会取得汇票，而核心企业取得汇票后要么到期收款，要么再用于支付，但最常见的办法是向银行申请贴现以提升有限资金的使用价值。无论哪种方式，都会增加核心企业的现金流入，这对于与核心企业合作的银行来讲，必然反映为存款。

第四节　供应链融资的运营架构

供应链融资作为商业银行适应市场变化及客户需求的重要公司业务种类，主要是从微观层面上讲的。但是，此类业务单从微观层面上推进是无法取得理想成效的，它需要银行在整个运营架构方面进行重整以适应银行全面推进供应链融资业务发展的需要。

一、银行开展供应链融资业务的主要障碍

（一）认识问题

很多银行没有充分认识到供应链生态格局的形成，没有根据市场发展形势及时更新银行的文化与理念，更没有按照流程银行的要求重塑银行的架构与文化。反映在实际工作中，就是仍然把大客户、垄断性客户作为营销重点，信贷投向也以大客户、垄断性客户为主。当然，并不是说银行不能营销大客户。如果营销到大客户，会省去银行很多的贷后管理精力，综合业务成本支出也会较低。问题在于：中小企业在数量上远远超过大型企业，并且也是政府着力支持的经济主体；大型企业市场地位高，往往要求银行下浮贷款利率，致使银行综合业务收益较低；大型企业有多家合作银行，对银行的忠诚度低，很难成为某家银行的核心客户。因此，从市场主流和银行业务发展趋向上看，

任何一家银行至少不应该忽视供应链融资业务。

（二）政策问题

供应链融资依托的是真实的贸易背景、核心企业的市场地位及融资对象与核心企业的贸易关系，这与主体企业的授信要求有很大的不同，需要银行依托一套全新的风险评价体系来对供应链融资客户进行风险评估。但很多银行在工作实践中，仍主要以主体授信、财务报表、担保方式等静态分析为主，信贷政策与发展战略不配套，结果导致能够获得授信审批通过的只是那些行业内排名靠前的客户。一家银行在供应链融资业务发展初期，往往凭借既有的风险管理政策来指导业务开展，往往导致业务开展不利。换句话说，很多银行在业务发展初期进展程度不大的主要原因在于风险管理政策的不配套。

（三）流程问题

主要体现在如下三个方面：

（1）没有针对性、规范化的供应链融资业务处理流程，决策链条长，环节多。

（2）没有建立专业化的审查、审批团队，业务效率低，与市场的普适标准差距较远。

（3）没有建立专门的产品经理团队和客户经理团队，产品设计能力，货物管控能力严重不足，产品经理与客户经理、风险经理的职责不清。

（四）营销组织问题

未形成全行上下一体化、分工与合作相结合的专业化营销体系，无法形成系统合力，往往是上级领导重视、下级单位无法落实。产品经理、风险经理与客户经理磨合不顺畅，要么是客户经理单兵出击，要么是客户经理、产品经理重复出击。由于历史上的政策歧视与限制，很多银行以营销大中型客户为主，针对中小企业的业务实践不多，具备供应链融资业务营销能力的客户经理人员严重不足。

（五）品牌问题

品牌营销是银行营销文化建设和营销层次提升的必由之路。相对于金融同业，很多银行在这方面的资源投入严重匮乏。表现在：没有形成一个有别于其他银行的独特的识别形象，品牌建设无特色；没有对银行的供应链融资产品体系进行整合，虽然提出供应链融资的总体品牌形象，但缺乏相应的子品牌及相应的产品内容；品牌宣传渠道有误、宣传策略不佳，导致市场影响有限；持续投入不足，很难形成持久的品牌形象。

1. 甲银行的做法

甲银行是国内开展供应链融资业务较早且取得一定成效的一家全国性股份制银行，其发展目标是建设成国内领先的贸易融资专业服务银行和国内最专业的供应链金融服务商。该银行从成品油金融开始，目前已延伸到粮食、汽车、钢材、煤炭、铁矿石、化工、木材、纸品、棉花等几十个行业，在部分行业形成市场优势。这家银行的主要做法包括：

（1）整合了20多项产品（服务），将供应链融资分成预付类、应收类和存货类

对任何一个供应链节点企业，都可以利用企业自身的上、下游交易关系产生的存货、应收款、预付款三个路径选择合适的产品。

（2）采取有效的风险监管措施

引入第三方监管，联合国内各大专业物流公司、仓储公司实施自有库或输出管理项下的静态及动态的监管模式。

（3）在总行公司业务事业总部组建内外贸一体化的贸易融资部

构建了管理支持平台，由该部门负责全程实施贸易融资战略，并集中全行力量制定完成一整套贸易融资管理制度，开发运行贸易融资业务电子管理系统。

（4）进行专业化双线审批

支行主管负责人对调查报告初审通过后，递交分行贸易融资部进行专业协审，并由其签署专业性审查意见，然后交分行信贷审批中心进行授信审查。超过分行权限的，由分行信贷执行官审签后，报总行信贷审批中心审批。

2. 乙银行的做法

乙银行把"突出贸易金融业务战略"作为其业务发展的长期战略目标。该银行发展供应链融资的做法主要有：

（1）进行全方位的市场定位。行业定位上，采取的方针是"做我们熟悉的行业，不熟悉的就暂时不做，没能力去做的也暂时不去做"，重点选择"十一五"规划列明的重点发展行业和在国民经济运行中发挥重要作用的行业。区域定位在长三角、珠三角和环渤海经济圈三大区域，其他区域要做出特色。客户定位在中型企业，利用合适的产品或手段来锁定风险。

（2）打造三个体系。

1）专业化、垂直化的市场营销体系。乙银行在总行对公业务事业总部下成立贸易金融部，在分行成立贸易金融分部；在华南、华东、华北三大重点区域成立三大区域销售中心，派驻区域市场销售总监和高级经理。区域市场销售团队与当地贸易金融分部共同确定市场开发规划，选择重点客户，围绕重点客户组成团队，实施团队服务；区域销售总监直接参与重点客户的销售，主导授信方案的设计，并统一协调项目评审，采取区域销售运作模式，从总行派驻的区域销售团队，到贸易金融分部，再到一线的客户经理，从组织体系上实现了营销的垂直化。

2）专业化的评审体系。该银行供应链融资业务的审批理念是"没有健康的贸易融资授信文化就无法与外资银行竞争"。在总行设立有专门的贸易融资评审中心，抽调精通贸易金融业务的人员组成评审团队，对贸易融资业务实施专业化评审。风险经理派驻到各贸易金融分部，协助进行风险审查。在具体运作方式上，采取业务线与风险线双线调查和审批的方式，在客户经理进行调查时，为保证风险的真正前移，使评审更加贴近市场，风险经理也同时进行调查，同时向主管提交报告。分行审查完毕后直接报总行贸易融资评审中心进行专业化评审。

3）专业化的操作体系。首先通过该银行现有的会计大集中科技平台和影像系统实现分行内部的业务集中。最终目标是实现全行单证处理的大集中和供应链融资业务的专业化操作。

3. 丙银行的做法

丙银行基于对产业供应链结构特点及商品交易细节的把握，借助核心企业的信用实力或单笔商品交易的自偿程度，对供应链单个企业或上、下游多个企业提供的全面金融服务，亦积累了一些经验和体会。该银行供应链融资服务的主要内容包括：

（1）该银行提出的供应链融资服务涵盖了供应链各节点企业的全面金融服务。

1）服务对象包括"原料供应商—生产厂商—经销商—零售商—终端消费者"的供应链条上的任何单个节点企业；或段落供应链（由具有商品交易关系的连续两个或两个以上节点企业构成）；或以核心企业为出发点、直至上游原料供应商和下游终端消费者的"1＋N"交易链。

2）在供应链商品贸易过程中，借款人可以结合具体的交易商品和交易结构，从银行取得相对应的资金和信用支持。比如，可以将商品的动产或货权质押给银行，从而取得银行授信支持；也可以依托于实力强的上游供应商的商业信用、通过一定的责任捆绑来取得银行授信支持；还可以依靠其支付能力强的下游买方的信用，通过转让应收账款与银行来取得授信支持。

3）该银行主要通过资金（贷款、保理等）、银行信用（承兑、保函、信用证、保贴函等）、服务（结算与增值服务，账户管理、公司理财等）等进入供应链。

（2）针对供应链上各类企业，全面整合贸易融资产品。该银行在以额度授信、公司理财等产品服务供应链核心企业（往往是高端的优质大型企业）的同时，主要选择从配套企业（原料供应商或商品经销商，主要为中小企业）入手提供供应链金融服务。其中，具有信用担保突破功能的动产及货权质押授信系列产品、兼具财务节约功能和责任捆绑功能的票据类系列产品以及应收账款池融资系列产品，是其主要的供应链融资产品。

（3）建立适应性的贸易融资风险控制体系与营销组织。

1）专门研发了针对"供应链融资"相关的信用评级办法与授信管理办法。与传统的授信制度相比，这两个办法紧扣供应链商品交易的自偿性特点，正视多数中小企业的财务缺陷，将主体评级与债项评级相结合，不单纯考察授信人自身的财务报表和担保手段，转而考察交易方式、交易商品的价值、变现能力、自偿程度、交易双方的交易纪录、双方处理交易瑕疵的能力，等等。

2）在组织上，该银行建立了自上而下的针对"供应链融资"的市场营销和风险控制两条业务线。总行设立贸易融资部，统筹管理全行的贸易融资业务（包括本币和外币、在岸和离岸），各分行相应成立贸易融资部。一些业务量较大的分行还设有专门的"货押监管中心"以满足贸易融资业务操作细节繁杂、规范程度高的要求。

3）建立"贸易融资信息管理平台"，以电子化管理手段规范"供应链融资"业务的操作流程。

4）与第三方物流公司、担保公司等建立供应链服务商联盟，提供供应链融资便利，提升供应链金融服务的核心竞争力。

5）从战略高度推动"供应链融资"发展，明确提出公司业务的市场定位是："以特色产品、专业服务和标准流程为基础的主要面向中小企业的贸易融资专业银行。"

二、银行开展供应链融资业务的运营架构

良好的运营架构是供应链融资业务持久、健康发展的重要保证，这需要银行运用系统论的观点从各个层面上采取多种有效措施，来为银行发展供应链融资业务创造一个协调的氛围。

（一）推进营销架构和风险管理架构调整

1. 营销架构调整

（1）为协调推进供应链融资业务的开展，银行应优化业务管理体制：一是成立非实体的供应链融资业务推进委员会，由营销管理部门、产品支持部门和风险管理部门共同参加、银行主要领导挂帅，负责全

行供应链融资业务的整体推进，协调解决业务推进过程中遇到的各种涉及全局性的问题；二是对现有的部门职责进行调整，形成风险管理、产品支持、客户营销、后台操作等相关部门共同推进、协同运作的局面；三是筹建专门的供应链融资推进部门，由该部门牵头实施银行的供应链融资发展战略。

（2）银行管理机关的产品支持部门和营销管理部门应共同协调推进本银行供应链融资业务的发展。两部门应该通力合作，形成一体化管理（营销支持）团队，根据各自职责对全行供应链融资业务的发展负主责。产品支持部门定位于全行供应链融资的产品经理，负责供应链融资基础产品的研发、业务流程优化、具体方案协调与备案审批、营销支持与技术指导。营销管理部门作为银行的客户管理部门，负责打造统一的销售平台和全口径供应链融资业务的营销推广与业务经营，负责重点客户的营销推进、系统协调与行业管理工作。

（3）在业务拓展层面上，供应链融资产品部门与营销部门可合并，成立产品经理与客户经理合一的公司金融部，以统一协调供应链融资业务的产品设计及市场推广工作，形成强有力的供应链融资营销合力。

2. 风险管理架构调整

（1）推进供应链融资授信审批专业化。供应链融资业务审批应由风险审批官全面负责。银行上级机构可根据区域特征、下级机构管理水平、审批官个人素质实施差异化授权。在银行全面推行风险经理派驻制，把风险管理人员派驻至业务部门，进行供应链融资授信项目专职审查工作，与产品经理、客户经理平行作业。派驻风险经理人员应由分行风险管理部门和公司金融部门共同认定、共同考核。

（2）完善供应链融资债项评级。针对供应链融资业务建立专门的授信评估制度，不再采用传统的信用评级办法，对供应链融资对象采取债项与方案控制相结合的评审设计体系，从针对客户与产品转向针对交易流程和授信标的进行信用评级。对与融资对象相对应的核心企业，则仍采取主体授信方式，仍以财务报表、行业地位等内容为主进行评价。

（二）完善激励考核机制，加强人力资源队伍建设

1. 实施捆绑考核，加强业务奖励

拟定有效的考核激励措施，确定合理的薪酬和绩效，通过差异化的考核激励机制调动从业人员的积极性。产品支持部门与客户管理部门、中后台运营支持部门与前台营销部门、产品经理与客户经理及风险经理应实施捆绑考核。为加大一线人员开展营销工作的积极性，应加大对业务开展较好单位及人员的奖励力度，包括物质的和精神的。

2. 建立专业化的产品经理队伍、客户经理队伍和风险经理队伍

产品经理负责供应链融资的产品营销支持、方案设计、产品推广与研发、产品过程管理等工作，并协同客户经理开展日常营销和供应链融资产品的贷后管理；客户经理按照确定的营销方案，在产品经理支持下具体开展贸易融资客户营销，并承担客户授信调查、日常贷后管理等职责；风险经理负责开展供应链融资授信业务的审查、审批及贷后监控工作。为提升这三类人员的业务素质，银行应强化并完善资格认证和等级管理制度。

（三）做好产品整合与品牌体系建设

1. 将银行的内外贸融资产品进行标准化、系统化整合

首先是制定全行统一的供应链融资管理规程，完成制度支持平台建设；在此基础上，针对不同行业的特点，设计具体的行业金融解决方案，最终形成与区域特征相吻合、统分结合的供应链融资产品体系。

2. 品牌推广策略

包括在主流媒体发布品牌形象推介广告；针对不同行业、不同客户对象召开专题产品推介会；印制产品宣传及业务操作手册，包括客户手册、客户经理手册、产品经理手册和风险经理手册；构建多层次的品牌示意体系等。

第二章

权 利 融 资

可用作融资标的的权利主要有货权和债权两种。企业对其生产经营过程中的存货拥有所有权，而且存货往往占据着企业资产的很大比例。如果任其闲置，则无疑会大大降低企业资产的使用效率。越来越多的企业开始以其控制的存货作为标的向银行来申请融资，从而盘活了其存货资产，使其存货资产发挥了最大效用。银行依据企业拥有的存货作质押来向企业提供融资，即被称为基于货权控制的供应链融资。除存货外，在企业资产负债表的流动资产栏中，除存货外，应收账款是另一个非常重要的科目。应收账款作为企业的重要资产，也是银行提供融资的重要标的。随着企业间商业信用的日益发达以及相关法律环境的日益完善，银行开展应收账款融资的空间也日益扩大。我们把基于债权控制的供应链融资称为应收账款融资。

第一节　标准仓单质押融资

一、业务含义

标准仓单质押融资是指银行以借款企业自有或有效受让的标准仓单作为质押物，根据一定质押率向借款企业发放的短期融资。在借款企业不履行债务时，银行有权依照《担保法》及相关法律法规，以该标准仓单折价或以拍卖、变卖该仓单的价款优先受偿。标准仓单质押融资的期限原则上不超过一年，且不超过出质标准仓单的有效期。如需超过的，则必须能够做到将质押的标准仓单在失效前由交易所换开新的标准仓单，并办理质押合同变更和质押登记手续。

专栏 2 - 1

仓单与标准仓单

一、仓单

仓单是指货物保管人在收到仓储物时向存货人签发的表示收到一定数量仓储物的存单。仓单作为仓储保管的法律凭证，是提取寄存货物的证明文件，代表了存货人对寄存货物的所有权。

可从如下七个方面理解仓单：

（1）仓单是保管人向存货人出具的货物收据。当存货人交付的仓储物经保管人验收后，保管人就向存货人填发仓单。仓单是保管人已经按照仓单所载状况收到货物的证据。

（2）仓单是仓储合同存在的证明。仓单是存货人与保管人双方订立的仓储合同存在的一种证明，只要签发仓单，就证明了合同的存在。

（3）仓单是货物所有权的凭证。它代表仓单上所列货物，谁占有仓单就等于占有该货物，仓单是持有人有权要求保管人返还货物，有权处理仓单所列的货物。存货人取得仓单后，即意味着取得了仓储物的所有权。仓单发生转移，仓储物的所有权也发生转移。

（4）仓单是提取仓储物的凭证。仓单是持有人向保管人提取仓储物时，应当出示的凭证。保管人一经填发仓单，则持单人对于仓储物的受领，不仅应出示仓单，而且还应缴回仓单。仓单持有人为第三人，而该第三人不出示仓单的，除了能证明其提货身份外，保管人应当拒绝返还仓储物。

（5）仓单还是处理保管人与存货人或提单持有人之间关于仓储合同纠纷的依据。

（6）仓单是要式证券，必须有保管人签字或盖章，并载明下列事项：存货人的名称或者姓名和住所；仓储物的品种、数量、质量、包装、件数和标记；仓储物的损耗标准；储存场所；储存期间；仓储费；仓储物已经办理保险的，其保险金额、期间以及保险人的名称；填发人、填发地点和填发时间。

（7）存货人或仓单持有人在仓单上背书并经保管人签字或盖章的，可以转让提取仓储物的权利。我国《合同法》规定："存货人或仓单持有人在仓单上背书并经保管人签字或盖章的，可以转让提取仓储物的权利。"

二、标准仓单

（一）标准仓单的概念与特征

标准仓单是由交易所指定交割仓库在完成入库商品验收、确认合格并签发《货物存储证明》后，按统一格式制定并经交易所注册可以在交易所流通的实物所有权凭证。标准仓单是在交易所办理标准仓单交割、交易、转让、质押、注销的凭证，其生成通常需要入库预报、商品入库、验收、指定交割仓库签发《货物存储证明》、申请注册等多个环节。目前，我国共有大连、上海和郑州三家商品交易所。我们所称的标准仓单，也仅指由这三家交易所指定交割仓库开出、并在这三家交易所注册的仓单。

标准仓单按保管形式不同可分为有纸化仓单和电子仓单。有纸化仓单是指由指定价格仓库签发、在交易所注册生效的纸质标准仓单。而电子仓单由交易所依据《货物存储证明》代为开具，表现形式为《标准仓单持有凭证》。两者的最大区别在于，有纸化仓单与指定交割仓库货物是一一对应关系，交割时仓单持有人必须到指定仓库提货；电子仓单持有人则可根据《标准仓单持有凭证》所记载品种、类别和等级等内容，选择一家或多家指定交割仓库提取相同等级的货物，提取货物的仓库并不一定是最初办理入库手续的交割仓库。由于电子仓单的安全性、流通性更好，因此代表了标准仓单的发展方向。

标准仓单对应的货物具备价格波动大、供需量大、易于分级和标准化、易于储存和运输等特征，因此，并不是所有的货物都能生成标准仓单，都适合在交易所交易。基于具有上述特征的货物而生成的标准仓单在具有普通仓单所具有的各种特点的同时，也具有明显独特的地方，主要体现在：

1. 统一品质。

标准仓单对应货物的等级、质量、有效期等一系列指标，由交易所统一规定，并在交易市场上公示。亦即标准仓单对应的货物的品质是透明的，因此很少出现质量方面的纠纷。交易所在制定合约标的物的质量等级时，通常采用国内或国际贸易中最通用和交易量较大的标准品的质量等级作为标准交割等级。例如，郑州商品交易所规定硬冬白小麦的标准品为符合 GB 1351 – 1999 的二等硬冬白小麦，替代品及升贴水的标准为符合 GB 1351 – 1999 的一等硬冬白小麦升水 0 元/吨、符合 GB 1351 – 1999 的三等硬冬白小麦贴水 50 元/吨、同等级硬冬白小麦的不完善粒大于 6.0% 小于 10.0%（其中，生芽粒小于等于 2.0%，霉变粒小于等于 2.0%）贴水 30 元/吨等。指定交割仓库对入库商品要进行严格的检验，不达标准的商品拒绝入库，以防止出现质量纠纷。交易所还可在自指定交割仓库提出注册申请之日起 7 个工作日内对仓库检验合格的货物进行抽查，抽查不合格的不予登记注册，对入库商品的质量再进行一次把关。大连商品交易所对玉米交割标准品品质技术的要求是：容重（克/升）≥685，杂质% ≤1.0，水分% ≤14.0，不完善粒% 总量≤8.0（其中：生霉粒≤2.0），气味色泽正常；如果容重（克/升）≥660 且 <685，则替代品扣价（元/吨）20，生霉粒（%）>2.0 且≤4.0，则替代品扣价（元/吨）25。

2. 统一有效期。

标准仓单的有效期由交易所统一规定，到期后注销或按照交易所规定重新注册申请。例如，郑州商品交易所规定标准仓单有效期如下：每年（N 年）7 月合约结束后，上上年（N-2 年）生产的硬冬白小麦、优质强筋小麦仓单全部注销；当年产的绿豆只能交割到次年的最后交割月份。

3. 统一管理。

交易所对各自上市品种的标准仓单实行统一管理，颁布有《交割细则》、《标准仓单管理办法》、《指定交割仓库管理办法》等规章制度，对标准仓单的注册、流通和注销以及交割仓库的标准、商品的入库、检验、储存等业务均有详细规定，可有效保证标准仓单对应货物的品质及交易的顺利进行。

4. 成本相对较高。

普通仓单只需缴纳仓储费和包装费就可生成，而生成标准仓单却需要入库费、检验费、仓储费、包装费、出库费、升贴水费用等，因此标准仓单的成本相对较高。

5. 指定交割仓库。

标准仓单对应的货物必须存放于交易所指定的交割仓库。指定交割仓库是指经交易所指定的，为期货合约履行实物交割提供仓储等服务的经营组织。交易所根据注册资本、财务状况、信誉、交通运输等条件，选择实力较强、管理规范的仓库作为指定交割仓库。比如，郑州商品交易所规定，申请硬冬白小麦、优质强筋小麦和绿豆指定交割仓库应具备如下条件：具有工商行政管理部门颁发的营业执照；具有仓库所在地仓储管理部门颁发的仓储许可证；净资产和注册资本须达到交易所规定的数额；财务状况良好，具有较强的抗风险能力；有铁路专用线（或码头）和较强的中转、进出装卸能力；承认交易所的交易规则、交割细则等；仓库主要管理人员必须有五年以上的仓储管理经验；有储存交易所上市商品的条件，设备完好、齐全，计量符合规定要求；有严格、完善的商品检化验制度、商品出入库制度、库存商品管理制度等；具有良好的商业信誉，完善的仓储管理规章制度；近三年内无严重违法行为记录和被取消指定交割仓库资格的记录；有消防部门认可的消防措施；交易所规定的其他条件。

交易所对指定交割仓库的申请、日常运作、监督管理均有明确规定，如郑州商品交易所规定，指定交割仓库必须确定一名负责人主管期货交割业务，建立交割业务机构，指定专人负责交割商品的管理，办理标准仓单业务，并将指定交割仓库的授权书及授权人签字报交易所备案；必须缴纳风险质押金；指定交割仓库须根据本办法，制定相应的操作规程或细则，经交易所审定后方可开展有关期货合约的实物交割业务；货物在保管期间，指定交割仓库必须做好货物储存记录；指定交割仓库必须指定专人向交易所通报货物发运的进度、仓位、货位的变动情况及发运方向；指定交割仓库必须对库存交割商品投保财产险；指定交割仓库必须对期货交割商品单独设账管理等。

（二）标准仓单的流通

标准仓单可通过交割、转让、交易等方式流通。在生效前，要在交易所注册；退出流通时，要进行注销。

1. 标准仓单的注册。

标准仓单的注册是指定交割仓库安排货位、接收商品，并按交易所有关规定对入库商品的种类、质量、包装等进行检验后，把填写的《标准仓单注册申请表》（附货物检验报告书）和《货物存储证明》报交易所申请标准仓单生效的活动。货物卖方所在会员单位凭指定交割仓库开出的证明到交易所领取《标准仓单注册表》和《标准仓单持有凭证》。获得《标准仓单持有凭证》后，标志着注册生效。

2. 标准仓单的转让。

标准仓单的转让是指会员自行协商买卖标准仓单的行为。对于标准仓单的转让，郑州商品交易所有如下具体规定：投资者的标准仓单转让须由会员代理；达成转让意向的买卖双方会员须填写《标准仓单转让申请表》，并加盖会员单位公章；交易所对《标准仓单转让申请表》审核批准后，为买卖双方会员办理仓单过户或货款结算划转手续；标准仓单转让时，手续费同交割手续费；仓单转让的货款划转及增值税专用发票的开具参照《交割细则》执行。

3. 标准仓单的交易。

标准仓单的交易是指交易所根据会员申请，以公开竞价方式为会员买卖标准仓单的行为。该行为也适用于因违约原因引发的标准仓单的征购和竞卖。标准仓单交易由交易所交割部根据买卖双方的申请，不定期在指定地点进行。申请卖出标准仓单的投资者编码、品种、等级、类别、生产年份等应与实际持有标准仓单一致，卖出数量应小于或等于实际持有标准仓单数量。申请买入标准仓单的，结算准备金账户内应至少预留拟买入仓单价值20%的货币资金。竞价交易按先买后卖和提交申请的时间先后顺序进行；竞价交易开始后，主持人逐笔组织交易。每笔交易由申报起点价开始，递增或递减报价；对于买入申请，卖方如接受主持人报出的价位，应举手确认应价并报出数量。应价的数量之和超过该笔竞价总数量的，由交易主持人继续向下调整价位；应价的数量之和不超过该笔竞价总数量的，即按该价位成交；未成交部分返回到前一个价位，按数量大小顺序成交，同数量的按举手应价的时间先后顺序成交；对于卖出申请，买方如接受主持人报出的价位，应举手确认应价并报出数量。应价的数量之和超过该笔竞价总数量的，由交易主持人继续向上调整价位；应价的数量之和不超过该笔竞价总数量的，即按该价位成交；未成交部分返回到前一个价位，按数量大小顺序成交，同数量的按举手应价的时间先后顺序成交；当主持人报出新价位后，连喊三次无人应价的，退回到前一个价位，按数量大小成交；同数量的按举手应价的时间先后顺序成交；如主持人按申报起点价格报价后，连喊三次无人应价的，即撤销此笔交易。

4. 标准仓单的交割。

标准仓单的交割是指期货合约到期时，交易双方通过该期货合约所载商品所有权的转移，了结到期未平仓合约的过程。交割月提出交割申请的标准仓单一般交割实行"三日交割法"，即：

第一日为配对日。买方会员和持有标准仓单的卖方会员均可在交割月第一个交易日至最后交易日的交易时间内通过交易所会员服务系统提出交割申请，交易所依据卖方会员的交割申请数量，于当日收市后先对提申请的买方会员，按持该交割月多头合约时间最长优先的原则进行配对。当卖方申请数量多于买方申请数量时，根据多余的卖方申请数量，仍按持仓先后顺序找出没有提出交割申请的买方会员与卖方会员进行配对；当卖方会员申请量少于买方会员申请量时，以卖方会员申请量为准与提出申请的买方会员进行配对。交割关系一经确定，买卖双方不得擅自调整或变更。

第二日为通知日。买卖双方在配对日的下一交易日（通知日）通过交易所会员服务系统确认《交割通知单》。会员未收到《交割通知单》或对《交割通知单》有异议的，应在通知日17时之前以书面形式通知交易所，在规定时间内没有提出异议的，则视为对《交割通知单》的认可。

第三日为交割日。通知日的下一个交易日为交割日。买方会员必须在交割日9时之前将尚欠货款划入交易所账户。买卖双方必须在规定时间内派人到结算部门办理具体交割及结算手续，买方会员须把投资者的单位名称和税务登记证号等事项提供给卖方会员。在交割日，交易所收取买方会员全额货款，并于当日将全额货款的80%划转给卖方会员，同时将仓单交付买方会员。余款在买方会员确认收到卖方会员转交的增值税专用发票时结清。交割结算价为期货合约配对日结算价。

5. 标准仓单的注销

标准仓单的注销是指标准仓单合法持有人到交易所办理标准仓单提货手续的过程。

按郑州商品交易所的规定，即将退出流通的标准仓单自最后交割年度最后一个交割月的次月第一个交易日起5个交易日内必须办理标准仓单注销手续。逾期不办理的，交易所可以将其仓单注销。由此造成的一切损失，由仓单持有人承担。

二、现实价值与意义

期货市场的快速发展为银行开办标准仓单质押融资业务奠定了基础。随着期货交易规模的逐年扩大及交易品种的不断增加，期货市场对现实经济的影响力逐渐显现。并且，随着期货投资主体的逐渐扩大和投资结构的日趋合理，越来越多的企业生产经营者开始利用期货市场的套期保值功能和价格发现功能来开展生产经营、规避价格风险。但是，一些企业在进行套期保值的过程中拥有大批标准仓单，占压大量流动资金，严重影响了企业资金周转，降低了资金使用效率，因此，很多客户具有标准仓单质押融资的强烈需求。

标准仓单质押融资的业务原理与股票质押贷款的道理是一样的。假设在一个较短的时间区间内，银行和期货投资人关于一张标准仓单的价值波动具有大体一致的认识，它们均认为仓单在某一特定的较短时间内，会以某一特定概率出现在最高或最低价值点，这样，银行和投资人可能都会同意用加权平均的仓单价值作抵押，由银行向仓单持有人提供融资服务。如图2-1所示，我们发现，银行应该选择标准仓单价值的最低点作为贷款价值的止损点。即如果标准仓单价值跌至最低点以下，银行应该要求借款人提前归还贷款或补足最低点以下的亏欠部分。作为对这一止损点的有效落实，银行在借款人不能提前归还贷款或补足最低点以下的亏欠部分时，可以通过卖出标准仓单的办法强制性收回贷款。如果没有达到止损点，则银行贷款的价值随着标准仓单价值的提高而提高。标准仓单的价值越高，银行贷款面临的风险就越低。换句话讲，如果银行以较低的质押率向标准仓单持有人发放贷款，则银行贷款就比较安全。

对银行来讲，开展标准仓单质押融资业务也具有重要意义：

（1）参与我国期货市场建设，促进我国期货市场的进一步健康发展。

（2）响应国家大力发展中小企业的政策号召，缓解现货企业短期流动资金紧缺的困难。

（3）可有效完善银行公司业务产品体系，改善信贷结构，拓展利润增长空间，获取更大业务收益。

（4）相对于非标准仓单质押融资而言，标准仓单质押融资业务风险较小。

标准仓单是期货市场的产物，具有良好的品质与变现能力，同时由于交易所对标准仓单的生成、流通、注册、管理、市值评估、风险预警及对应商品的存储等都有严格、规范的管理措施，银行可直接利用来防范业务风险。

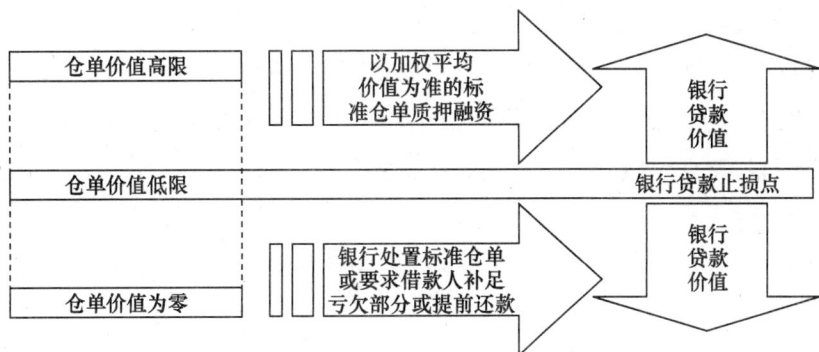

图2-1　标准仓单质押融资业务示意图

三、法律法规依据

标准仓单质押融资业务在现有法律框架范围之内，符合现有法律规范。

（一）我国《合同法》第 385 条规定

"存货人交付仓储物的，保管人应当给付仓单"，表明仓单就是仓储保管人在收到仓储物时，向存货人签发的表示已经收到一定数量的仓储物，并以此来代表相应的财产所有权利的法律文书。因此，仓单是一种有价证券，代表了相应的所有权。

（二）我国《担保法》第 75 条第一款规定

"下列权利可以质押：汇票、支票、本票、债券、存款单、仓单、提单。"可见，仓单作为一种所有权凭证，可以用来质押。

（三）我国《物权法》第 223 条规定

"仓单、提单等债务人或者第三人有权处分的权利可以出质。"

四、主要业务模式

（一）银行、借款人和期货经纪公司三方合作模式

该种业务模式一般被在交易所无席位的银行使用。由于该种业务模式主要适用于无纸化标准仓单，标准仓单持有人可以选择任一指定交割仓库退货。同时，由于用来质押的标准仓单由期货经纪公司实际占有，如果期货经纪公司违约处置标准仓单，则银行就无法控制信贷资金的及时回收。这使得银行既要防范借款人的信用风险，也要考虑期货经纪公司的信用风险。因此，对该种业务模式而言，选择实力较强、信用较高的期货经纪公司至关重要。

基本做法是：

（1）银行、借款人和期货经纪公司签署协议，明确各自的权利与义务。

（2）借款人把标准仓单质押于期货经纪公司在交易所的席位下，并在期货经纪公司的协助下到交易所进行质押权利凭证的登记。同时，明

确期货经纪公司负责监督标准仓单在质押期间不得交割、挂失和注销。

（3）借款人把交易所冻结证明和标准仓单持有凭证转移到银行。

（4）银行在满足放款条件下发放贷款。

（5）质押期结束后收回贷款本息，如借款人无法按时还款，则委托期货经纪公司处置标准仓单来偿还贷款。

（二）银行、借款人、期货经纪公司和回购担保企业四方合作模式

由于担心期货经纪公司的信用，银行又引入了回购担保企业作为第四方，由银行与回购担保企业签署保证协议，保证在借款人不能按时、足额偿还银行贷款时，由回购担保企业按照贷款本息回购所质押的标准仓单，在保证银行及时回收贷款本息的基础上，再向借款人追偿。这一业务模式使银行的贷款增加了一道安全关口，但由于借款人需向回购担保企业缴纳一定的保费，因此又增加了借款人的融资成本。由于该业务模式是将贷款的风险防范依托于回购担保企业，因此，寻找合适的回购担保企业对该模式的成功运用至关重要。在业务性质上，该业务模式同第一种模式一样，仍未实现对质押物的真正占有与自行处置；在业务操作上，该业务模式与第一种模式也无重大区别，只是需要与回购担保企业签订保证协议。

（三）银行、借款人、期货经纪公司和指定交割仓库四方合作模式

该业务模式比较适合有纸化标准仓单，仓单与仓库、货物一一对应，实质上是以仓库的信用为基础，如果仓库出现信用风险，则质押物质押登记的法律效力难以得到保证。由于是纸质仓单，银行负有保管责任，如出现质押物灭失或丢失情况，银行就要承担相应的责任。加上，银行并未实质上获得对标准仓单的处置权，仍需委托在交易所有席位的期货经纪公司来代为处置。因此，该业务模式的风险有三：

（1）质押物保管风险。

（2）处置风险与仓库的信用风险。

（3）银行需要有针对性地予以防范。

基本做法是：

（1）银行、借款人、期货经纪公司和指定交割仓库签署四方协议，明确各种权利与义务。

（2）借款人将纸张标准仓单交给银行，银行实现对标准仓单的占有权。

（3）银行和借款人共同到指定交割仓库办理质押登记，注明该标准仓单不得挂失、注销。

（4）银行在满足放款条件下发放贷款。

（5）质押期结束后收回贷款本息，如借款人无法按时还款，则委托期货经纪公司处置标准仓单来偿还贷款。

（四）银行自行处置标准仓单业务模式

前述三种业务模式都是在银行不是交易所会员情形下使用的。由于银行无法真正实现对质押标准仓单的占有与处置，以及由此带来的风险增加与成本提高，银行开始采取自行处置标准仓单业务模式，即银行向交易所申请开始会员席位，成为会员后，在办理标准仓单质押融资业务时，把借款人持有的标准仓单的所有权过户到自己在交易所的席位下，如果借款人到期不能偿还贷款本息，则银行利用自己拥有的席位及时处置标准仓单，从而弥补或减少自己的贷款损失。该种业务模式，真正实现了对标准仓单的占有，并拥有对标准仓单的处置权，无须再使期货经纪公司介入业务过程，从而减少了贷款环节，减少了操作风险。但采取该种业务模式，需要银行首先成为交易所的会员，而成为交易所的会员，是需要一定的成本与程序的。

专栏 2-2

期货交易所关于会员的若干规定

我国郑州、大连等商品交易所均对会员管理制定有规范的制度。下面是大连商品交易所关于会员管理的主要规定：

1. 会员是指根据期货交易有关法律、法规及交易所章程的有关规定，经交易所审核批准，在交易所进行期货交易活动的企业法人。

2. 交易所会员按业务范围分为经纪会员和非经纪会员。经纪会员不得从事自营业务，非经纪会员不得从事经纪业务。

3. 申请成为交易所会员必须具备一定的条件，主要包括：申请经纪会员的，须拥有3000万元（含3000万元）以上的注册资本；申请非经纪会员的，须拥有500万元（含500万元）以上的注册资本；具有良好的信誉和经营历史，近三年内无严重违法行为记录或被期货交易所除名的记录；具有健全的组织机构和财务管理制度及完善的期货业务管理制度；具有取得期货从业资格的人员，固定的经营场所和必要设施；等等。

4. 申请成为会员须向交易所提交书面申请书以及规定的文件和资料。

5. 申请单位自收到交易所入会通知书之日起30个工作日内办理如下事项，逾期未办的，视为自动放弃入会资格。

（1）缴纳会员资格费50万元；

（2）经纪会员缴纳年会费2万元，非经纪会员缴纳年会费1万元；

（3）经纪会员以自有资金汇入结算准备金200万元，非经纪会员汇入结算准备金50万元；

（4）在交易所指定的结算银行开设专用资金账户；

（5）办理有关人员和印鉴的授权手续；

（6）其他必须办理的事项。

6. 申请单位办理完入会手续后，即正式取得会员资格。交易所颁发会员证书，并报中国证监会备案。交易所会员享有相应的权利，并承担相应的义务。权利包括：参加会员大会，行使选举权、被选举权和表决权；行使申诉权；在交易所进行规定品种的期货交易；使用交易所提供的交易设施，获得有关期货交易的信息和服务；按规定转让会员资格；联名提议召开临时会员大会；等等。义务包括：遵守国家有关法律、法规、规章和政策；遵守交易所章程、业务规则及有关决定；按规定缴纳各种费用；出席会员大会，执行会员大会、理事会的决议；接受交易所业务监管；等等。

7. 正式取得交易所会员资格后，会员拥有一个场内交易席位。会员因业务发展需要增加交易席位的，须向交易所提出申请，由交易所审核批准。增加的交易席位使用期最少为一年，使用费按年收取，每年2万元。

8. 会员可以按一定程序申请远程交易席位。使用远程交易席位须严格遵守交易所的有关规定。

9. 会员不得将席位全部或者部分以出租或者承包等形式交由其他机构和个人使用。

10. 会员享有章程规定的权利，履行章程规定的义务。

11. 经批准，会员资格可以转让。禁止私下转让会员资格。

12. 兼并会员的法人或与会员合并后新设立的法人若要承继会员资格，必须向交易所提出申请，经交易所理事会审查批准后，方可承继会员资格。兼并会员的法人或与会员合并后新设立的法人，有优先取得会员资格的权利。

13. 被取消会员资格的，在交易所发展新会员前，会员资格费不予清退。

14. 会员资格发生变化，交易所应报中国证监会备案。

（五）未来标准仓单质押融资模式

这种业务模式实质是以期货经纪公司作担保的融资，因为借款人并不是拿目前已经实际持有的标准仓单来做质押融资，而是拿未来买入、交割的标准仓单作为质押物，在贷款发放到质押物获得并办理完质押手续这段时间，实际上由期货经纪公司对贷款提供担保。可见，银行贷款的主要风险就存在于这段时间，如果借款人没按贷款用途将信贷资金用于指定用途，或者期货经纪公司未能履行监管资金用途的职责，都可能给银行带来政策及业务上的风险。政策风险是指信贷资金被借款人用于期货投机，而业务风险是指银行无法按期回收贷款。但是，根据交易所规定，仓单的买方在交割接货时需缴纳足额保证金，否则就无法完成接单。很多企业就因为缺少流动资金而丧失很多业务机会，因而对该业务模式有着巨大的需求。

银行采用该业务模式，要点有三：一是自身切实熟悉期货市场所质押品种的特性、价格波动情况，确保借款人不会因为价格波动过大而无力接单，把银行拖向不得不继续投入的深渊；二是选择合适的期货经纪公司；三是通过协议明确期货经纪公司在监督借款人使用资金等方面的责任。

基本做法是：

（1）银行与借款人、期货经纪公司签署三方协议，明确各自的权利与义务。尤其是要明确，期货经纪公司作为借款人与银行之间的中间人，承担着担保和监管的责任：保证标准仓单在交易所提交给期货经纪公司后交给银行质押；保证借款人按约定用途使用资金，专款专用。

（2）审查同意后，向借款人提供贷款。借款人在进入交割月后，利用银行贷款进行支付。但需注意，借款人必须投入一定比例的自有资金而不能完全依赖银行贷款。

（3）交割完毕后，把标准仓单质押于期货经纪公司席位下，办理相应的质押、登记手续。

（4）贷款到期后收回贷款本息，及时归还仓单或处置仓单。

五、业务办理流程

（一）授信申请人资格

申请标准仓单质押授信的借款人需具备一些特定的条件，主要包括：

（1）以其合法持有的、拟出质给银行的标准仓单对应的货物作为原材料进行生产的工业企业，或以对应的货物作为销售对象的商贸企业，严禁对期货交易代理商或将银行资金用于期货交易的客户办理标准仓单质押融资业务。

（2）在银行开立基本存款账户或一般存款账户，且与银行具有良好的合作关系，能应银行要求随时提供财务报表，配合银行进行调查、审查与检查。

（3）为经国家工商行政管理机关核准登记的企业法人，并按规定办理年检手续，有着健全的组织管理机构与财务管理制度，且生产经营状况良好。

（4）持有自有的由商品交易所注册的《标准仓单持有凭证》。

（5）出质的标准仓单对应的货物应为交易所的主要交易品种，且现货市场价格变动平缓。

（二）授信的申请

借款申请人除需提交法人营业执照、经审计的财务报表、经年检的贷款卡等信贷业务常规资料外，尤其要提交如下材料：由期货交易所注册的标准仓单或《标准仓单持有凭证》的原件；商品交易合同和增值税发票原件。

（三）信贷审查

标准仓单质押融资的信贷审查可比照一般授信业务进行，但首先要查看标准仓单的真伪。在具体审查时，重点关注两点融资期限及质押率是否合理。

（1）融资期限一般不超过六个月，最长不超过一年。注意标准仓单质押贷款的期限不能超过交易所规定的该标准仓单的有效期。

（2）贷款质押率要根据借款人信用登记和仓单对应商品的性质差异来确定，不同的借款人及不同的标准仓单，其质押率也有所不同。

专栏 2-3

质押率及其确定

质押率是贷款本息与标准仓单市值的比率，因此合理确定质押率的关键是要合理确定标准仓单的市值。标准仓单的市值一般根据标准仓单交存日前一个月同类品种结算价或交割价为基础计算，即：

标准仓单的市值＝质押标准仓单数量×上一交割月同类品种交割价

在业务实践中，由于影响商品期货价格的因素很多，导致期货价格具有很强的波动性，其走势可能与现货市场的实际情况严重背离，出现某一时段内期货价格远高于现货价格的情况。对银行而言，如果按这段时间的市场价格为基准价来计算标准仓单市值，可能就会面临市值下跌的风险。为防范此种情况的出现，银行一般需要获得期货市场价格和现货市场价格两组数据并进行比较，如果两组价格的差额在可接受的范围内，就可采取期货价格作为计算市值的基准价；如果差额过大，就应采取现货市场价格作为计算市值的基准价。一般采取该品种国内大型批发市场最近一个月或一周的批发价格的加权平均价作为现货市场价格。

为防止出现价格波动剧烈而影响银行信贷安全情形的出现，银行对于价差大、价格波动幅度大的品种就会采取比常规品种低一些的质押率。

（3）审查用作质押的标准仓单是否已做担保、挂失或转让、对应商品所有权是否有争议或已被法院封存。有上述情况的，不得用作质押物。

（4）相应约束条款是否齐全。比如，为防范借款人所质押的标准仓单的市值跌破贷款本息，一般在贷款协议中都有相应条款对借款人的提款行为进行限定。常见的表述话语是："如遇市场行情变动导致质押的标准仓单市值下降而使质押率超过70%时，则尚未提款的剩余额度在质押率下降到70%以下前不得启用。"

（四）质押登记

信贷审批通过后，银行要及时进行质押登记。标准仓单的质押登记由对标准仓单进行注册的交易所办理，交易所办理质押登记后应向银行出具书面确认文件，并在文件中明确在质押期间出质的标准仓单不得挂失、补办。对于纸质标准仓单，出质人应将质押物移交银行，经办银行应由专人负责接收、登记、保管。如果银行在交易所有席位，则可通过非交易过户将借款人合法持有的标准仓单移交至该席位下；如果银行在交易所内没有席位，则需转移至与银行开展合作的期货经纪公司名下。

（五）贷款发放

银行收到交易所的质押登记成功回执后，可根据内部放款流程及要求办理放款手续。如果授信品种为银行承兑汇票、信用证、保函等表外业务，则要确认授信申请人已在银行开立保证金账户，并存入一定数额的保证金。如为单纯的贷款业务，则需确认借款人已在银行开立相应的账户。

对于出现以下情况之一的借款人，银行仍不能发放贷款：

（1）借款人未经允许擅自从事期货交易。

（2）从事与其生产经营范围不相符合的商品期货品种。

（3）借款人因期货交易造成严重亏损。

（4）借款人超出生产能力或经营能力卖出或买入期货合约。

（5）借款人将资金拨付给其所属企业或拆借给其他企事业单位从事期货交易。

（6）发生拖欠银行贷款本息等信用违约事件的。

（六）贷后管理

（1）银行应加强标准仓单质押融资业务的统计与监测工作，做好贷款档案的归集整理与日常管理，尤其做好标准仓单的保管工作。为确保贷后管理工作的顺利开展，银行应安排专人负责一些技术性较强的工作，如需要专人负责质押仓单市值的监控工作，也需要专人负责质押仓单的处置与变现工作。

（2）仓单质押期间，经办银行应设置单笔标准仓单质押贷款的警戒线、处置线，指定专人每日日终对质押仓单的市值变动情况进行跟踪监测，评估借款人出质仓单的总市值，计算期货合约市值与贷款本息的百分比，建立风险监测日报，并关注期货市场的重要信息及重大情况，正确、及时处理标准仓单质押贷款业务中出现的各种预警事宜。

专栏 2-4

警戒线与处置线的设立与运用

警戒线是银行为防范标准仓单市值下跌而对银行信贷安全产生影响所设置的标准。当安全度跌近警戒线时，银行应密切监视，并提请借款人做好追加质押物等相关准备；一旦跌破警戒线，即当标准仓单市值与贷款本息之比小于此标准时，银行应立即实行贷款风险预警处理，向借款人发出风险提示函，通知借款人及时采取风险防范的措施，要求借款人及时增加保证金或者提前归还相应贷款，也可采取追加仓单或置换仓单的方式，使变更后的仓单市值总额与贷款本息之比不低于警戒线。如用新仓单置换，就按照"先进后出"的原则，分别办理新换入仓单的出质登记和被置换仓单的注销登记，并确认标准仓单置换成功；如需追加标准仓单质押，则应签订标准仓单质押补充合同，办理追加质押仓单的质押登记。当借款人未根据第一次发出的风险提示函采取相应措施时，银行应再次发出风险提示函，直至安全度回升到警戒线之上或跌至处置线以下。

所谓处置线，是指银行设置的另外一个标准，当质押标准仓单当前市值总额与贷款本息之比小于此标准时，银行有权采取任何措施，包括宣布贷款提前到期、利用交易席位在期货交易所卖出此质押标准仓单或到交割月时将该质押标准仓单进行交割等。标准仓单处置后，处置仓单所得款项扣除税款及处置仓单所产生的相关费用后，用于清偿贷款本息，如所剩余额不足清偿贷款本息，由借款人即日补足。如借款人不能即日补足，差额部分作为逾期贷款，借款人账户有存款时，经办银行主动从该账户中扣收。按照惯例，处置仓单所花费的费用应由借款人承担。

银行设置警戒线和处置线的目的在于关注并及时处理标准仓单质押融资业务开展过程中因期货市场价格波动而产生的风险。警戒线与处置线的具体标准因商品品种的不同而不同。大多数情况下，警戒线设置在 120% ~ 130% 之间，处置线设置在 105% ~ 115% 之间。

（七）贷款偿还

贷款到期后，或贷款虽未到期但借款人提出提前归还贷款申请并经银行同意后，借款人需清偿全部贷款本息。确认贷款本息入账后，银行应办理质押物退还手续，并向交易所发送仓单注销指令。如果借款人不能如期清偿贷款本息，则银行可按贷款协议规定对质押的标准仓单进行处置，用处置所得资金偿还银行贷款。

六、风险防控

标准仓单质押融资虽然依托期货市场，通过对标准仓单的占有乃至处置来管理业务，风险相对较小。但同任何银行业务一样，仍然存在风险。

（一）政策风险及防范

《期货交易管理暂行条例》规定，任何单位或个人不得使用信贷资金、财政资金进行期货交易。金融机构不得为期货交易融资或提供担保。政府发布的诸多文件都对此有明确要求，屡次重申严禁信贷资金以任何形式流入期货市场。

防范对策：

（1）选择交易所会员名下持有标准仓单且符合银行要求条件的生产经营企业而非期货公司本身作为授信对象，避免了信贷资金流入期货市场的风险。

（2）在与借款人的协议中明确约定贷款资金的用途为借款人的正常生产经营活动，不得用于期货投机或其他非协议规定的用途。

（3）银行还应通过客户信用调查、交易背景调查及账户资金流向监控等措施保证客户将贷款资金用于正常的生产经营活动。

（二）质押物价值波动风险与缺失风险

由于质押物多为小麦、大豆、铜等商品的标准仓单，其价值波动与季节、市场供求以及国际市场价格密切相关，因此对授信金额及质押率有一定影响。如果标准仓单的市值严重下跌，就会使银行面临质押物不足额的风险。此外，银行还面临质押物缺失的风险，表现形式有二：一是在质押期间发生标准仓单遗失或出质人恶意挂失标准仓单等情况，使得银行面临质押无效的风险；二是指定交割仓库保管不善丢失货物而对标准仓单持有人造成损失。

对于质押物价值波动风险，可采取如下防范对策：

（1）按照客户信用等级及仓单对应商品的性质差异确定不同的质押率，对于市值波动大的标准仓单，适度降低质押率。并对质押率确定一个最高比率，任何标准仓单质押授信的质押率都不得高于这一比率。

（2）合理确定仓单市值。尽可能避免单独以期货市场的价格作为计算市值的基础，应参考现货市场的价格情况。

（3）建立价格盯市机制，及时捕捉商品的市场供求及价格变化情况。在质押期间，指定专人每日日终对质押仓单的市值变动情况进行监测、评估。当质押仓单的市值下跌达到或超过警戒线时，实行贷款风险预警处理，以防止仓单市值下跌风险。

（4）要求出质的标准仓单对应的货物为交易所的主要交易品种，其现货市场价格变动较为平缓。

对于质押物缺失风险的第一种表现形式，在纸质标准仓单情况下，主要防范对策是办理好标准仓单的登记工作；在无纸化标准仓单形式下，主要防范对策是要在交易所办妥相关的标准仓单过户手续。对于因指定交割仓库保管不善而不能在交易所规定时间内向标准仓单持有人交付期货合约规定要求的货物这种情况，银行一般有两种防范对策：一是按照交易所规则，由指定交割仓库承担责任，交易所承担连带责任，用指定交割仓库在交易所交存的风险准备金赔付；二是由为指定交割仓库保管货物提供保险的保险公司提供赔偿。因此，在从事具体业务时，为避免产生因仓库保管不善而给银行造成风险，银行选择交易所指定的交割仓库，且确认交割仓库对于所保管的商品已投全额财产保险。

（三）抵押物处置风险

由于交易所标准仓单实行的是交易所系统内登记，且只能过户在会员名下，只有会员才能进行交易、转让，因此对于不是交易所会员的银行，虽然在法律上，质押的标准仓单所有权在质押期间属于该银行，但是由于其未能登记和过户在银行名下，不利于银行对质押物及时的监管和处理，同时处理质押物的资金未直接存入银行。因此，受让和处置抵押物存在一定的困难，可能面临无法将质押物顺利变现以足额收回贷款的风险。

防范对策：

（1）在取得会员资格前，选择资信程度高的交易所委员单位进行业务合作并与其签署业务合作协议，对需要处置的仓单交由会员处置。

（2）银行严格按照要求落实标准仓单的质押登记手续，确保质押合法有效。对于无纸化仓单，银行在交易所办妥相关的标准仓单转移过户手续后才发放贷款。

（3）随时掌握期货、现货市场价格波动情况，以便及时处置用来质押的标准仓单。

（4）借款人不能按时还款时，银行应督促借款人及时提供增值税发票，以避免向买方缴纳违约赔偿金，从而出现银行只能享有不足100%仓单价值的情形。这是因为，标准仓单在进行买卖或交割时，卖方应开具增值税发票，并缴纳相应的税费。如果未及时办理，则需向买方支付违约补偿金。这样，银行就只能按标准仓单处置价值减去赔偿金后的金额来补偿贷款，从而使银行面临着不能足额收回贷款本息的风险。可行的防范措施就是在适当降低质押率从而提高警戒线和处置线的同时，及时督促借款人开具增值税发票。

（四）运用协议约定各方权利与义务

对于标准仓单质押融资业务，经办银行应与出质人签订标准格式的标准仓单质押协议书，其中应明确约定以下（包括但不限于）事项：

1. 对质押担保的范围进行明确

出质人质押担保的范围应包括主合同项下的债务本金、利息、复利、手续费、违约金、损害赔偿金、保管费用、实现质权的费用（包括但不限于诉讼费、律师费、差旅费）和所有其他应付费用。

2. 对质物设定和质押期限进行明确

"出质人所担保的主债权种类及数额与主合同项下的债权种类及数额相同。本协议项下质物系指＿＿＿＿＿＿＿交易所＿＿＿＿＿＿＿标准仓单持有凭证所载明，号码：＿＿＿＿＿会员号：＿＿＿＿＿客户号：＿＿＿＿＿品种：＿＿＿＿＿持有手数：＿＿＿＿＿有效截止日：＿＿＿＿＿。

根据甲、乙双方确认，在本协议签章即刻，本协议项下质物单位价格为（币种）＿＿＿＿＿元/吨，价值＿＿＿＿＿＿＿＿＿＿＿元（大写）。

质押期限自本协议生效之日起至主合同项下全部债务清偿之日止。"

3. 保证条款

"出质人和登记人应遵守如下保证条款：

保证出质人是本协议项下的'标准仓单'（以下简称'质物'）的

完全的、有效的、合法的所有者。

保证本协议项下的质物不存在所有权方面的争议，并保证设立关于本协议项下的质押不会受到任何限制。

登记人声明：本协议签订前未对本协议项下的质物做出过任何处分，特别是未设立过任何质押，该质物之上亦不存在任何其他第三者权利。

依照本协议约定解除质押前，未经过质权人书面表述同意，登记人不对质物作任何形式及方式上的转移和转让，或再质押任何第三方，或以任何其他形式或方式处置质物。

出质人、登记人声明自愿签订本协议，并具有所有必要的权利与授权签署本协议并履行本协议项下的义务。

出质人承诺质押贷款所获得的资金全部用于生产，不挪用进入股市和期货交易。

在协议有效期内未经质权人书面同意，出质人、登记人将质物或质物标的转移和转让或再质押给任何第三方或以任何其他方式处置质物或质物标的，其行为无效，质权人仍可对质押的质物和质物标的的行使权利。任何第三人对质权人在协议项下的权利产生侵害，质权人有权提起诉讼。"

4. 权利与义务条款

"清偿之前，如果质押率达到警戒线时，授信申请人应追加足额质物或者补足相应的保证金或偿还部分授信以确保质押率恢复到警戒线以下；如果质押率超过处置线时，银行有权提前终止合同并直接拍卖或变卖质物，拍卖或变卖所得款项用于提前归还银行贷款本息，或者用于抵补授信项下的保证金；质权人根据以上情况行使对质物的转让行为时，无须征得出质人的同意。

出质人如有诉讼、仲裁等事项并可能给银行授信带来风险时，银行有权提前终止合同并直接拍卖或变卖质物标的。

质押合同生效期间，出质人欲提前出售质物的，须征得银行书面同意。按出质人的书面指令，由银行进行部分（或全部）质物的出售，所获资金首先用来偿还银行贷款本息（或抵补授信项下的保证金），余款退还出质人。

质权人有权对出质人开展授信调查和审核，对出质人提供的质物进行核实，对出质人的经营、销售及库存各方面情况进行检查和监督；质权人有权指定出质人将销售款项全额解入指定账户并依照本协议约定处置；质权人对质物标的拥有优先受偿权。

质押期间，出质人有义务定期将质物的市场行情通知质权人，并有义务在市场行情变动较大时随时和及时地通知质权人。质押率（授信敞口金额/质物市值）超过警戒线时，出质人应追加足额质物或者补足相应的保证金以确保质押率恢复到警戒线以下。"

5. 质物处置条款

"质押合同生效期间，出质人欲提前出售质物的，须征得银行书面同意。按出质人的书面指令，由银行进行部分（或全部）质物的出售，所获资金首先用来偿还银行贷款本息（或抵补授信项下的保证金），余款退还出质人。

债务清偿前，授信申请人欲更换质物的，须经银行原授信批准部门书面同意，授信申请人须提供经银行认可的新的质物，并重新办理质押手续。

主合同项下债务到期之前，出现质押率（授信敞口金额/质物市值）超过处置线、或出质人发生诉讼/仲裁等事项、或出质人欲提前出售质押物、或其他可能影响质权人授信安全的情形时，质权人有权提前终止合同并直接拍卖或变卖质物，拍卖或变卖所得款项用于提前归还质权人贷款本息，或者用于抵补授信项下的保证金，其间登记人须接受质权人办理质物转移或转让手续。

如主合同项下债务发生逾期或垫款，质权人有权要求登记人协助处理标准仓单，并用所得款项优先抵偿主合同债务人在质权人的逾期本金、利息、罚息及一切由此发生的相关费用，由此而发生的法律费用和其他相关费用应全部由出质人承担。

拍卖或变卖质押物所得款项若不足以支付质权人贷款本息或补足保证金的，质权人有权继续行使追索权。出质人账户中有资金时，质权人有权直接扣收。"

6. 费用条款

"标准仓单质押期间，标准仓单所列商品的仓储费、需兑现或变现时发生的费用、其他管理和处分的费用以及由于仓单变更、重新注册、处置等产生的增值税由借款人承担。"

第二节　普通货权质押融资

普通货权质押融资是指借款申请人以非标准仓单等货权凭证出质，向银行申请融资的授信业务。在债务人不履行债务时，银行有权依照法律规定，以该货权凭证或以拍卖、变卖该货权凭证（或对应的货物）的价款优先受偿。与标准仓单质押融资不同，在普通货权质押融资业务实践中，银行更关注货权凭证所对应货物的监管，而不像标准仓单质押融资那样重点放在标准仓单这一物权凭证上。从还款来源上，标准仓单质押融资主要依靠的是借款人的综合经营收入，普通货权质押融资则主要依靠销售质押物而获得的收入。因此，对于普通货权质押融资，银行对质押物实行全程动态跟踪管理并对资金实行封闭式监控，保证货物流转回笼的资金用于归还银行融资。

一、普通货权质押融资的标的及业务当事人

用于质押融资的普通货权凭证虽非由交易所按统一标准开具，但银行从防范风险角度考虑，也不是任何货权凭证都可用来进行质押融资。用于质押融资的货权凭证要具有无瑕疵、不限制转让等特点，对应的标的物也需具有特定的条件。一般而言，办理质押融资的商品须满足以下条件：属于企业正常经营周转中的短期存货，有良好流通变现能力；货物通用性强，有成熟交易市场，有通畅销售渠道，市价易于确定，价格波动区间能够合理预测；货物质量稳定，易于仓储、保

管、计量，不易变质、损毁，有形及无形损耗均能合理预测；货物本身适销对路，市场需求旺盛，生产厂家实力雄厚，技术水平较高，在行业内具有品牌优势；质量和价格确定有较强专业性的货物，要求提供银行认可的质量检验及价格认定材料；具有标准化、不易变形、不易过时、市场价格透明、价格相对稳定、变现能力强等特征，并能够在有形、固定的市场进行交易。因此，适合上述特征的商品主要包括铜、铝等初级金属材料，钢材、铜材、铝材等初级金属产品，小麦、绿豆、大豆、棉花、糖、天然橡胶等初级农产品以及原油等。

专栏 2-5

会计意义上的存货

一、存货的含义

存货是指企业所有，备供销售的商品、产成品或备供销售加工的原材料、在产品以及备供经营管理耗用的办公用品等。存货是一个重要的会计项目，在企业流动资产、甚至在全部资产中往往占有较大的比重。它是流动性很强的资产。企业对其存货的管理，既要防止偷盗侵占等事件的发生，保证其安全与完整，又要保持适量的库存，避免因存货过多而使资金闲置，或因存货过少而影响生产，以致丧失销售良机。

二、存货的种类

某项有形资产能否归入存货之列，除视其是否在一年或一个营业周期内将被耗用或出售，而转换成新的资产，并流入现金外，还要视企业的性质而定，如工具厂生产用的车床列为固定资产，而车床制造厂生产出来的车床则列为产成品存货。即使那些通常被视为固定资产的房屋建筑物，在经营房产的企业都是一项存货。

像旅馆、律师事务所、证券公司这样的服务性企业，由于既不生产产品，也不经销产品，但一般都存有各种物料用品，如办公用品，以供业务活动时使用，这些货品就作为存货处理。对于以从事商品经销的商业企业而言，其大部分资金都投放在准备转售的商品上，这些转售的商品被称为库存商品。

相对于服务业、商业企业而言，制造业的存货构成最为复杂。一般可分为：

1. 原材料。指通过采购或其他方式获取的、直接或间接用于生产产品的各种物资，如原料及主要材料、辅助材料、外购半成品、修理用备件、燃料等。

2. 在产品。也称在制品，指正在生产各阶段进行加工或装配的尚未制造完工的产品。

3. 自制半成品。指已经经过一定生产过程，并已验收合格，交付半成品仓库保管，但仍需进一步加工的中间产品。

4. 产成品。指完成全部生产过程，经检验可供销售的产品，包括库存成品以及存放于各销售网点待售的产成品。

5. 低值易耗品。通常指不能满足固定资产条件的劳动资料，如办公用品、劳动保护用品等。

6. 包装物。指为包装企业产品而储备的和在销售过程中周转使用的各种包装容器，如箱、桶、罐等。但未成形的包装物品应归入原材料之列，如纸、铁皮、绳等。

7. 委托加工材料。指企业因技术或经济原因而委托外单位代为加工的各种材料。

8. 杂项存货。指供近期耗用，且金额甚小的物料用品，如办公用的回形针、笔墨等。此类杂项在购买时通常直接作为当期费用处理，而不当作存货处理。

三、存货的认定

存货的认定，指确定存货所应包括的范围。一般以是否拥有所有权为基本前提，即视存货所有权的归属而定。凡在盘存日，法定所有权归属企业的一切物资，不论其存放地点何在，均应作为企业的存货。反之，凡法定所有权不属于企业的，即便存放于本企业仓库，也不得作为本企业的存货。如货款已付尚在运输途中的购入货品、委托代销的寄销品、出租及出借的包装物、委托加工材料等物资，虽然不在本企业仓库，但企业拥有它们的所有权，因而应作为本企业的存货。而如受托代销物品、借入或租入的包装物等物资，虽然存放在本企业，但本企业并不拥有所有权，因而不应作为本企业的存货。

存货认定后，要及时入账。从理论上讲，凡与存货形成有关的支出，均应计入存货的价值，但实际情况要复杂得多。对于企业外购存货，在入账时，要充分考虑折扣、折让、在途损耗等因素；对于直制存货入账价值的确定，可采取全部生产成本法、变动成本计算法、分析成本计算法等方法。

普通货权质押融资业务的当事人主要有借款申请人、银行、仓储方和保险人，有时银行为了增加保险系数，还会引入回购人。

（一）借款申请人

由于普通货权质押融资远比一般法人客户融资要复杂，因此，银行往往对借款申请人的要求更高。除一些基本条件外，尤其看重有无经销或生产标的商品的经验、销售规模大小、申请人是否为仓单对应的货权人等条件。另外，如果借款人用来申请质押融资的货权凭证对应的货物仅占其全部业务品种很小的一部分，则这个申请人也不是理想的融资对象。

对于贸易型企业，应具备进销渠道通畅稳定、行业经验丰富、无不良资信记录或银行认可的核心生产厂商的分销商等条件，专业进出口公司需无逃套汇、骗税走私等不良资信状况。

对于生产加工型企业，要具备生产经营正常、主导产品销售顺利、应收账款周转速度和存货周转率不低于行业平均水平、无不良资信记录等条件。

（二）仓储方

为避免关联交易，应避免选择与客户有较强关联或对客户依赖性较大的仓储单位进行监管，仓储方要与借款申请人没有关联关系，要独立于任何利益一方。作为符合银行业务办理要求的仓储方，应具备如下条件：具备合法的企业法人营业执照、法人代码证，专业从事仓储业务；专业管理经验丰富，在当地市场处于领先地位；仓储业务量大，管理规范，经济实力较强，商业信誉好，有规范的操作规程和健全的进出库验收、出入手续；仓库所处地域便于银行监控；仓储条件完好，具备完善的商品检、化验制度和一定的质量检测技术、设备及人员；仓储记录良好，信誉较高，具备一定违约责任赔偿能力，承诺配合银行严格监管质押货物，承担监管责任。与保险公司签有完善的保险合作协议；能够对质押标的物设立独立的质押区域集中堆放，并愿意签署三方合作协议，承诺二十四小时不间断对质押标的物进行占有或监管；有较强的中转、进出装卸作业能力；有清晰的账册，对银行的质押标的物建立分账册或专门的账页等。

对储存方的选择，应以保证银行对货物享有实际出入库控制权和处置权为原则，尽量选择国家储备仓库、海关监管仓库、期货交易所注册仓库、国内外知名大型仓储企业等。

出现以下情况时，应实行仓储监管机构的退出措施：

（1）银行已经准入但与银行没有实际合作的。

（2）仓储监管机构未按与银行签订的合作协议规范操作、不能起到应有的监管义务、造成质押标的物可能或已经出现法律瑕疵而影响银行债权权益的。

（3）受到客户或银行相关部门投诉，且未采取措施妥善处理的。

（4）出现银行认为不适合进行货押业务监管合作的行为。

若采用申请人自有仓库，第三方输出监管方式，在监管环节至少落实以下要求：

（1）监管人与申请人签署仓库租赁协议，并根据租赁协议约定取得上述仓库的排他性使用权。

（2）监管人需制定有效的输出监管规章制度和详细的输出监管操作规程。

（3）监管人采取必要措施确保租赁仓库实现物理空间的隔离与封闭，并在显著位置以醒目方式指明仓库的合法使用权人和实际控制人为监管人。

（4）监管人应指派专人负责与上述仓库有关的仓储监管工作。

（5）监管人在任何情况下不得雇用申请人及其关联企业的员工及/或代理人从事与上述仓库有关的仓储监管工作。

（6）监管人采取必要措施确保实现质押货物的独立堆放，并在显著位置以醒目方式指明"货物已质押给××银行"。

（三）保险人

出质的货权凭证的标的应办理财产保险。保险人应为经保监会批准在境内营业、有总公司正式授权的正规财险公司及其分支机构，可以开展火灾、雷击、爆炸、丢失、雨淋、盗窃、产品质量等保险业务。投保的险种应包括以上险种，银行为第一受益人，保险实际赔付金额应覆盖融资金额，保险期限应完全覆盖融资期限。保险费用全部由被保险人承担。保险期限必须长丁主合同债务履行期限三个月。在质押协议签订以前，借款人应到银行指定或认可的保险公司办理质物标的的全额保险手续。在合同解除或中止之前，银行为该项保险的第一受益人，保险合同不应有任何限制银行权益的条款，借款人也不得以任何理由中断或撤销保险。如保险中断或保险期满甲方未及时办理续保手续的，银行有权代为办理续保手续，一切费用由借款人承担。在合同解除或中止之前，借款人应将质物的保险单据交由银行保管。

（四）回购人

回购人是指在融资申请人违约时、按协议约定的价格和方式购回质物的企业。银行选择回购人的基本条件是看其有无回购能力，如财务状况是否良好、销售渠道是否广泛、市场信誉是否良好等。为便利起见，银行一般选择质押融资标的物的交易市场承担回购责任。

二、业务模式与准入条件

普通货押融资业务的一个基本理念就是介入企业的主要经营环节，实现物资流和资金流的封闭运行，通过流程化的控制隔离业务风险。因此，业务模式均需根据企业的经营环节和实际需要来进行设计。业务实践中主要有现货质押融资模式和先票（款、证）后货融资模式两种模式。

现货质押融资模式是指借款人以已经存在的、已有货权的货物（存货）作质押给银行，并交指定仓库监管，企业对该批货物不能自主提货，授信项下，每一次赎货都要求企业及时补足相当于提货额的保证金，由银行开具提货单；仓库按指令发货。此种业务模式又可细分为远程、流动、静态质押等具体方式，业务操作如图2-2所示。

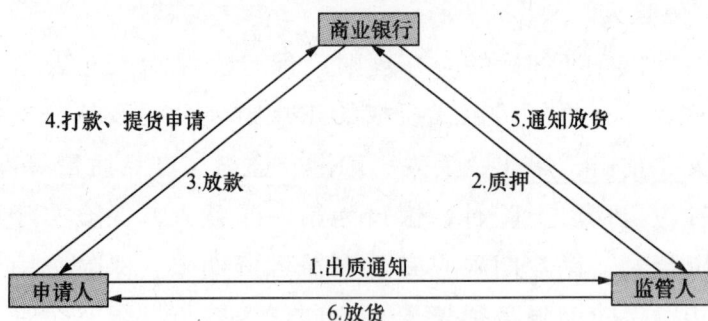

图2-2 现货质押融资流程图

先票（款、证）后货融资模式是指申请企业在向生产厂家购买货物时，先向银行缴纳一定比例的保证金，其余部分承诺以未来货权（提单、货物）提供质押担保，银行通过控制或占有销售合同、提单、水/陆货运单、保险单据等方式来监控货物，银行为客户提供的开立银行承兑汇票、信用证、商业承兑汇票保贴等短期融资授信业务，适用于预付款类业务。对于国内贸易预付款融资方式下先票（款、证）后货业务模式，宜审慎考查供货商，并须与供货方、申请人签订合作协议，内容至少包括：承诺收（票）款后，及时发送合同约定的货物；发送货物时，必须以本银行为代理收货人将货物发送到银行指定的收货仓库；不能及时、足额交付货物时，必须承诺无条件将相应款项退还给本银行。以先票（款、证）后货质押融资为例，业务操作如图2-3所示。

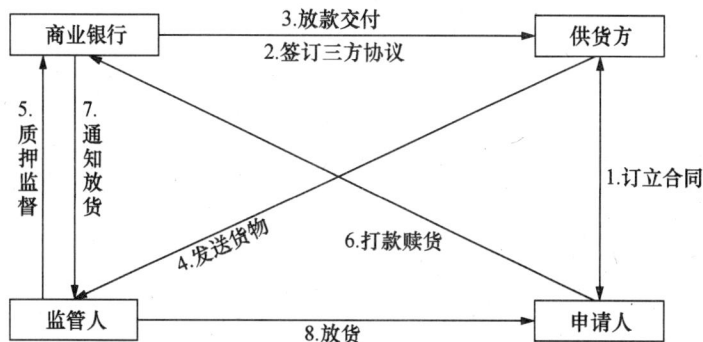

图2-3 先票（款、证）后货质押融资流程图

专栏2-6

先票（款、证）后货的业务特点及风险控制

业务特点	风险点	风险控制措施
1. 有利于选择行内高端经销商为授信主体 2. 避免申请人用过期、滞销的质押物套取银行资金 3. 有利于银行渗透到申请人的日常经营中去 4. 三方协议约定银行资金用途单一，质押物所有权关系明晰 5. 有助于银行从业人员提高行业认知水平，增强风险辨别能力	供货商风险	1. 供货商必须是行业内的知名企业，经营状况良好 2. 工艺流程和设备先进，供货能力强大 3. 产品质量优异，品牌形象好；产品市场份额较大 4. 履约正常，信誉良好；拥有可靠的原材料供应渠道
	贷后管理风险	1. 经办客户经理实行日常跟踪 2. 分行货押平台应另设专人负责与供货商进行账务核对、发货及收货核实等工作 3. 及时解决业务合作中发生的问题
	银行从业人员认知风险	1. 货押业务对质押物的选择重点为基础原材料，如黑色金属、有色金属、能源、纸品等行业 2. 避开因对质押物认识不足可能导致的风险 3. 保证质押物有足够的流通性和变现能力，保障银行资金的安全

专栏 2-7

部分行业货押融资举例

钢铁货押融资

一、钢铁基础知识

钢和生铁都是以铁为基础，以碳为主要添加元素的合金，统称为铁碳合金。生铁是指把铁矿石放到高炉中冶炼而成的产品，主要用来炼钢和制造铸件。把铸造生铁放在熔铁炉中熔炼，即得到铸铁（液状，含碳量大于2.11%的铁碳合金），把液状铸铁浇铸成铸件，这种铸铁叫铸铁件。铁合金是由铁与硅、锰、铬、钛等元素组成的合金，铁合金是炼钢的原料之一，在炼钢时做钢的脱氧剂和合金元素添加剂用。含碳量低于2.11%的铁碳合金称为钢，为了保证其韧性和塑性，含碳量一般不超过1.7%。把炼钢用生铁放到炼钢炉内按一定工艺熔炼，即得到钢。钢的产品有钢锭、连铸坯和直接铸成各种钢铸件等。通常所讲的钢，一般是指轧制成各种钢材的钢。

钢按品质分为普通钢、优质钢和高级优质钢，按化学成分分为碳素钢和合金钢，按成形方法分为锻钢、铸钢、热轧钢和冷拉钢，按用途分为建筑及工程用钢（普通碳素结构钢、低合金结构钢、钢筋钢）、结构钢（机械制造用钢、弹簧钢、轴承钢等）、工具钢、特殊性能钢（不锈耐酸钢、耐热钢，包括抗氧化钢、电工用钢等）、专业用钢（桥梁用钢、船舶用钢、锅炉用钢、压力容器用钢、农机用钢等）。

钢铁行业具有如下典型特征：

（1）规模经济特征。冶炼钢和铁的经济规模都在百万吨以上，现代化线材生产的经济规模在40万吨，热轧板材生产线的规模在300万吨。20世纪后半叶，全球钢铁工业都在走大型化、专业化和高效化的发展道路。

（2）受经济周期影响大。钢铁工业的发展与国民经济社会发展水平和经济增长速度密切相关，特别是与固定资产投资的关联度高，总体上与经济周期保持同步态势。

（3）资本和技术密集型产业。技术领先者在竞争中具有明显优势，进入和退出壁垒高。

（4）资源依赖型产业。受铁矿石、焦炭、能源、运输等资源约束很大。

（5）高能耗型产业和环境污染较严重。2006 年我国钢铁工业耗能逾 3 亿吨标准煤，占全国能耗总量的 15%，耗新水逾 40 亿吨，占工业耗新水总量的 14%，运输量 10 亿吨，占全社会货运量的 6%。钢铁对环境具有较大的污染，是国家实现节能降耗、降低环境污染、实现可持续发展的重点整治目标。

（6）具有市场竞争性强、全球资源配置的特征。钢铁企业的产品可以直接找到用户，直接销售，市场管理不太容易，这容易造成产品的过剩和价格的激烈竞争。

二、钢材货押融资

钢铁行业拥有完整的国内产业链，银行可以重点开拓矿石采购（进口开证、国内采购）、钢坯采购、钢材销售等环节的业务机会。例如，在铁矿石进口环节，可以叙做未来货权项下的进口开证业务；在钢坯、钢材的国内采购、销售环节，可以叙做先票（款、证）后货业务；也可以根据融资申请人的库存货物的周转特性，设计出符合企业实际需要的现货质押业务。

（1）先票（款、证）后货模式（适合解决经销商的预付款需要）。在办理放款前必须办妥货物质押手续，风险主要存在于货物的质量、所有权关系、变现能力、价格波动、监管方管理水平和企业经营状况等方面，而先票（款、证）业务除了上述风险之外，还存在能不能及时收妥质押物的风险。因此，先票（款、证）业务对供货商的供货能力和商业信誉要求极高，在现实操作中，为了保证业务运行的安全性，先票（款、证）业务对供货商、经销商的资格以及他们之间的贸易关系有着严格的要求。

供货方：符合国家产业政策和银行的行业投向政策，履约能力强，工艺水平较高，产品市场份额较大，知名度高、经营状况良好的大型钢铁生产企业。除了不锈钢、特钢等特殊钢铁产品的生产商外，一般要求企业在国内钢铁行业排名靠前，具备铁、坯、材的连续生产工艺。大型钢铁企业管理严格，认识到位，履约情况良好，是银行开展先票（款、证）后货模式货押业务的理想选择。

经销商：是供货商的一级代理或重要协议户，经营年限在3年以上，销售网络健全、稳定，是供货厂家在当地的主要经销商；连续3年保持盈利，经营状况呈平稳增长趋势。

（2）未来货权项下进口开证（适合解决铁矿石进口业务需要）。要求申请人行业经验丰富，经营状况良好，年进口量铁矿石较大，国外供货商与申请人之间贸易背景清晰，有稳定的供货关系，拥有一年以上的进口结算记录。同时，下游直接销售生产厂家且合作稳定，在开证前落实下游厂家的订货或代理合同。

（3）现货质押模式（适合于解决经销商、直接用户的库存占用）。申请人为经销商：经营年限较长，销售产品品种突出，保持盈利，行业内具备一定知名度，经营状况无重大起伏，可以提供良好的监管场地和条件满足输出监管的需要。

煤炭货押融资

一、煤炭基础知识

煤矿生产中排放量最大的固体废物是矸石，产生量大约为煤炭产量的10%。此外，在煤矿建设和生产过程中，还会排放大量的矿井水与瓦斯。由于煤炭开采改变了地壳内部原有的力学平衡状态，容易引起地表塌陷。从地上或地下采掘出的煤经筛选加工去掉矸石、黄铁矿后，被称为原煤。从原煤中分选出符合用户质量要求的精煤的过程，被称为洗煤。

根据使用目的不同，煤炭主要分为动力煤和炼焦煤两类。动力煤主要包括发电用煤（我国 1/3 以上的煤用来发电）、蒸汽机车用煤、建材用煤（以水泥用煤量最大，其次为玻璃、砖、瓦等）、一般工业锅炉用煤、生活用煤、冶金用动力煤（主要为烧结和高炉喷吹用无烟煤），炼焦煤则包括气煤、肥煤、主焦煤、瘦煤等。

二、煤炭货押融资

（一）业务模式

1. "先票/款/证后货 + 在途货物 + 监管场地货物"模式。

针对煤炭经销企业向煤矿企业采购煤炭业务（也可以是焦化企业向煤矿企业采购焦煤业务），银行采用先票/款/证后货的未来货权质押方式。具体操作流程如下：

（1）根据煤炭经销企业（申请人）申请具体授信品种签署相关协议、质押合同、仓储监管协议、厂商银合作协议（煤矿、煤炭经销企业和银行）。

（2）银行应煤炭经销企业申请，向上游煤矿企业支付货款/开出信用证/开立银票。

（3）煤矿企业按约定将货物交付至仓储监管公司，仓储监管公司对在途运输的质押物进行监管责任并将质押物运至分行指定质押物监管场地。

（4）煤炭经销企业销售时向银行还款赎货。银行收妥款项后，向仓储监管公司下达提货指令。

（5）仓储监管公司按银行指令向煤炭经销企业交付货物。

2. "港口/集运站 + 铁路运输 + 港口"现货质押模式。

具体操作流程是：

（1）借款企业将货物质押给银行，并交由仓储监管公司监管。银行向借款企业发放贷款。

（2）仓储监管公司负责对质押物存储及在途运输过程进行监管。

（3）借款企业分情形在以下环节支付货款，办理出库：对于原煤销售需通过海运的且与港口签订监管合同的，借款企业须在货物装船前付款赎货；对于原煤销售不通过海运的，借款企业须在集运站装火车前付款赎货。

（4）银行收到货款后，向仓储监管公司下达提货指令。

（二）风险控制

除按照货押融资的一般要求，加强核价、核库、出账、查库、出入库、盯市、预警、监管人及监管场地选择等方面的操作和管理外，重点要根据煤炭货押的特点，加强各环节的风险控制。

1. 预付货款环节。银行、借款企业及其上游卖方之间签订协议，约定煤矿承担《销售合同》中规定的发货义务及退款责任等。

2. 集运站环节。一是货权的确认。需核验企业采购环节的合同、进项增值税票、采购环节的煤炭可持续发展资金、运输单据、上游卖方的随货化验单等凭证。二是数量的确认。仓储监管公司负责在煤矿或集运站接收货物，银行、借款企业及上游煤矿在业务协议中约定：上游煤矿交付的货物数量以发运站火车轨道衡计量（铁路大票标定数量）或集运站进站磅单数为准，企业的《采购协议》中有关货物数量的约定不得与此冲突，仓储监管公司据此向银行出具"质物清单"。

三是质量的确认。上游煤矿发货时所提供的随车化验报告。如无化验报告，银行或仓储监管机构聘请第三方检验机构对货物进行化验，但无论采取哪种方式，分行需每季对货物质量进行抽检，并且质量的最终认定以抽检结果为准。

3. 铁路运输在途环节。仓储监管公司负责对在途运输的抵押物履行监管责任。如煤炭经销企业自办铁路运输，仓储监管公司负责对此过程进行监督，并取得相关运输单据；煤炭经销企业也可委托仓储监管公司或其合作单位负责向发站铁路局申请铁路计划并安排运输。

4. 港口仓库仓储环节。一是港口数量的核验。以港务局仓储数量核验结果为依据。二是在港务局办理在港货权的转移，货主名称为仓储监管公司。

5. 对于监管物理空间涵盖集运站——在途铁路运输——港口仓库监管控制。申请人需将通过铁路运输到港口所对应的铁路大票收货人作成分行指定仓储监管公司，并且委托仓储监管公司办理港口所有事宜，监管公司进行全程监管。

燃料油货押融资

一、燃料油基础知识

燃料油是石油加工过程中在汽、煤、柴油之后从原油中分离出来的较重的剩余产物，是石油加工过程中的最后一道产品。其特点是黏度大，含非烃化合物、胶质、沥青质多，主要质量指标有黏度、含硫量、闪点、水分、灰分、机械杂质等。燃料油广泛用于船舶锅炉燃料、加热炉燃料、冶金炉和其他工业炉燃料。我国燃料油消费主要集中在发电、交通运输、冶金、化工、轻工等行业。

（一）分类

根据不同的标准，燃料油可以进行以下分类：

1. 根据出厂时是否形成商品，燃料油可以分为商品燃料油和自用燃料油。商品燃料油指在出厂环节形成商品的燃料油；自用燃料油指用于炼厂生产的原料或燃料而未在出厂环节形成商品的燃料油。

2. 根据加工工艺流程，燃料油可以分为常压重油、减压重油、催化重油和混合重油。常压重油指炼厂催化、裂化装置分馏出的重油（俗称油浆）；混合重油一般指减压重油和催化重油的混合。

3. 根据用途，燃料油分为船用内燃机燃料油和炉用燃料油两大类。前者是由直馏重油和一定比例的柴油混合而成，用于大型低速船用柴油机（转速小于150转/分）。后者又称为重油，主要是减压渣油，或裂化残油，或二者的混合物，或调入适量裂化轻油制成的重质石油燃料油，供各种工业炉或锅炉作为燃料。

（二）市场

燃料油的供需状况受原油价格、国家政策、炼油装置开工、原油加工深度等因素的影响很大，长期预测有较大难度，尤其是其在世界范围内的变化更难把握。从价格走势看，燃料油与原油具有很强的相关性。近些年来，与原油一样，燃料油市场的特点是价格波动非常剧烈。

2001年10月15日，我国正式放开燃料油的价格，燃料油的流通和价格完全由市场调节。2004年1月1日起，国家取消了燃料油的进出口配额，实行进口自动许可管理，我国燃料油市场与国际市场基本接轨。上海期货交易所还开发了燃料油期货品种（交割基准品是180CST燃料油）。国内燃料油价格与国际原油及新加坡燃料油价格关联度较高，国际原油价格主要参照纽约商业交易所（NYMEX）的西德州中质低硫原油（WTI）及伦敦国际石油交易所（IPE）的布伦特原油期货（BRENT）价格。

（三）特征

1. 资金密集度高，作为经销商需要巨额的资金。

2. 国内燃料油行业销售环节中，批发商之间多采用现款现货方式，批发商与稳定的终端用户之间存在周期非常短的账期，产品的价格透明度高，行业利润微薄，经销商的生存发展对规模有一定的依赖性。

3. 为了规避行业价格风险，燃料油批发商的购销速度均较快，货物周转时间一般在2个月内，除大型批发商常常持有一定库存外，小型经销商对库存控制十分谨慎，即使保持少量库存，持有时间也较短。

4. 燃料油价格受国际、国内因素影响复杂。

5. 由于行业的特殊性，经销商需特定的经营资格。

二、燃料油货押融资

燃料油行业拥有完整的国内产业链，银行可以重点开拓境外燃料油采购（进口开证）、国内销售等环节的业务机会。例如，在燃料油进口环节，可以叙做未来货权项下的进口开证业务；国内采购、销售环节，可以根据授信申请人的库存货物的周转特性，设计出符合企业实际需要的现货质押业务。

（一）业务模式

1. 未来货权项下进口开证：适合解决燃料油进口业务需要。

一般动产质押业务在办理放款前必须办妥货物质押手续，风险主要存在于货物的质量、所有权关系、变现能力、价格波动、监管方管理水平和企业经营状况等方面，而未来货权业务除了上述风险之外，还存在能不能及时收妥质押物的风险。因此，未来货权业务对供货商的供货能力和商业信誉要求极高，在现实操作中，为了保证业务运行的安全性，未来货权业务对供货商、经销商的资格以及他们之间的贸易关系有着严格的要求。

未来货权模式：经销商的经营年限在 3 年以上，年进口量燃料油 50 万吨以上，国外供货商与申请人之间贸易背景清晰，有稳定的供货关系，拥有一年以上的进口结算记录。同时，下游直接销售生产厂家合作稳定。供货商为燃料油行业内知名企业，信誉良好，与经销商具备 1 年以上合作历史。

2. 现货质押模式：适合于解决经销商、直接用户的库存占用。

申请人经营年限在 1 年以上，年销售在 5 亿元以上，具有相对稳定的上、下经销网络，财务状况良好。可以提供良好的监管条件满足监管的需要。

（二）监管人及监管模式选择

根据燃料油行业的运输和存储特点，银行在选择监管仓库时一般选择那些水运条件良好的专业燃料油存储罐区，监管人应选择实力较强、管理规范、监管经验丰富的大型燃料油库。选择监管人独立仓库监管时，监管仓库的库容一般不少于30万立方米。申请人自有库或无法达到银行监管资格要求的第三方仓库，可以考虑由银行认可的监管机构使用输出监管的方式进行质押物监管。

（三）风险防范措施

1. 燃料油货押业务的目标客户是市场上交易活跃、经营历史长、有稳定的购销网络、经营的产品市场容量大、价格透明度高、市场份额较大的企业。可以通过上游供货商、行业竞争者、油库提供的信息来寻找客户，同时，另一个重要的筛选客户的方式是通过审核经销商购销发票和年度纳税申报表的相关资料来了解经销商的销售规模、购销渠道的集中度和稳定性。

2. 质押物的质量检验具有较强的专业性，在银行办理燃料油质押业务时，需要求公信力高的权威部门出具相应的质检报告，主要检验指标有黏度、含硫量、闪点、水分、灰分、机械杂质等。

3. 燃料油属易燃易爆物品，对存放条件要求高，质物存放仓库必须具备危险品存储资质和完整的消防验收证明；同时为了合理规避风险，要求质押物必须购买财产综合险。

4. 严格执行仓储监管机构的认定制度，选择大型燃料油仓储物流企业、期交所指定交割仓或国有背景、实力较强的仓库为银行的主要监管合作伙伴；同时，监管机构须具有较强的专业监管能力。

5. 由于燃料油交易的特点，在燃料油进口的实务中，信用证项下的受益人很多是经营燃料油贸易的交易商，货物的运输与提单的流转形成了时间上的不匹配，往往出现货物已到港，而正本提单还在流转过程中。对于油品这种特殊商品，如不能及时卸货，将带来的滞期费十分昂贵。因此，L. O. I（Letter Of Indemnity）就成为信用证结算方式下正本提单的替代单据。因此，叙做未来货权进口业务时，要加强对贸易背景真实性的调查，选择信誉良好的供应商，清楚了解境外受益人和申请人的合作历史和履约记录，同时核实申请人进口货物的销售渠道。

6. 货押业务的最大特征是通过对申请人资金流和货物流的封闭运作来提高业务风险控制能力，实现自偿性目标。因此，无论是未来货权业务还是现货质押业务，都需要对融资的用途进行监控。在分行上报货押业务方案时，务必详细说明融资的用途，保证贸易背景的真实性。

7. 赎货期管理。一般情况下，大宗燃料油的周转速度在 2 个月以内，银行应根据当地行业规律和申请人的实际状况，设定合理的赎货期，要求企业按银行约定的时间赎货，并落实保证金追加制度。

8. 燃料油质押业务原则上采用定罐封存的静态质押方式。

9. 如果拟质押的燃料油储存放在具有保税功能的罐区，需对拟质押燃料油的进口手续进行查验，确保质押法律效力，对保税油品不得办理货押业务。

10. 加强对仓库巡查及对重要资料档案的检查等。需要强调的是，银行应通过独立核查的方式对经营部门的管理工作进行检查，发现仓储监管机构没有履行监管责任的及时提出整改要求并督促落实情况，没按要求整改的需停止新的业务合作并立即更换监管机构。

11. 加强价格核定和跟踪工作，落实盯市制度，建立价格信息的获取渠道（可以从市场直接获取价格信息，也可以从专业网站等渠道获取有效信息），防范价格风险。

黄酒货押融资

一、黄酒基础知识

黄酒与啤酒、葡萄酒并称世界三大古酒，从发明酒曲和酒药算起，黄酒的酿造，距今已有近 5000 年历史。黄酒属于低度酿造酒，酒精度与葡萄酒相似，是最富营养健康和最优秀的酒种之一，含有丰富的氨基酸和维生素，其中氨基酸含量是啤酒和葡萄酒的 10 倍。其含有的多酚物质、类黑精、谷胱甘肽等生理活性成分，具有清除自由基，防止心血管病、抗癌、抗衰老等多种生理功能，具有降血脂、降血压的作用。

黄酒原酒是粮食经发酵蒸馏工序后得到的尚未按相关标准确定等级的半成品酒，不具有规定的包装形态，亦称基础酒或基酒，可以根据各地消费者的不同口感偏好加以调制成加饭酒、元红酒、善酿酒、香雪酒等，经过灌装和包装后成为成酒，成酒的口味醇厚、柔和、鲜爽；色泽清亮透明、橙黄有光泽；香气醇香浓郁，具有绍兴酒的独特风格。

中国黄酒种类较多，但能代表中国黄酒总体特色的，还当首推绍兴黄酒。无论在质量上还是在产量上，绍兴黄酒均居全国之首。它以优质糯米为原料，经独特的工艺发酵酿制而成，酒精含量在 15 度左右。2006 年，绍兴黄酒的酿造技术被列入国家非物质文化遗产的保护名录。

二、黄酒原酒货押开展融资

尽管黄酒价值远不如白酒，但两者有着共同的增值原理，那就是"越陈越香"。黄酒由于粮食（糯米）价格的逐年上升和劳动力成本的增加，加上储存时间越长价值越高的原理，使得以其作为质押物的跌价可能性几乎为零。同时由于特殊的生产工艺流程，新酒储存期超过 1 年后不存在变质的可能性。黄酒原酒在黄酒生产行业内流通性较强，尤其是年份酒往往会成为一种稀缺性资源。因此，以上特征符合开展货押业务的基本特质。

随着行业生产标准的逐渐规范，黄酒行业的国家标准相继出台。从原料要求（糯米、小麦、水、麦曲）、传统工艺要求（酿造环境、工艺流程）、感官要求（色泽、香气、口味风格）、理化指标（酒精度、总糖、总酸、pH 值、挥发酯等）、包装、储存等各方面都作了详尽的规定。因此，通过专业机构检测出具的检测报告可判断黄酒的品质。同时，权威网站每日公布报价，也可据此了解黄酒的价格。

一般而言，黄酒采取如下货押业务方案：

业务模式：现货质押

授信品种：银行承兑汇票（敞口可串用供应链买方融资）

出质人：15 家"绍兴黄酒"准入企业

货权形式：非标准仓单

仓库性质：申请人自有

监管人：南储仓储管理有限公司浙江分公司

监管模式：输出监管

质押率：70%

赎货期：不超过 12 个月

质押物价格确定：古越龙山和会稽山新酒平均价

盯市依据：中酒交易网

沥青货押融资

一、适合做货押融资的沥青品种：重交沥青、改性沥青介绍

1. 重交沥青。

常温下为黑色发亮半固体，加热时逐渐熔化，能溶于有机溶剂。该产品具有较好的流动性、热稳定性、持久的黏附性、弹塑性、电绝缘性及抗水性。由原油经常减压蒸馏或残余物经氧化及调和而制得，也可由溶剂脱沥青工艺及调和方法而制得。也可作为乳化沥青和改性沥青的原料。产品按针入度分为 50#、70#、90#、110#、130#五个牌号。主要适用于铺筑中、轻交通量道路沥青路面。

2. 改性沥青。

改性沥青是掺加橡胶、树脂、高分子聚合物、磨细的橡胶粉或其

他填料等外掺剂（改性剂），或采取对沥青轻度氧化加工等措施，使沥青或沥青混合料的性能得以改善制成的沥青结合料。现代公路和道路发生许多变化：交通流量和行驶频度急剧增长，货运车的轴重不断增加，普遍实行分车道单向行驶，要求进一步提高路面抗流动性，即高温下抗车辙的能力；提高柔性和弹性，即低温下抗开裂的能力；提高耐磨耗能力和延长使用寿命。使用环境发生的这些变化对石油沥青的性能提出了严峻的挑战。对石油沥青改性，使其适应上述苛刻使用要求，引起了人们的重视。目前改性道路沥青主要用于高速公路、防水桥面、停车场、运动场、重交通路面、交叉路口和路面转弯处等特殊场合的铺装应用。

二、沥青货押融资

沥青在生产和使用过程中可能需要在储罐内储存，如果处理适当，沥青可以重复加热即可在较高温度保持相当长的时间而不会使其性能受到严重损害。但是如果接触氧、光和过热就会引起沥青的硬化，最显著的标志是沥青的软化点上升，针入度下降，延度变差，使沥青的使用性能受到损失。因此在对沥青进行监管时须注意以下几点：

1. 监管人须与沥青存储罐的上一手租赁人签署仓库租赁协议并征得所有权人同意，根据租赁协议约定取得上述"储油罐"的排他性使用权。

2. 沥青存储罐所有人须提供土地及其之上仓库的有效权属证明；出质人、仓库所有人与监管人签署仓库的租赁协议。

3. 确保我分行质押物存放于监管库中独立罐体内，不得与其他货物混放。

4. 出质时，须规定每个特定的罐体内的质押物应当扣除相当于罐容5%的"底油"，在动态监管过程中同样不得将此部分"底油"计入质押数量内。

5. 每次出质时，申请人须提供上游供货商产品质保证书，同时须由监管人对质押物抽样送第三方权威机构进行质检，并将经监管人确认的质检报告提交相关银行。

白酒货押融资

一、质物的选择

在白酒的供应链中，粮食虽然价格透明、市场容量大，但保管条件较高，易腐烂变质，瓶装酒易于保管，但难以检测品质、辨别真伪，都不是理想的质押物。原酒最适合作抵押标的，主要是基于原酒的三点特性：

1. 储藏要求，原酒作为半成品，工艺上要求必须存放一段时间，才能勾兑制作瓶装酒；

2. 成本刚性，原酒制造的直接成本是粮食和人工，二者价格都是刚性增长；

3. 自然增值，原酒的价值会随着存放时间而有年均15%以上的增值。

二、质物的品质和价格确定方式

在操作实务中，还必须解决品质鉴定和定价盯市这两个难题。决定原酒品质和价值的最主要因素，是独特的口感和香味。到目前为止，现代科技还无法完全分析出酒内的香味物质成分，也无法用化学方法加以合成。以粮食为原料，经过固态发酵、蒸馏的传统工艺制造的原酒，和其他串香甚至食用酒精为主制作的原酒，在市场上价格差异很大，但是同样的无色透明液体，不是专业人士很难区分，必须引入第三方权威机构进行质检。同时原酒交易基本是点对点，价格不透明，只有引入企业和银行双方接受的第三方机构估价。为此我分行联系了省食品工业协会下属省酿酒研究所，由其组织白酒国家评委组成专家组对质押物进行鉴定和估值，从而解决这一难题，为模式化和批量营销做好铺垫。

三、操作环节风险控制

1. 质押物取样，需要企业、银行和鉴定机构三方同时在场，现场取样编号，现场定罐封存；

2. 落实监管机构专人 24 小时驻场监管；

3. 鉴评环节，首先是用仪器对质押物理化学指标鉴定，主要有害物质含量是否符合国家标准，这是个一票否决，其次是专家品鉴，按白酒鉴评行业惯例，采取暗评方式，银行人员全程监督，最后由专家组出具书面意见；

4. 质押物数量确定，由于质押物是液体，且不同酒精含量比重不同，需监管机构按照行业惯例对质押物折 60.5 度准测标算重量，并参照企业库存记录，取孰低值确定质押物数量并出具质物清单；

5. 质押物易燃易爆，需购买足额保险，相关银行为受益人。

在授信出账放款前，以上五点须全部落实。

有色金属货押融资

有色金属中，铜、铝、铅、锌产量、用量最大，是目前国际、国内贸易中交易量较大的大宗物资产品，也是期货市场中的主要交易品种。是银行开展货押业务仅次于钢铁行业的重要质押物品种。有色金属行业中冶炼环节及其上游的货押业务以未来货权质押为主，有色金属加工贸易环节的货押业务以原材料现货质押为主。

一、铜货押融资

从贸易规则看，国内铜的上游生产企业处于强势地位，电解铜销售实行预付和现款提货制度，基本上没有赊销现象。铜精矿、电解铜进口结算方式以信用证为主，废铜市场的主流交易模式也是现款现货。

从铜的流通市场看，电解铜的流通速度非常快，价格透明，变现容易，华东和华南等经济发达地区是国内铜的主要消费地区，主要用途是电缆、漆包线、铜管、五金件等。

适合货押业务的铜类商品主要有：铜精矿、阳极铜板（粗铜）、阴极铜（电解铜）、铜板、铜带、铜箔、铜杆等。

适合的业务模式有：

1. 未来货权项下的国外进口（铜精矿、粗铜、电解铜）；

2. 未来货权项下的国内采购（电解铜）；

3. 现货质押项下的国外进口（铜精矿、粗铜、电解铜）；

4. 现货质押项下的国内采购加工（电解铜、铜杆）；

5. 标准仓单质押（电解铜）。

二、铝货押融资

国内电解铝行业的集中度远低于电解铜行业，除了中铝系统之外，包括民营、外资等多种所有制的地方性电解铝企业数量众多，其中以河南省的电解铝企业数量较多，是我国重要的电解铝产区。

生产电解铝的原料是氧化铝（氧化铝的原料为铝矾土），国内铝矾土矿和氧化铝的主产区为西南和华北地区，以中铝系统的企业产量最多。随着我国电解铝产能的迅速扩大，对铝矾土和氧化铝的需求也在不断攀升之中，国内的产量远远不能满足需要，我国电解铝行业需要的原料氧化铝的50%依赖于进口氧化铝或铝土矿，且来源地较为集中。

受国家政策的影响，国内氧化铝的生产和进口一直控制在中铝、五矿等手中。随着近年国家政策调整，河南省的地方企业和东方希望等民营企业加大了对以当地铝矾土矿为原料的氧化铝行业的渗透力度，同时，以山东省为代表的民营氧化铝企业（例如魏桥铝电、茌平氧化铝、南山铝电）则以进口铝矾土矿为原料，积极发展氧化铝生产。

除了氧化铝之外，电解铝生产消耗的另一种主要资源是电，按照目前的生产工艺，吨铝的电能消耗约为15000～16000度，因此，我国电解铝企业主要分布在水电和煤炭等能源富集的地区，企业一般都建有专门配套的发电厂。

多年来,我国电解铝产能的不断扩大,产能过剩的问题一直没有得到缓解,是我国宏观调控的重点。国家在项目审批、信贷政策等多方面对电解铝行业多有限制,除了中铝系统的企业和少数实力雄厚的大企业之外,大多数实力较弱的地方性电解铝企业面临比较严重的资金"瓶颈",通过银行融资的渠道筹措资金的难度较大。特别强调,在叙做电解铝行业预付款业务时,首先需谨慎选择有实力的供货商;其次选择拥有完善销售网络的经销商,保证银行授予的额度和企业的真实贸易规模相匹配。

铝行业中适合货押业务的质押物有铝矾土、氧化铝、铝锭(电解铝)、铝型材。

适合的业务模式有:

1. 未来货权项下国外进口(铝矾土、氧化铝);

2. 未来货权项下的国内购销(氧化铝、电解铝);

3. 现货质押项下的国外进口(铝矾土、氧化铝);

4. 现货质押项下的国内采购加工(铝锭、铝棒、铝杆、铝型材);

5. 现货质押或未来货权项下国内采购加工出口(打包贷款、出口押汇);

6. 标准仓单质押(铝锭)。

三、铅锌货押融资

铅锌矿一般情况下是伴生矿,选矿复杂程度高于铜铝等矿,选矿、冶炼过程依靠专门的复杂工艺,行业的集中度较高。近两年,锌冶炼加工能力大幅提升,但需求疲弱,而铅的需求却持续旺盛,锌铅的市场价格是冰火两重天。

铅锌行业货押业务营销应围绕大型矿山、冶炼企业及其上、下游客户进行,重点包括铅锌精矿进口,精铅和精锌产品的国内销售。

主要业务模式如下:

1. 未来货权项下国外进口（铅锌矿、铅精矿、锌精矿）；

2. 现货质押项下的国外进口（铅锌矿、铅精矿、锌精矿）；

3. 未来货权项下的国内购销（铅锭、锌锭）；

4. 现货质押项下的国内采购加工（铅锭、锌锭）；

5. 标准仓单质押（铅锭、锌锭）。

专栏 2-8

原深圳发展银行的"银货通——基于货权的融资解决方案"

深圳发展银行已经与平安银行合并，在其存续期间开展的供应链融资业务却在业内颇为有名。为纪念已经更名为平安银行的原深圳发展银行，特将其当时研发的"银货通——基于货权的融资解决方案"附录于下。当时，该方案已渗透到钢铁、汽车、有色金属、石油化工、煤炭、棉花、粮食、纺织、木材、造纸、塑料原材料等十几个国民经济重要行业，涉及几十个大类、上百个品牌的商品。

一、银货通之一：动产质押融资

动产质押融资是指企业以深圳发展银行认可的货物为质押申请融资。企业将合法拥有的货物交付其认定的仓储监管公司监管，不转移所有权。企业既可以取得融资，又不影响正常经营周转。

动产质押可采用逐批质押、逐批融资的方式，企业需要销售时可以交付保证金提取货物，也可以采用以货易货的方式，用符合深圳发展银行要求的、新的等值货物替代打算提取的货物。

二、银货通之二：先票/款后货

先票/款后货是深圳发展银行动产质押融资的前置形式，企业采购其认可为押品的货物时，在取得实物之前，即可凭采购合同向其申请融资支付货款。

三、银货通之三：未来提货权质押融资

未来提货权质押融资是指企业采购物资时，凭采购合同向深圳发展银行融资支付货款，然后凭其签发的提货单向买方提取货物的业务。

四、银货通之四：未来货权质押开证

未来货权质押开证是指企业采用信用证结算方式进口深圳发展银行认可的物资时，可在向其缴纳一定比例的保证金后，对保证金之外部分以信用证项下未来货权作为质押而开立信用证。

资料来源：根据原深圳发展银行网站内容改写。

三、业务办理流程及管理要求

普通货押融资与标准仓单质押融资在业务办理流程上基本相同，如图 2-4 所示，但有一些需要特别注意的地方，主要体现在质押货物入库及出质、占有和监管、提货、换货、核库、巡库、逐日盯市及跌价补偿等流程和环节。

（一）授信调查环节的操作要点

授信调查时，要重点关注仓储方和借款人的基本状况、资信水平、管理规范程度；回购人的基本状况、资信水平和信用评级；货物的质量、数量与货权凭证、质检单的一致性；货物的市场行情与变现能力；质押货物购买、销售情况记录（数量、价格）、销售半径及区域销售优势、区域市场容量、价格波动因素、行业盈利前景；货物的技术特性、目标市场定位、营销政策、现有主要合作伙伴；主要竞争对手、相互间的竞争优势及劣势；仓储方的经营状况、财务实力、资信记录、管理能力；货物是否仍适销对路、是否有积压情况；结合质押货物的数量和价格水平分析质押货物的变现能力；承诺回购方的市场地位、资信状况、经营状况和支付能力等。

```
                    ┌─────────────────────────┐
                    │  经营机构营销并准备授信文件  │
                    └─────────────────────────┘
                    ┌─────────────────────────┐
                    │  银行货押业务机构方案审查   │
                    └─────────────────────────┘
                    ┌─────────────────────────┐         否
                    │  银行仓储监管机构资格认定   │───────→ 结束
                    └─────────────────────────┘         否
                    ┌─────────────────────────┐───────→ 结束
                    │   授信审批机构授信审批     │
                    └─────────────────────────┘
          ┌──────────────┴──────────────────┐
  ┌──────────────────┐          ┌──────────────────────┐
  │    质物入库       │          │   签订监管协议和授信协议  │
  └──────────────────┘          └──────────────────────┘
  ┌──────────────────┐          ┌──────────────────────┐
  │    出质确认       │          │        出账          │
  └──────────────────┘          └──────────────────────┘
  ┌──────────────────┐          ┌──────────────────────┐
  │  核价\核库\出账审核 │          │    贷款、承兑或开证     │
  └──────────────────┘          └──────────────────────┘
  ┌──────────────────┐          ┌──────────────────────┐
  │   签署法律文件     │          │    监督收货并入库      │
  └──────────────────┘          └──────────────────────┘
  ┌──────────────────┐          ┌──────────────────────┐
  │   放款中心出账     │          │     办理质押手续       │
  └──────────────────┘          └──────────────────────┘
          └──────────────┬──────────────────┘
                 ┌──────────────────┐    预警
                 │      盯市        │──────────┐
                 └──────────────────┘   ┌──────────────┐
                                        │   补货补款    │
                                        └──────────────┘
                 ┌──────────────────┐         │
                 │   提货赎货审核     │←────────┘
                 └──────────────────┘
                 ┌──────────────────┐
                 │      结清        │
                 └──────────────────┘
```

现货质押方式 | 未来货权方式 | 授信审批 | 授信出账

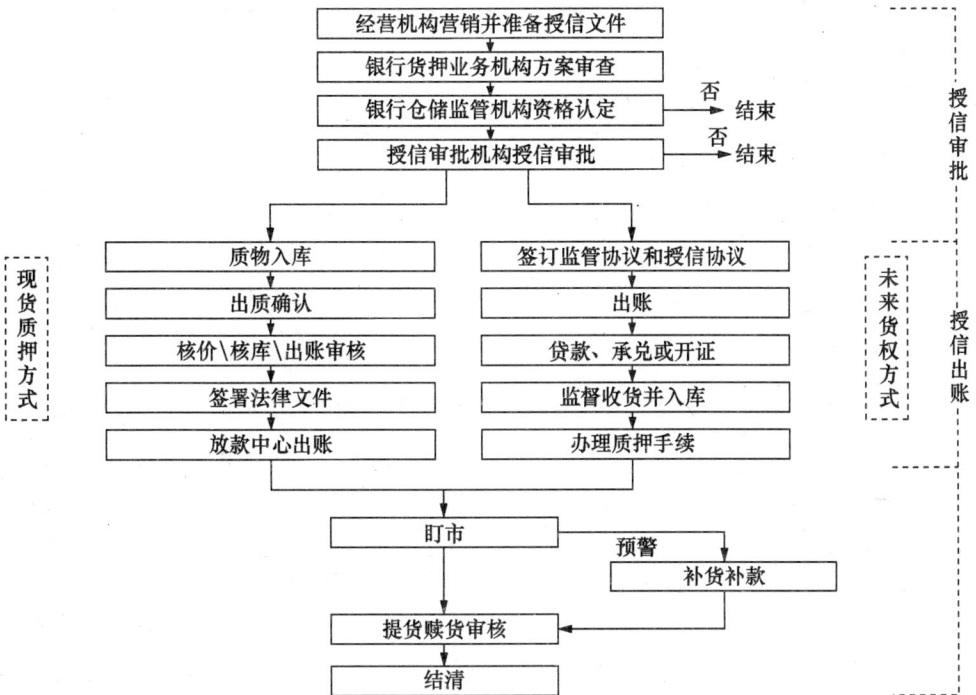

图 2 - 4　货押业务基本流程图

借款申请人在提出融资申请时，除提交基本材料外，还需提交加盖公章的仓单标的清单，清单上列明品种、型号、规格、增值税发票上的单价、数量、金额等事项。由交易市场回购的由交易市场协助确认仓单的真实性。其他情况下经办客户经理须亲赴仓储方仓库核实质物标的及货位、核对仓单的"存根联"、核对质量检验单。

借款人应承担有关的各项费用，包括但不限于律师服务、财产保险、鉴定、估价、登记、过户、保管及诉讼的费用。必须将货权凭证移交银行，仓储方应声明放弃留置权，并且在质押期间，仓储方负责对质物标的进行仓储及保管，保证质物标的的数量和质量与借款人交付质物时质物上列明的数量和质量一致，因保管原因造成质物标的的数量减少或质量问题，要由借款人负责补足。质押协议原则上应办理公证，并通过协议明确仓单、停止出库/停止过户通知单、出库/解除质押通知书等仓储管理单据的标准格式。

专栏 2-9

货押业务调查报告（样本）

一、申请方案

申请人：

质物：

出质人：

业务模式：（现货质押/未来货权质押）

授信品种：（信用证开证/银行承兑/流动资金贷款/其他）

供货方：

货权形式：（标准仓单/非标准仓单/动产）

仓库位置：

监管人：

监管模式：（输出监管/独立监管）

监管合同及厂、商、银合作协议：（标准合同/非标准合同已报批/非标准合同未报批）

盯市渠道及取值方法：

保证金比例：

质押率：

赎货期：

回购/担保安排：

二、货押业务流程描述（或流程图）

三、申请人情况

（一）基本情况

1. 成立时间

2. 注册资本和股权结构

3. 法定代表人和主要管理人员

4. 主营业务

5. 上年经营情况及主要财务数据

6. 上下游主要供货商

（1）上游主要供货商

以下表格经双人查验发票原件后填列。

供货商名称	交易货物品种	上年交易金额（量）	占申请人总购买额比重	合作年限	备注

查票人（1）： 查票人（2）：

（2）下游主要客户

以下表格经双人查验发票原件后填列。

下游客户名称	交易货物品种	上年交易金额（量）	占申请人总销售额比重	合作年限	备注

查票人（1）： 查票人（2）：

7. 存货明细及存货周转情况

8. 应收、应付账款明细及应收账款周转情况

（二）资信情况

1. 银行信用记录

2. 与银行的合作情况

四、本次业务基础交易背景（未来货权业务模式适用，现货质押业务可不填列）

（一）上游供货商情况

1. 企业类型

2. 主营业务及经营状况

3. 资产规模

4. 行业地位

5. 商业信誉

（二）与申请人合作关系

1. 合作年限

2. 上年交易额

3. 履约记录

（三）交易情况

1. 合同类型（是否长期合同）

2. 付款条件、期限、方式

3. 交货方式

4. 货物运输和保险

五、质押货物情况

（一）货物描述

1. 品种、规格、等级

2. 生产厂家

3. 物理特性、包装及储藏条件

4. 质量标准

（二）价格分析

1. 近期供需状况

2. 市场价格

（1）市场价格获取渠道

（2）目前价格

（3）近期价格波动状况及趋势

六、监管人情况（非采用总行合作机构或其指定机构并按标准合同签约时填写）

（一）基本情况

1. 名称

2. 企业类型

3. 经营资质和主要服务项目

4. 股权结构

5. 主要管理人员状况

（二）经营情况

1. 行业地位

2. 主要经营数据

3. 货押业务监管制度和监管经验

七、监管库情况

1. 仓库类型

2. 仓库位置

3. 库容（仓储面积）

4. 经营资质

5. 作业能力

6. 所有权人

7. 仓库分析（储存条件、可否独立堆放、能否按要求承担出入库管理要求）

八、风险点及控制措施

1. 货物控制

2. 质量控制、保险等

3. 其他管理措施

九、收益分析

十、其他需要说明的事项

专栏 2-10

货押融资的业务操作方案（以钢材质押示例）

一、基本要素

1. 业务模式：现货质押

2. 授信品种：流动资金贷款、商业承兑汇票保贴（可串用为银行承兑汇票）

3. 质押物：冷轧钢板

4. 质押率：原则上不高于_____%（以授信批复为准）

5. 质物价格确定：取得发票价格与市场价格孰低者

盯市市场：中华商务网或我的钢铁网或_____。

6. 监管模式：输出监管

7. 监管方：_____

8. 供货商：（收款人）：×××经济贸易有限公司，×××物资供销有限公司，×××物资总公司

9. 赎货期：最长_____个月

二、注意事项

1. 落实货押融资业务专职岗位职责，切实履行对货押融资业务核价、核库、出账、查库、出入库、盯市、预警等环节进行独立专业的操作和管理。

2. 与专业仓储公司签订监管协议，以确保银行对质权的安全、有效与合法，对货物能够有效监管和处置。

3. 如采用申请人自有仓库、第三方输出监管方式，银行业务部门在监管环节至少落实以下要求：

（1）监管人与申请人签署仓库租赁协议，并根据租赁协议约定取得上述"场地"的排他性使用权。

（2）监管人需制定有效的输出监管规章制度和详细的输出监管操作规程。

（3）监管人采取必要措施确保"场地"实现物理空间的隔离与封闭，并在显著位置以醒目方式指明"场地"的合法使用权人和实际控制人为监管人。

（4）监管人应指派专人负责与上述"场地"有关的仓储监管工作。

（5）监管人在任何情况下不得雇用申请人及其关联企业的员工及/或代理人从事与上述"场地"有关的仓储监管工作。

（6）监管人采取必要措施确保实现质押货物的独立堆放，并在显著位置以醒目方式指明"货物已质押给×××银行"。

4. 根据银行的信贷审批决议要求确定适当的质押率，并相应确定开立银行承兑汇票的初始保证金比例。

5. 银行业务部门指定专人负责跟踪质押货物市价变动情况，当质押货物市价下跌幅度超过设定警戒线时，应立即要求申请人追加保证金，逾期未补或未补足追加保证金的，应立即采取相关风险防范措施。

6. 如属于动态监管，申请人应将动产总量控制范围内的全部货物质押给银行，并需提交经监管人签章确认的质物清单；监管人建立出入库台账记录质物出入库明细及结存数量，每天将上述情况加盖签章后提交给银行，对质押物低于核定最低货值的，未经银行核准，监管人不得办理任何的质物出库。

申请人需将每批进入监管场地的货物全部质押给银行，并出具出质确认书，银行在核库时需对相关运单、入库单、质量检验单等进行核查，确保货物权属的真实、有效、合法。

7. 出账前，必须由货押审查岗实施核库，并签署核库意见，对质物的所有权、质量、数量、质押效力、出入库控制等内容进行确认，货物出库必须经货押审查岗审查同意。

8. 银行应该密切关注申请人的经营情况，如赎货期届满，申请人仍未提取质押货物或只提取少量货物，银行应立即调查货物积压原因，并根据调查结果采取相应风险防范措施。

9. 银行应该定期或不定期对监管仓库进行巡查，检查质押货物表面状况是否良好，封条等标示标志是否完好，货物数量是否短缺，货物质量是否下降，出库手续是否完整，发现问题及时处理；查验货物时可以根据货物特点采取抽样检查或全部盘点的方式，并应当认真做好各项记录。

10. 银行的放款中心需根据授信审批报告等相关文件，落实授信条件，实施出账审批。

11. 对涉及的银行承兑汇票/贷款业务按照银行相关管理办法执行。

（二）授信审查环节的操作要点

业务审核时，要更加关注质物标的来源的合法性，包括但不限于审核以下资料：产品材质证明；购销合同和产品运输单据；仓储方出具的入库验收单据和质量等级鉴定单。对于货权凭证自身的真实性、有效性、唯一性和合法性更需认真把握，除审查纸张、纸型与约定式样是否一致外，可在质押协议中让借款人做出保证，保证自己是协议项下的仓单的完全、有效、合法的所有者，且仓单不存在所有权方面的争议，用于融资项下的质押不会受到任何限制，质物做出过任何处分（特别是未设立过任何质押、抵押，该质物及仓单对应的仓储货物之上亦不存在任何其他第三者权利），保证不将合同项下的质物做出馈赠、转让、再抵押或任何其他方式的处分。

对于借款人的融资额度，银行一般综合考虑借款人的综合财务实力和质押货物的变现价值来确定，而不像一般融资业务那样仅仅考虑借款人的综合还款能力，这是因为普通货权质押融资项下货物的销售资金才是融资的真正来源。业务实践中，一般采取打分卡的方式进行。对借款人及质物进行综合打分后，再确定是否提供融资以及提供多少融资。至于分值标准，不同的银行可根据自己的业务实践加以确定。

专栏 2－11

标准钢材质押融资的计分标准

项目	考核内容	指　　标	企业实际	是否符合
融资申请人	销售规模	①贸易型企业：销售渠道畅通，年销售收入 1 亿元以上，且稳定或逐年上升； ②生产型企业：产品有市场，年销售收入 8000 万元以上，且稳定或逐年上升		
	负债率	销售额 10 亿元以下的； 贸易型企业要求负债率≤85%； 生产型企业要求负债率≤70%； 销售额 10 亿元以上的不限		
	存货周转天数	≤90 天，稳定或没有恶化趋势		
质物	质押率	≤70%（优质企业或落实回购方的可适当放开）		
	入库存储时间	同批质物存储期间累计最长不超过 6 个月		
	赎货期	与存货周转天数相仿，原则上最长不超过 90 天		
厂商	规模	普钢企业年产量达到 200 万吨以上（特钢企业不限）		
	信用记录	连续 3 年内无银行不良信用记录		
其他	业务模式	现货质押模式、先款（票、证）后货模式		

有色金属质押融资的计分标准

（主要指铝、铜、锌、铅、镍等常用金属）

项目		指　　标	企业实际情况	是否符合
融资申请人	销售规模	①贸易型企业：具有稳定销售渠道，年销售收入 1 亿元以上，且稳定或逐年上升 ②生产型企业：年销售收入 6000 万元以上，且稳定或逐年上升		
	负债率	年销售收入 5 亿元以下的贸易型企业，要求负债率≤80% 生产型企业要求负债率≤70%		
	存货周转天数	≤90 天，且稳定或没有恶化趋势		

续表

	项目	指　　标	企业实际情况	是否符合
质物	质押率	≤70%（优质客户可放宽）		
	入库存储时间	同批质物存储期间累计最长不超过6个月		
	赎货期	与存货周转天数相仿，原则上最长不超过90天		
厂商	产量	铜冶炼产量≥5万吨，精矿供应稳定 铝冶炼年产量≥10万吨，精矿供应稳定 铅、锌年产量≥5万吨		
	行业排名	销售金额列居全国同业前20位，连续3年内无银行不良信用记录		
	业务模式	现货质押模式、先款（票、证）后货模式		

如融资品种为贷款，则贷款利率要适当高于基准利率，以满足银行风险溢价的需要；如融资品种为承兑汇票等表外业务，则风险承担费，要适当多收一些；质押率应比标准仓单质押融资的质押率更低一些。质物价值应按当地的市场价格与其增值税发票上的（含税）价格孰低的原则确定质物价值，也可按照同类产品最近一段时间的平均价作为计算质物价格的基础；无法获得市场价格的，应委托专业评估公司进行评估确定。

质押期限应为自合同生效之日起至主合同项下全部债务清偿之日止的全部时间，质押担保的范围包括主合同项下的债务本金、利息、复利、手续费、违约金、损害赔偿金、保管费用、实现质权的费用（包括但不限于诉讼费、律师费、差旅费）和所有其他应付费用。

如引入回购方，下列情况发生时，银行要求与签有回购协议的回购方承担回购或购买责任，购回出质的仓单：申请人违反主合同的约定，未能按期偿还主合同约定的债务，或合同履行期间由于仓单标的价格下降达不到规定质押率，或者主合同已提前到期；主合同债务虽然没有到期，但申请人履行主合同的能力存在明显降低的情况或可能，危及银行债权的安全；由于标的物市场价格变化等原因导致质押率升幅超过15%且债务人不能按照要求补足保证金或质物的；规定的赎货期到期而未赎货的。回购价格不低于申请人所欠经办银行的债务本息及各项费用的总和。由交易市场提供回购担保的仓单质押应在交易市场办理质押登记，明确该仓单不能再进行过户，或不能再办理出库。一般采取书面形式向仓储方或交易市场送达，并取得回执。

专栏 2 – 12

停止过户/出库通知书及回执（样本）

停止过户通知书（样本）

_____（交易所名称）：

现有 _____（公司名称）将在 _____库仓储的号码为 _____的仓单项下的 _____吨 _____（品种），已用于向银行申请的融资合同号为 _____的 _____万元债务提供质押，并签订了《仓单质押融资协议》。自本通知送达贵所之日起，质物对应的货物过户交易必须提供盖有银行公章的"过户通知书"方可办理。

特此通知。

×××× 银行 _____分行

（公章）：

经办人：

年　　　月　　　日

停止过户通知书回执（样本）

×××× 银行 _____分行：

我所已将 _____（公司名称）存放在 _____库的号码为 _____的仓单 _____吨 _____（品种）冻结。

（交易所名称）_____

（公章）：

经办人：

年　　月　　日

注：本回执由银行经办人携回本行存档。

停止出库通知书（样本）

_____（仓储方名称）：

现有_____（公司名称）在你库仓储的号码为_____的仓单项下的_____吨_____（品种），已用于向银行申请的融资合同号为_____的_____万元债务提供质押，并签订了《仓单质押融资协议》。自本通知送达贵司之日起，质物对应的货物出库必须提供盖有银行公章的"出库通知书"或退回仓单正本方可办理。

特此通知。

××××_____分行

（公章）：

经办人：

年　　月　　日

停止出库通知书回执（样本）

××××银行_____分行：

我库已将_____（公司名称）存放的号码为_____的仓单项下的_____吨（品种）冻结。

（仓储库名称）_____

（公章）：

经办人：

年　　月　　日

注：本回执由银行经办人携回本行存档。

（三）逐日盯市操作与跌价补偿操作

逐日盯市是指银行按照规定对已质押给银行的货物或为银行所控制的货物的价格进行每日跟踪、反馈、提示的行为。为保证盯市制度的落实，银行须具备必要的专业人员和技术设备，要与专业机构、专业市场及专业网站等市场信息提供者建立密切联系。盯市人员应每日跟踪和掌握各种质押标的物当天的市场行情，与出质时的价格进行对比，定期制作价格走势图。为了便于盯市人员及时获得出质货物价格，在签发核价单时，应复印一份在盯市人员处留存，盯市人员应按货物的种类分夹保管，于每日与市场行情作比较。同时，为便于相关岗位和各经营部门及时掌握信息，盯市人员应将每日货物行情表以邮件形式发送货押中心有关岗位和相关经营管理部门。银行应比标准仓单质押融资业务更加关注质物标的价格走向，积极参与盯市，更频繁地记录价格波动情况。对跌幅超过规定比率的货物应立即按有关规定操作，以防止质押率高于规定标准；当出现因产业政策变化、突发事件或其他原因可能导致相关货押标的物价格出现较大幅度下挫时，无论该标的物价格是否已经达到预警价位，盯市人员都应在每日发送行情信息时以文字说明方式予以提示。当质物价值波动达到警戒线、平仓线时，采取相应措施或追加足额质物，或者补足相应的保证金，或偿还部分融资以确保质押率恢复到安全线，或停止使用剩余额度，或提前终止合同并直接拍卖或变卖质物（拍卖或变卖所得款项用于提前归还银行贷款本息，或者用于抵补融资项下的保证金）；当融资到期日之后 3 日内未能偿还债务，或经办行发现客户拖欠仓储费，经办行或通知回购人履行回购责任，或采取拍卖等措施将质物变现，以所得款项优先偿还债务人拖欠银行的债务。

跌价补偿是指根据银行与申请人签署的有关文件和合同约定，在办理业务过程中，当申请人质押的标的物价格下跌，导致质押率高于货押业务合同规定的质押率时，银行要求申请人在规定的期限内补充保证金或相应价值货物的相关安排。跌价补偿条款需在银行与申请人签订的质押协议中明确约定，并规定如申请人不能按约定对质押标的物的价格下跌进行补款或补货的，银行有权宣布融资提前到期，并有权处置质押标的物。银行应根据质押标的物品种及价格的波动性情况，确定具体的标的物质押率浮动幅度，当质押率超出该幅度时，银行须要求借款人立即进行补款或补货通知，将质押率下降到规定的水平。补款/补货通知以书面形式发出，正本须由借款人签收。在通知中，需对补款或补货的时间作为规定，一般为自收到银行相关通知之日起不超过 5 个工作日。

跌价补偿中应补款项或补充货物的计算公式为：

应补保证金 =（原出质单价 − 目前货物市价）× 原出质货物

数量 × 初始质押率申请人所补款项应存入保证金账户

应补货物数量 = 目前使用敞口余额/（目前货物市价 × 初始质押率） − 原出质货物总数量

申请人所补货物品质和等级不得低于原有货物

专栏 2 − 13

补款/补货通知单（样本）

编号：＿＿＿＿＿＿＿＿

致：

尊敬的客户，根据与银行签订的第＿＿＿＿＿＿＿号《质押合同》，贵公司质押给银行的＿＿＿＿＿＿＿公司出具的第＿＿＿＿＿＿＿号仓单项下货物的市场价格出现了异常波动，＿＿＿＿＿年＿＿＿＿＿月＿＿＿＿＿日＿＿＿＿＿时＿＿＿＿＿市场同类货物价格为＿＿＿＿＿＿元，较出质时核定价格下跌了＿＿＿＿＿＿（＿＿＿%）。根据上述《质押合同》的约定，请贵司于＿＿＿＿＿年＿＿＿＿＿月＿＿＿＿＿日之前将＿＿＿＿＿＿＿元保证金存入贵公司在银行开立的保证金账户（账号＿＿＿＿＿＿＿＿＿），或者，将价值＿＿＿＿＿＿元的同类货物存入＿＿＿＿＿＿仓库并质押给银行。

商祺。

×× 银行

年 月 日

银行骑缝章

回　执（样本）

×× 银行：

贵行于＿＿＿＿＿年＿＿＿月＿＿＿日签发的编号为＿＿＿＿＿＿《补款/补货通知单》收悉，我公司将遵照编号：＿＿＿＿＿＿＿＿的《质押合同》约定，按照贵行上述《补款/补货通知单》要求，按以下方式使质押率达到《质押合同》规定。

□存入保证金

□存入货物并质押给贵行

商祺。

＿＿＿＿＿＿＿公司

＿＿＿＿＿年＿＿＿月＿＿＿日

（四）查库、核库与山库、过户

查库和核库制度是普通货权质押融资业务中的重要制度之一。核库是指银行有关人员在向借款人融资后第一次出账前向仓储监管机构核查质押标的物的行为。查库是指银行有关人员定期或不定期向仓储监管机构查验质押标的物状况及检查仓储监管机构是否按双方监管协议的要求履行对质押标的物的监管责任的行为。如为现货质押融资的第一次出账，必须于出账前进行核库；对于先款（票、证）后货的融资业务，需在货物入库后及时进行核库。

核库可对质押仓单对应的每个仓库进行核查。在仓库比较分散时，也可适当进行随机抽查。如为随机抽查核库的，必须注明抽查比率及结果。核库的内容包括：检查质押标的物的品种、数量、质量、包装、件数和标记与仓单描述、质押标的物清单及仓储监管机构的记录是否相符；质押标的物摆放是否规范，是否符合安全要求；存货人与出质人是否一致，仓储监管机构是否按双方签订的监管协议履行监管职责等。核库后，核库人员应在核查单上签署意见。对于非自有的仓库监管，核库时还需检查仓储监管机构是否已进驻并已切实履行监管职责，监管程序及操作是否符合银行要求，是否存在流于形式的风险等。

查库的频率视货物特性、银行时间安排、仓储方既有信用记录等多种因素综合确定。重点查验货押标的物账实是否相符，银行权利保障是否有效，仓库监管是否符合双方签署的货物监管协议的要求，有否出现风险隐患，出入库手续等是否符合监管协议及操作方案要求等。根据核库查库结果，银行对不符合银行货押业务管理要求的事项，及时向出质人、仓储监管机构提出整改意见，并由经营机构进行落实。整改后，银行应及时组织力量进行复检。对复检仍不能达到要求的，按银行风险预警制度的相关规定采取相应措施。

货物的出库、过户，需取得银行的书面通知后才能进行。在质押协议中，要明确协议有效期内未经银行书面同意，借款人和仓储方将协议项下的质物或质物标的转移和转让或再质押给任何第三方或以任何其他方式处置质物或质物标的的，其行为无效，银行仍可对质押的质物行使权利。任何第三人对银行方在协议项下的权利产生侵害，银行均有权提起诉讼。这样，就最大限度地保护了银行的利益。

专栏 2 - 14

过户/出库通知书及回执（样本）

过户通知书（样本）

_____（交易所名称）：

根据融资合同号为_____的《仓单质押融资协议》的约

定，_____（公司名称）向本银行申请到贵所办理过户手续。按照上述协议的约定，经本行审查，同意该司到贵所办理号码为_____仓单项下的_____吨_____（品种）的过户手续，货物价值为人民币_____（小写￥_____）。本过户通知单为不可撤销和不可转让的法律文件，仅对申请融资企业有效。至本次过户通知单为止，本行同意申请融资企业到贵所办理过户手续的价值累计金额为人民币_____（小写￥_____）。

××××银行

（公章）：

经办人：

_____年____月____日

过户通知书回执（样本）

××××银行_____分行：

根据贵行的通知，我所现已将_____（公司名称）存放在_____库的号码为_____仓单项下的_____吨_____（品种）办理过户，货物价值为人民币_____（小写￥_____）。至本次过户止，该公司办理过户的价值累计金额为人民币_____（小写￥_____）。

（交易所名称）_____

（公章）：

经办人：_____

_____年____月____日

注：本回执由银行经办人携回本行存档。

出库通知书（样本）

_____（仓储库名称）：

根据融资合同号为_____的《仓单质押融资协议》的约定，_____（公司名称）向本行申请到贵处提取货物。按照上述协议的约定，经本行审查，同意该公司到贵处提取号码为_____仓单项下的_____吨_____（品种），提货价值为人民币_____（小写￥_____）。本提货通知单为不可撤销和不可转让的法律文件，仅对申请融资企业有效。至本次提货通知单为止，本行同意申请融资企业到贵公司提货的价值累计金额为人民币_____（小写￥_____）。

×××银行（公章）：

经办人：_____

_____年____月____日

出库通知书回执（样本）

××××_____分行银行：

根据贵行的通知，我库现已将_____（公司名称）存放在我库的号码为_____仓单项下的_____吨_____（品种）出库，提货价值为人民币_____（小写￥_____）。至本次提货止，该公司提货的价值累计金额为人民币_____（小写￥_____）。

（仓储库名称）_____

（公章）：

经办人：_____

_____年____月____日

注：本回执由银行经办人携回本行存档。

（五）出账与日常管理

放款条件满足后，才能办理出账手续。条件包括普通货权质押融资协议、仓单回购协议（如有回购情况下）、货权凭证原件、停止过户/出库通知书回执等全套融资文件完整、合规。

银行要针对普通货权质押融资业务，建立质押仓单和保证金台账管理制度，按融资申请人、仓储方、品种、规格、型号、数量、质量、市价等要素建立该笔融资项下的台账，并做到及时更新。

（六）业务协议的签署

货押融资业务的关键是要控制住货物，因此，在诸多业务协议中，仓储监管协议非常重要。针对不同的业务模式，仓储协议的要点也不一样。

专栏 2 - 15

货押业务风险案例及启示

货押业务除了需要银行对质押物进行严格监管外，还要求银行密切关注企业的生产经营等各种情况，发现问题，及时作出响应，及时采取措施，及时化解风险。

一、案例

案例一：××公司法人代表突发心脏病猝死，银行与监管人密切配合及时封存质押物，以保障银行权益

本银行为××公司核定综合授信额度人民币 3000 万元，具体授信品种为流动资金贷款，可串用为银行承兑汇票或国内信用证额度，保证方式为钢材现货质押，质押率不超过 60%。赎货期 4 个月，质押物由××现代物流中心进行监管。

今年 8 月 2 日，××公司年仅 40 岁的法人代表心脏病突发猝死。由于公司的进销渠道由其掌控，这一突发事件对××公司日后的经营带来较大的不确定性。

得知此信息后，融资银行立即采取了如下措施：

1. 组织相关部门及客户经理第一时间到达监管现场，对质押货物进行核查，要求监管方采取严格控制措施：

（1）货物只准进，不准出；

（2）监管方每天按时向本银行发送质押物清单，并由客户经理上门将清单原件取回。

2. 召开特别风险预警会，确定向监管方发函、增加查库频率（每周两次）、质押物单独摆放、每捆粘贴标签、与企业签署补充协议等措施，积极化解突发风险：

（1）向监管方发出《关于加强对××有限责任公司质押物监管的（函）》，重点强调"监管方要对该公司的质押物进行占有，并在其监管之下，履行保管和监管责任"，监管方密切配合，正式按要求复函。

（2）与监管方、授信企业协调，对质押货物进行了单独堆放，并在每一捆质押物上粘贴了质押标签，在场地上加设了大号质押标牌。

（3）了解查询××公司、法人代表及其配偶在本银行的存款情况，并为下一步控制做好充分准备。

（4）与授信企业协商沟通，在律师指导下，与××公司签署补充协议，要求××公司提前存入保证金赎货，补足所有授信风险敞口。

案例二：××钢铁公司煤气泄漏事故

本银行给予××钢铁公司综合授信额度人民币12000万元，授信方式为铁精粉、铁矿石现货质押和其他公司连带责任担保。质押率不超过70%，质押物由××仓储公司进行监管。

当年2月4日上午10点25分，企业内外包工程施工方在完成焊接2号转炉与3号转炉煤气连接管道工程后，未采取可靠的煤气切断措施，使2号转炉煤气泄漏到3号转炉系统中，造成正在3号转炉进行砌炉作业的 10 名工作人员中毒死亡。新闻媒体进行了公开报道。

在得知事件消息后，融资银行相关人员及时赶到××钢铁公司全面了解企业生产和质押物状况以及事件进展情况，及时从多种渠道了解事态进展及政府处理意见等信息。经现场了解，企业热轧卷板生产线的停产和带钢生产线的检修对银行质押货物基本没有造成影响；另外目前企业处在原材料冬储时期，故铁精粉、铁矿石的库存量高于融资银行最低控货值一倍多（银行最低控货值为 1 亿元，××钢铁公司在融资银行监管区域的库存货值为 2 亿多元）。

此外，①融资银行正式要求监管公司加强对质押物的查库频率和力度，并积极观察企业的生产和销售情况，每天报告企业生产经营状况，如有异常立即与融资银行联系；融资银行则安排专人负责该业务的日常管理，主办客户经理加强贷后管理及相关信息的了解。②全面了解事态进展及企业生产和经营情况。企业除泄漏煤气管路连接的一条热轧卷板生产线停产和一条带钢生产线正常检修外，其余生产线到目前生产正常，供销渠道正常，同时从政府及安监部门了解到，政府强调了安全生产的重要性，要求企业保证生产，下一步主要是刘死亡人员数量的瞒报进行处理。

案例三：产品市场形势发生逆转，银行无法处置抵押物

借款人××公司是一家民营钢材销售企业，主要经营某钢铁公司生产的取向硅钢，已有 8 年之久。取向硅钢作为技术含量较高的特种钢材，主要用于变压器的铁心，主要用户为国内大型变压器生产厂家。银行为其提供融资，用于购买取向硅钢，以取向硅钢非标准仓单质押。

2008 年以前，有取向硅钢生产能力的国家对我国采取出口限制政策，国内产量极少，只有少数钢厂能够生产，导致产品供不应求。借款人利用取向硅钢的供求不平衡和区域不平衡寻找商机，成为该特种钢材的销售企业。

2008年10月以后受金融危机影响，国际市场上日本、韩国纷纷解除出口限制，打破了取向硅钢市场竞争加剧，并造成取向硅钢价格大幅下降。另外，国内市场由于电力投资下降，一些中小变压器厂倒闭，需求量也大幅下降，导致该公司订货量明显萎缩，销售受阻。同时，该公司由于经营策略出现重大失误，在价格高企的时期，大量囤积货物，导致国际、国内市场行情突变后，资金周转出现困难，银行授信相继逾期。银行查封质押物取向硅钢，多次要求处置质押物，但由于银行在质押办理手续过程中，不了解取向硅钢作为特种钢材，销售过程需向卖方提供合格证及发票的行业规则，未能取得合格证及发票，导致在要求处置抵押物时，因借款人不配合而无法交易。同时在授信申请过程中，较为乐观地判断国内市场的钢材价格走势分析，认为降幅超过30%的可能性极低，因而质押率设定为70%。

案例四：质押产品特殊，银行缺乏专业知识

借款人××公司为海外某公司在内地控股的子公司，主要业务是从中东地区包括沙特、卡塔尔、阿联酋等国家进行采购丙烷、丁烷，然后根据客户的需求，按一定的配比进行混合，转售给福建、汕头等地的二级库和终端用户。借款人作为专营液化石油气企业，具有一定的区域垄断性，有较稳定的市场；但因经营品种单一，产品价格受石油影响波动较大，经营业绩一直不理想。其资产主要集中在固定资产LPG低温储存罐上，固定资产主要包括两个低温储气罐、配套的压缩机、运输管线等设备，且均抵押给银行，流动性较差；流动资产中存货与货币资金占比超过98%，货币资金7000余万元中60%系开证的保证金。流动资金周转完全依赖银行授信；另外，借款人在自有资金相对不足的情况下仍然对外股权投资2450万元，使得借款期限与资产流动性进一步不相匹配，短贷长用情况严重。

银行为其提供融资时，选择了丁烷未来货权质押和LPG低温冷冻贮罐抵押的担保方式。丁烷贮罐虽然评估价值很大，但由于是专用设备，处置难度大，不易变现，因此，丁烷货押才是本次授信真正的风险缓释措施。实际销售过程中丁烷必须和丙烷按照一定比例混合后才能形成液化气进行销售，该押品作为商品属性存在"不完整性"，这为后来授信管理埋下了重大风险隐患。同时，丁烷作为极易挥发的低温冷冻液态物质，必须密闭储存在专业冷冻罐中，无法直观观察库存变化，需要监管方具有较高的专业性。

×日，因借款人抵押给他行的储存丙烷的液化气罐阀门发生泄漏，需要储罐出清后才能明确故障问题所在。借款人为减少损失急于出清存货，在未经银行同意的情况下自行压价放货出售，销售回笼款绝大部分已归还了其他银行的到期进口押汇贷款，致使该银行授信风险加大。事后发现，业务管理存在多方疏漏：一是监管方未按协议要求进行24小时货物监管，仅每天派人到厂区巡视抄表一次，导致抵押货物被借款人非法提空。二是检查频次未能达到要求，检查流于形式，且未严格监控货款回笼。三是银行对于特殊押品缺乏专业知识。在借款人说明丙烷储罐出现故障，需清罐维修时，银行有关人员因缺乏专业知识，未能敏锐发现该行为会直接影响银行质押物安全，致使银行质押悬空。而在对质押商品丁烷的监管盘库过程中，因对货物的储存、保管、计量等缺乏必要的知识，每次核库只是简单核对冷冻库的仪表盘，未能及时发现借款人人为私自调整仪表盘刻度，造成货品被借款人盗卖。以至于在借款人提出丙烷清罐后，银行的检查报告仍显示抵押物"正常"。

案例五：关联企业参与期货投机失败，实际控制人失踪

借款人××公司为一民营不锈钢冷轧板生产企业。考虑到该公司生产经营的原材料不锈钢卷具有较好的变现能力，银行为其办理货押业务，担保方式为不锈钢现货质押，由第三方××仓储公司进行监管。

××公司实际控制人除经营不锈钢加工销售外，还实际操作和

控制 20 余家关联企业，涉及塑料贸易、金属（铜）贸易、房地产、电子生产几大产业，这些企业在股权结构和法定代表人上难看出有关联关系，业务往来不明显，关联担保较多。

2008 年 10 月初，国际、国内铜期货连续下跌，因该公司法定代表人实际控制关联公司涉及铜期货投机，出现巨额损失，导致资金链断裂。法定代表人与实际控制人先后出逃境外。银行在企业控制人失踪、补款不及时的情况下，及时采取法律保全措施。由于不锈钢卷作为一般通用钢材，具有较好的变现能力，最终风险基本可控。

二、启示

货押业务的主要风险点之一在于对于质押物的有效控制和质押本身的效力问题，因此银行在开展货押业务过程中需慎重选择合适的质押货物及监管方、完善质押物手续，授信后管理过程中应强化价格盯市、核/查库、借款人财务异动分析等过程管理，同时，需要综合考量客户的行业经验、市场销售渠道，民营企业还应重点考察经营者的道德品质、紧密关联企业的经营状况等其他非财务因素，以有效控制风险。

1. 加强对于货押业务项下行业的了解，选择合适的质押物，并取得必要的相关法律要件。

案例三货押业务的质押物是特种钢材——取向硅钢，行业内的通则是：对于此种特殊钢材购货方要求卖方必须出具发票和产品合格证。因不了解该项行业规则，导致分行在办理抵质押物手续过程中，因未事先作为法律要件要求借款人提供发票和产品合格证，导致出现风险状况后，不能及时处置抵质押物。

案例四货押业务的抵押物是储存在冷冻库的丁烷，其必须和丙烷按比例混合后方可销售，银行在选择的押品独立性"不完整"，经办人员不具备专业知识，当借款人提出丙烷储罐发生故障需降价销售清库时，没有敏锐发现银行质押品存在一并销售的风险。

同时案例四中货品监管盘库主要依靠冷冻库上的仪表盘，需具有较强的专业性。但是分行人员对该行业的了解不够深入，对于货物的储存、保管、计量等缺乏必要的知识，借款人私自调整仪表盘刻度，滞延了银行发现时间。因此，虽然按照制度要求进行了查库，但是对于存在的问题未能及时发现。

因此，银行在开展货押业务前必须对行业进行深入调研和研究，并结合行业特点，建立起一套科学、合理的库存核查方法，提高自身核库、查库水平；同时对于特殊商品，要深入了解行业规则，要求借款人提供必要、有效的证明货品来源及品质的相关法律要件，以完善抵质押物手续，避免因法律瑕疵造成后期处置不力。

2. 选择诚信尽责的仓储监管方是货押业务的关键。

案例四中监管方对质押货物监管不力导致质押货物被借款人非法提空是产生风险的关键因素。因此，在货押业务中，应选择诚信尽责、实力强、监管经验丰富、内部管理规范、信誉好的仓储监管方。

3. 重视借款人财务分析，对异动指标深入分析变化原因并持续跟踪。

4. 综合考量客户的诚信水平以及借款人自身经营状况之外的其他紧密相关的关联企业风险，以有效控制风险。

案例五中借款人自身经营情况基本正常，但因实际控制人还控制20家关联企业，且因关联企业参与铜期货巨亏导致资金链断裂，致使借款人因给关联企业做担保被其他银行起诉，间接引发银行授信风险。因此在授信调查、审批及贷后检查各环节中，应充分考虑经营者的道德风险及关联企业风险，以全面考评授信风险水平。

四、授信后管理

银行在办理货押融资业务后，要加强授信后管理，及时发现预警信号并采取相应措施。

货押融资的预警信号主要有：质押物市场价格出现大幅异常波动；

监管方出现不良监管记录，有迹象显示存在重大道德风险；上游供货厂商对多个经销商在未来货权模式下，经银行催促后仍不履行与银行签订三方协议项下的责任；企业在银行提出补款、补货要求后不能在规定时间内补足保证金或补充质押物；企业不按要求购买保险；质押物质量恶化，影响其正常使用、销售；由于自然灾害或安全事故，对质押物造成危害，严重影响银行质押物价值；企业出质价格虚假、质押物严重不足值；排除未达账因素，质押物库存品种数量与登记台账严重不符；质押物被司法查封或第三方主张债权；监管方不能划分特定区域供质押物独立堆放或未按要求悬挂质押标识；监管方不配合银行对质押物进行对账或经提示整顿仍不按要求发送质押物清单；监管方未执行对监管员的检查监督；监管场地所有权或使用权的变更未及时通知监管方或银行；监管场地条件恶化，不符合质押物保管要求，不符合保险条款要求；监管方未按银行指令释放货物；企业提供虚假货权资料，或质押物非出质人所有，或存在重复质押现象；企业拖欠监管费；未来货权模式下到货后，企业未及时办理出质手续；企业存货周转情况与经营习惯不符，进出库异常；企业强行出货或第三方哄抢银行质押物；未来货权模式下，排除运输、季节性因素或政策性因素，上游厂商未按协议约定发货；企业存货长期不周转，存在滞销或不合理囤货等。

发现上述预警信号后，银行应及时采取如下措施：提高实地查库频率；增加保证金；增加质押物；调整质押物品种；要求监管方按银行要求进行整改，或变更监管方；要求未来货权项下供货商按协议要求履行相关责任，或减少其供货额度，或停止合作等。

第三节　应收账款质押融资

一、应收账款质押融资的概念与特点

应收账款质押融资是指卖方（融资申请人和应收账款债权人）在

采用赊销方式向买方（应收账款债务人和付款人）销售货物时将应收账款相关权利质押给银行，由银行向卖方提供授信，并把应收账款作为第一还款来源的一种短期融资服务。

（一）基本特点

（1）所提供的资金供企业短期流动资金周转使用，或者用于扩大业务，或者用于弥补应收与应付之间的资金缺口，不能用于股市、期货投资及股本权益性投资，也不得用于长期项目投资。

（2）质押率一般为应收账款金额的 50% ~90%，贷款期限最长不超过 12 个月，且每年进行重审。

（3）银行一般提供专门的技术对资金的用途进行监控，常见的方式就是让借款人授权，由银行将资金按商业用途直接打入收款人账户。

（4）还款时也可要求借款人的客户直接支付给银行。银行根据借款人的信用程度会不同程度地参与应收账款的回收，力度最强的方式是在本银行开设回款账户。

（5）应收账款只是作为质押品，借款人应在银行开设具有担保性质的应收账款质押专户，用于质押的每笔应收账款的回收都应通过该专户结转，银行可通过该质押专户有效监督借款人应收账款的回收情况。

（6）融资金额可能随着应收账款的基数变动而波动。

（7）借款人负责回收应收账款，并负责用回收的应收账款偿还银行贷款。

（8）一般不通知借款人的债务人，以免破坏两者之间的关系。

（9）对借款人设定一些约束条款。

（10）在必要的情况下，要求额外的担保，比如要求借款人额外提供土地、厂房等不动产担保，在本银行保留适当的存款余额等。

（11）定期对借款企业进行现场检查。

（12）应收账款的债务人不能及时付款时，银行可对借款人进行追索。

（二）业务当事人

（1）银行，即开展应收账款质押融资业务的贷款发放人。

（2）借款人，即拥有应收账款并提供为担保品，向银行申请应收账款质押融资的企业。从供应链角度讲，借款人应主要是与产业链中核心企业有业务关系的供应商，亦即应收账款的债权人。

（3）应收账款，即基于借款人所提供的商品或服务而欠借款人的金钱债务。

（4）应收账款债务人，即购买借款人商品或劳务，欠借款人债务的个人或企业。从供应链角度来讲，债务人主要指的是核心企业的供应商。

（5）发票，这里的发票不是我们常说的税务证明，而是指借款人发给应收账款债务人、列明应收账款有关内容的文件。

（三）业务种类

应收账款质押融资可按形式和是否为现实应收账款等标准进行分类。

1. 应收账款质押单笔融资与应收账款质押循环融资

应收账款质押单笔融资，又称特定融资，是指银行根据企业产生的单笔应收账款确定授信额度，提供融资，主要适用于发生频率较少、单笔金额较大情况。

应收账款质押循环融资是指根据企业一段时间内连续稳定的应收账款余额，核定应收账款质押最高授信额度，根据每笔应收账款单独提供融资，在贷款期间，借款人可以不断提取、偿还贷款。循环融资主要采用批量担保的方式，适用于应收账款发生频密、回收期短、周转快，特别是连续发生的小额应收账款，应收账款保持一个较为稳定存量余额的情况。

2. 已有应收账款质押融资与未来应收账款质押融资

已有应收账款质押融资是指将已经形成的应收账款设定为放款的基础。大部分应收账款质押融资都是针对已有应收账款而发放的。

未来应收账款质押融资是把未来将要产生的应收账款设定为放款的基础。将未来产生的应收账款纳入质押担保范围，使银行的放贷金额大幅增长，关键是要落实未来的应收账款一定能够产生，否则就使银行贷款失去了基础。因此，银行只能给那些已经与债务人签订了长期的、明确的购销货协议的借款人提供未来应收账款质押融资业务。

在业务实践中，针对借款人信用程度高低及是否与债务人签订有稳定的、长期的购销货协议，银行决定只提供既有应收账款质押融资服务，还是将未来应收账款一并纳入放款基础之内。

3. 一般应收账款质押融资与特定应收账款质押融资

一般应收账款质押融资是指对用来质押融资的应收账款不进行具体认定，也就是说，凡是企业目前已经存在的合格应收账款都可用于抵押，当旧的应收账款结清时，新发生的应收账款可以继续用作抵押。

特定应收账款质押融资是指定某一项或几项特定的应收账款作为质押品而提供的融资。随着这些应收账款的回收，抵押关系即消除。如果企业需要继续抵押贷款，则须重新办理抵押贷款手续。

（四）融资对象

应收账款质押融资对象主要是那些信用记录相对较差或高速成长而资本不足或遇到财务困难的规模较小企业。换句话说，应收账款质押融资的对象主要是传统贷款所不认可的"劣质企业"。高速成长而资本不足的企业一般财务杠杆比率高、财务比率差，缺乏稳定的营运利润，处于财务困境的企业其财务账款更是不容乐观，因而这些企业无法获得基于企业信用分析而提供的正常贷款，但是这些企业大都具有一定数量的高质量应收账款，可将其作为担保物向银行进行融资。进行应收账款质押融资申请的客户一般都无法获得传统意义下的银行贷款。因此，银行在分析是否向某个企业提供融资时，应先对企业进行整体分析，看其是否符合传统信贷标准，如不符合，接着再进行分析看是否符合应收账款质押融资标准。

（五）与普通担保贷款的区别

应收账款质押融资不同于普通的担保贷款。在一般的担保贷款中，客户的正常生产经营所产生的现金流被作为主要还款来源，而担保物只是次要的还款来源，这种贷款仍然是基于企业的信用分析而进行的，主要分析企业的财务报表，计算流动性比率、杠杆和偿债比率、经营效率比率和盈利性比率等各种关键比率，从整体上考虑企业有无能力偿还贷款、企业生产经营能否产生足够的现金流等财务问题。对于应收账款质押融资,主要是基于客户所提供的应收账款的价值,担保物即应收账款才是企业主要的还款来源。当然,对应收账款质押融资,仍需考察借款人的财务状况,只是对借款人财务状况的考察要次于对于担保物价值的考察。两者的关键区别在于应收账款质押融资的第一还款来源是应收账款,银行需每日对借款人的应收账款进行监控,并根据应收账款金额的变化进行放款额调整,而普通担保贷款的第一还款来源是借款人的综合经营收入,不需要对担保品进行密切监控,且担保品只是第二还款来源。

对应收账款质押融资业务来讲,评估应收账款的价值至关重要。这不仅是因为银行应收账款价值大小是银行进行贷款同意与否及同意多少等决策的主要依据,而且是因为应收账款变现资金是银行应收贷款质押融资的最终还款来源。因为一旦借款人破产清算,变卖应收账款所得现金将首先用于偿还该质押贷款。如果应收账款变现所获得的现金大于应收贷款质押融资金额,则银行的贷款就处于安全状态。与之相反,如果变现价值低于融资金额,则银行贷款就无法得到足额偿还。担保物价值的重要性要求提供融资的银行必须重视有价值应收账款的甄别及后续的密切监控等工作,并尽可能获得有关应收账款的有价值的信息。

专栏 2-16

应收账款内涵界定

一、应收账款的含义及特征

应收账款的发生是企业在日益激烈的市场竞争环境下,为扩大业务量而把产品赊销给客户,为客户垫付短期资金而采取的一种商业促销策略。这种策略产生的经济成果通常用会计学意义上的概念进行描述。有些会计教材将应收账款定义为"企业在正常生产经营过程中因销售产品、商品或提供劳务而形成的债权"。具体来说就是企业因销售商品、产品或提供劳务等原因，应向购货客户或接受劳务的客户收取的款项或代垫的运杂费等，包括现有应收账款和未来应收账款，是在票据、存单债权之外债权人有权向债务人主张和收取的一定数额的金钱债权。进言之，应收账款因贸易活动而产生，实质上是一种付款请求权，这种付款请求权因买卖、租赁、服务等合同而产生。

美国《布莱克法律词典》对应收账款的定义是："在正常商业交易中产生的对某个企业所负的债务，此等债务不应建立在流通票据上。"《美国统一商法典》把应收账款界定为："对任何售出或租出的货物或对提供的服务收取付款的权利，只要此种权利未由票据或动产契据作为证明，而不论其是否已通过履行义务而获得。"以上述概念为蓝本设计的各个国际示范法中也多借用这个概念，如《美洲国家组织动产担保交易示范法》把应收账款定义为：担保债务人所享有的向第三人主张或向第三人收取现在或未来到期的金钱付款的权利（可能基于合同，也可能来自合同之外）。上述概念都强调应收账款应产生于普通商业交易，而不同于那些基于如汇票、本票或支票等流通票据的主张款项支付的权利。

随着我国《物权法》的颁布和中国人民银行《应收账款质押登记办法》的出台，关于应收账款的内涵日渐清晰。《应收账款质押登记办法》对应收账款进行了如下定义：应收账款是指权利人因提供一定的货物、服务或设施而获得的要求义务人付款的权利，包括现有的和未来的金钱债权及其产生的收益，但不包括因票据或其他有价证券而产生的付款请求权。具体包括下列权利：销售产生的债权，包括销售货物，供应水、电、气、暖，知识产权的许可使用等；出租产生的债权，包括出租动产或不动产；提供服务产生的债权；公路、桥梁、隧道、渡口等不动产收费权；提供贷款或其他信用产生的债权。

需要说明的是，公路、桥梁、电信以及高等学校公寓的收费权，出租动产或不动产的收益，以及租赁公司因出租设备、不动产而获取的租金收益，虽然在主体和用途上存在一些特殊性，但在本质上仍是一种未来应收账款（未来债权），因此一般也把其纳入应收账款范围。随着经济的发展，应收账款规模越来越大，已经成为主要的动产。对于票据、存款单等形式体现的债权，在设立、公示和实行方面与一般的应收账款有着诸多不同，因此不纳入应收账款之中。

与其他权利相比，应收账款有一些不同的地方：

1. 应收账款仅限于金钱债权而不包括非金钱债权。这一点对银行开展融资业务非常重要，因为一旦债务人（即借款人）不履行债务，银行就可直接请求借款人的债务人向自己给付相应款项，而不必像其他权利（如不动产）在实现时需要进行评估、拍卖等复杂程序。

2. 应收账款既可以是已经存在的债权，也可以是有稳定预期的未来债权。既已存在的债权无论到期与否，将来的债权无论成立的条件是否完备，均无妨作为融资标的。用未来债权作为融资标的，虽然价值往往更大，但也面临风险评估与控制等一些特殊问题。

3. 应收账款作为一种要求权，其价值取决于状态依存的收益流。如果一笔应收账款根本不可能收回，那么这笔应收账款根本就没有任何价值。在可预期的时间内，一笔应收账款带回的现金流越多，则这笔应收账款就越有价值。

二、应收账款的确认与计价

应收账款通常在将商品、产品的所有权或控制权转移时或提供劳务时予以确认。也就是说，在产品或商品已经交付，提供的劳务已经完成，对方的需要已经得到满足，合同规定必须履行的责任已经履行，销售手续已经完备时予以确认。如果不符合上述条件，则不应确认为应收账款。

应收账款账户的借方，登记企业因销售产品、商品和供应劳务等而可向购方收取的款项。企业代购货企业垫付的包装费、运杂费也一并记在借方。收到货款和代垫的费用时记入该账户的贷方。该账户的余额一般在借方，表示企业尚未收到的赊销账款。如果发生贷方余额，则反映企业溢收的货款。

应收账款通常按其账面价值计价，计价时还需要考虑商业折扣、现金折扣、销货退回和折让、代垫销货运费等因素。其中，商业折扣是企业因适应市场供求情况，或针对不同的客户而按照定价计算给予的折扣。凡以扣减一定折扣后的价格成交的，入账金额应按照实际成交价格。现金折扣一般是指为了尽早回笼资金而鼓励购货企业早日偿还赊欠货款，允诺在一定的还款期限内给予的折扣优惠。如在 10 天内偿还赊欠货款的给予发票价格扣减 4% 的优惠，20 天内的给予 3% 的优惠。销货退回是销货的全部或部分取消，是基本业务收入的减少。在有些情况下，购销双方通过协商后在赊欠的销货金额上给予一定数额的扣减，这称为销货折让。销货折让是应收账款的部分减少。不论销货退回或折让，都会使企业减少未收回的应收账款。在会计处理上，可合并设置一个"销货退回和折让账户"进行记录。销货运费是指由购货企业在货物到达时垫付运费，然后从货款内扣还。如果应收销售账款的收回是跨会计期的，那么这笔由对方垫付运费的业务须在本会计期末恰当估计一笔销货运费先行入账，待收到货款时再予以调整。

企业的应收账款到期无法收回，则会变成坏账。对于坏账，在会计处理上有两种方法：直接转销法和备抵法。直接转销法是指企业在发生坏账时确认坏账损失，在注销某一客户应收账款的同时，把坏账损失列作发生期的管理费用。该种方法虽在处理上较为便捷，但忽视了坏账损失与赊销业务的联系，在前期不反映坏账损失，显然不符合收入与费用配比原则，也夸大了前期资产负债表上应收账款的可实现价值，故一般不予采用。备抵法是指在发生赊销业务的当期就估计坏账损失，一方面把这部分估计的坏账损失记作费用，另一方面设置"备抵坏账"或"坏账准备"账户，冲减应收账款金额，使资产负债表上应收账款反映扣减估计坏账后的净值。坏账损失的估计方法包括：①销货百分比法，即以赊销金额的一定百分比作为估计坏账损失的金额。如果根据销售金额估计坏账，则应注意销售总额中现金销售和赊销各自所占的比重，现金销售部分不会发生坏账，所以在估计坏账时要剔除，以防止估计出现过度偏差。②应收账款账龄分析法，即根据客户欠款时间的长短来估计确定坏账金额，一般认为账龄越长，收回账款的可能性越小，越需要较大的坏账备抵比率。③应收账款余额百分比法，即根据会计期末应收账款的余额乘以估计坏账率来确定坏账损失金额。估计坏账率可以按以往的数据资料，也可根据规定的百分率计算。

三、应收账款在企业获取银行融资中的作用

应收账款是标志营业收入的新获资产，实际上是销货企业向购货企业提供的无息短期信贷。应收账款作为企业重要的流动资产，由于占用大量的现金，使企业的资金周转速度大大降低，增重了企业的负担。被购货企业无偿短期占用的资金如不能及时回笼，就会使企业的生产经营活动受到一定的影响，甚至导致企业出现财务困难。所以应收账款的管理是一件不容忽视的工作。有效地管理应收账款可以增加净利润，而忽视应收账款管理则可能造成无法预见的损失。应收账款管理的目标有两个：一是加快应收账款回收速度，尽可能降低应收账款余额；二是在应收账款不得不保持一定规模的前提下，利用应收账款加大对外融资量。目前，企业为了筹措必要的营运资金，利用应收账款筹资已成为一种现实选择。银行依托应收账款向借款人提供融资，实质上是加速了借款人应收账款的变现，弥补了资金上的临时性资金短缺，并且也能提升企业的债务资产比例。在应收账款转让情况下，企业还可有效避免财务风险、减少由于发生坏账所带来的损失。应收账款融资所具有的上述优势，使得该种融资方式获得广大企业的喜爱。应收账款所具有的易变现、高流动性特点，使得银行也乐于接受其作为向借款人提供融资的标的，

并且银行从提供融资过程中，亦可获得利息收入及各种费用收入。

应收账款作为一种商业信用主要因扩大销售的市场竞争需要而产生，但并不是所有的应收账款都适合用作融资的标的物。一般而言，用作融资标的物的应收账款应具有如下特征：

1. 应收账款的有关要素包括金额、期限、支付方式、债务人的名称和地址、产生应收账款的基础合同、基础合同的履行程度等，必须明确、具体和固定化。由于应收账款作为普通债权没有物化的书面记载来固化作为权利凭证，因此需要在融资协议中对应收账款作尽可能详尽的描述，否则银行在面临诉讼时就会面临不利形势。

2. 应收账款必须能够依照法律和当事人的约定用作融资标的。

如果当事人在产生应收账款的基础贸易或者服务合同中明确约定，基于该基础合同所产生的一切权利不能用作融资标的，那么该应收账款就不能用来进行融资。

3. 应收账款必须尚未超过诉讼时效。

因为一旦超过诉讼时效，便意味着债权人的债权已经从法律权利转变为一种自然权利。从保障银行债权的角度出发，银行应选择未超过诉讼时效的应收账款作为融资标的。

二、对商业银行的价值：从信息不对称角度所做的分析

商业银行为什么愿意做应收账款质押贷款呢？有担保物当然比纯粹的信用贷款要多一层保障，但这不是问题的实质。实质在于业务收益与风险的对比，商业银行从事应收贷款质押融资，关键在于该业务能在获取收益的同时承担着较少的风险。这可用现代金融理论的一些观点进行解释。

信息不对称或信息不透明理论是用来解释局内人与局外人对企业信息所了解不对称的理论。简单地说，企业所有者、管理人员、普通

员工等局内人通常对企业真实状况的了解比贷款人、外部投资者等局外人要多得多，且局内人天生就有一种向局外人隐瞒企业真实状况的倾向，甚至故意欺诈。信息的不对称，导致局外人与局内人对企业真实状况的判断出现不一致，且局外人了解企业真实状况的时间要滞后于局内人。信息不对称状况越严重，时滞就会越长，局外人了解真实情况的时间就会越滞后。

信息不对称对银行贷款决策的影响是重大的。在做贷款决策前，银行首先要将优质借款人从众多的借款申请者那里筛选出来，但这并不十分容易，如果非常容易，银行也就不会经常出现如此之多的不良贷款了。当然，银行可以借助财务报表分析、借款人访谈、信用记录查询等手段尽可能多地掌握信息，但借款人会尽可能地隐瞒对自己不利的信息，声称自己为优质企业，在各方面都符合银行贷款的标准。在贷款决策后，借款人会存在将贷款用于收益更高的项目而非原来申请贷款时所承诺的项目上的动机。借款人之所以有挪用贷款的企图，原因在于被挪用的项目可带来更高的收益，但这也意味着更大的风险。在出现风险或亏损时，企业选择更大的风险项目以试图赢回已经输掉的部分，最终可能翻本，也可能输得一无所有。常见的借口就是"如果再给我多少资金，我肯定能赢回来"，这就是典型的赌徒心态。安然公司为挽救财务困境，开始做衍生品交易希望以小博大，最后破产。借款人希望通过牺牲贷款人的利益来获得高风险带来的超额回报，这对银行和企业的意义是大不一样的。对银行来讲，可能会承担全部损失，一分钱贷款也可能收不回来，且当银行发现借款人已经危机四伏时，借款人一般都不可救药了；对借款人来讲，由于其是有限责任公司，充其量只会损失全部股本。

为解决银行进行贷款决策所面临的上述难题，银行发展了很多技术手段来转嫁风险，如让借款企业的法人提供个人财产担保以使借款企业从有限责任变为无限责任，让借款人对贷款人做出做某些事情（如承诺只进行有限多元化、财务比率不低于某个可测量的水平）或不做某些事情（如不出售企业的经营性资产）的承诺。但遗憾的是，个人财产与借款金额相比要少得多，对有些承诺条款内涵的界定比较困难，银行在了解借款人是否有违承诺的方面也存在滞后现象，这些都影响了技术手段的效力。

应收账款质押融资的价值就在于它能动态地密切监控和了解借款人应收账款的质量变化过程，在贷款决策前能通过详细分析应收账款的价值发现可以提供融资支持的对象；贷款决策作出后，在借款人亏损情况（应收账款恶化）影响到融资安全之前就能通过干预机制，制止借款人的状况恶化或保护自己的融资安全。由于贷款人的强力监控，使银行作为贷款人在保护其贷款资金时拥有的灵活性就会增强，即当借款人出现应收账款数量增加、减少或质量变好、恶化时，贷款人就可及时采取措施。贷款人这种及时的信息发现，来源于其与借款人在业务开展过程中的密切往来。银行作为贷款人，其客户经理应该每天与借款人保持联络。

三、银行开展应收账款质押融资业务的现实意义与基本要求

我国银行历来坚持担保贷款为主、信用贷款为例外的信贷原则，有担保的贷款占到银行贷款的绝大部分。但是，这些担保贷款的标的物要么是保证贷款，要么是不动产贷款，但并非所有企业都拥有适合银行要求的不动产。随着我国经济主体的日益多元化，中、小企业大量涌现，这些中、小企业的厂房和办公地点甚至是租赁而来，无法用作担保，寻找第三方进行保证也并不容易。然而这些企业具有对生产经营资金的巨大需求，并且生产经营也不错，还款能力与信用也具备，只是按照银行传统的信贷标准无法获得充足的评价。这是一块非常庞大的市场，对银行而言蕴涵着巨大的业务机会。

从银行视角考察，由于国有土地使用权抵押严格受限，集体土地使用权和宅基地使用权的抵押市场尚未放开，使得长期依赖不动产抵押的银行正面临不动产抵押资源日益枯竭的危机。而房地产本身价格具有波动性强的特点，在房地产泡沫严重时更会放大银行风险。可以说，把应收账款作为贷款基础，扩大了抵质押物的范围，使银行获得

了新的放款通道。更为有利的是，市场中应收账款金额巨大，登记公示方便，且应收账款容易变现，便于银行进行控制，可交易性高，与企业自身价值与经营账款相关性较低，这些都使得银行越来越看重应收账款质押融资所提供的业务机会。在国外，应收账款质押融资甚至已发展成一个行业，有着专门从事该项业务的公司，而在我国，还远远没有形成规模，银行这项业务也才刚刚起步。

银行开展应收账款质押融资业务，需要做好三点：一是建立一个适合业务开展的信贷框架，来明确融资对象的大致范围，即哪些行业、哪类客户是银行应收账款融资业务的服务对象；二是明确信贷标准，即什么样的客户可以发生业务往来、什么样的客户不能发生业务关系，并确定放款金额与合格应收账款的大致比率（开始做业务时一般采取较低的放款率）；三是建立一个合规风险管理体系，能动态地对业务进行风险等级评定。

四、基本流程与操作技术

应收账款质押融资的业务办理流程与普通商业贷款的业务流程并无实质不同，区别在于不同环节上银行的关注重点不同，以及与此相应采取的操作技术也不同。

银行贷款一般都需经过搜寻并营销借款人、对借款人的贷款请求进行分析、借款人与贷款人对贷款方案的详细条款进行协商以确保满足双方要求、进行贷款审批并在满足贷款条件的情况下进行贷款发放，如图 2-5 所示。

在上述贷款发放流程中，对应收账款质押融资业务来讲，应收账款的分析与价值确定以及后续监控非常重要。

（一）选择合适的借款人

银行开展应收账款质押融资业务，关键是科学评估应收账款的真实价值并进行紧密的监控，但这并不意味着借款人本身不重要。事实上，银行总是先选择好借款人，再对借款人的应收账款进行评估。对那些业绩、财务表现和财务状况等方面表现都比较强健的借款人，银行可按传统的信贷标准提供融资，而对那些存在资金缺口区域的企业来讲，才适合提供应收账款质押融资。

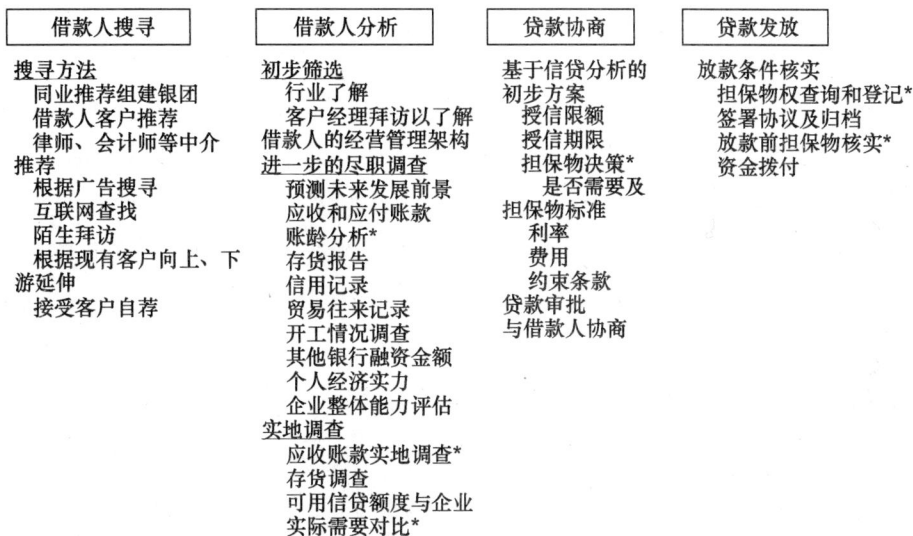

借款人搜寻	借款人分析	贷款协商	贷款发放
搜寻方法 　同业推荐组建银团 　借款人客户推荐 　律师、会计师等中介推荐 　根据广告搜寻 　互联网查找 　陌生拜访 　根据现有客户向上、下游延伸 　接受客户自荐	初步筛选 　行业了解 　客户经理拜访以了解借款人的经营管理架构 进一步的尽职调查 　预测未来发展前景 　应收和应付账款 　账龄分析* 　存货报告 　信用记录 　贸易往来记录 　开工情况调查 　其他银行融资金额 　个人经济实力 　企业整体能力评估 实地调查 　应收账款实地调查* 　存货调查 　可用信贷额度与企业实际需要对比*	基于信贷分析的初步方案 　授信限额 　授信期限 　担保物决策* 　是否需要及担保物标准 　利率 　费用 　约束条款 贷款审批 与借款人协商	放款条件核实 　担保物权查询和登记* 　签署协议及归档 　放款前担保物核实* 　资金拨付

注：带*符号的为应收账款质押融资中心特别关注的项目。

图 2 - 5　银行贷款决策流程图

具体来说，应收账款质押融资的借款人应满足如下基本的准入条件：

（1）借款人应当是经工商行政管理机关核准登记的企业，一般应为生产型、流通型企业，具备独立法人资格。

（2）资信良好，在本银行无不良信用记录，在他行无不良信用余额。

（3）生产的产品具有较强的不可替代性。

（4）主业突出、鲜明，产品或服务具备竞争优势，有较稳定或上升的市场（或买方采购）份额，有良好的商业模式，行业前景较好，业务发展持续性强。

（5）已与买方建立稳固的业务合作关系，为买方长期稳定的供应商。

（6）承诺以本银行为主要结算行，提供质押的应收账款销售回款指定本银行为唯一收款行。

（7）所涉及的商业交易适合采用应收账款质押授信方式操作。

（8）买卖双方交易已达半年以上，已完成并收回货款的交易金额不低于申请额度。

（9）借款人必须自身经营活动现金流连续、稳定，有不断补充的现金流可以用来偿还银行贷款，应收账款作为偿还银行融资的备选资金。

借款人总是处在一定的行业之中。为使借款人的选择尽可能地科学合理，银行一般还应对借款人所在行业进行分析，包括行业竞争状况、风险状况、进入障碍、所处成长周期、行业特性（是顺经济周期还是反经济周期、受宏观经济状况影响程度等）等因素。在该行业中，借款人所处的竞争地位以及与竞争者相比所体现的比较竞争优势，是对行业进行整体评估后了解借款申请人的关键点。

（二）要求借款人提交并初步审核办理应收账款质押融资业务的相关资料

银行判断一个借款人是否适合应收账款质押融资，主要考虑的因素包括：应收账款的可回收性，应收账款的集中度，应收账款的质量，应收账款的平均金额大小、发票的数量、是否符合银行的信贷政策等。因此，在对借款人做出基本判断后，在收集借款人的应收账款质押融资业务资料时，除营业制造、机构代码等基本资料外，还应重点关注如下资料：

（1）证明企业实际销售额的增值税发票、普通发票；

（2）企业银行往来对账单情况；

（3）企业纳税的资料，包括完税证明等；

（4）企业法人代表及主要股东个人的个人授信记录；

（5）企业法人代表及主要股东的个人品行调查资料；

（6）以往交易有关的合同等资料；

（7）以往交易有关的发运单等资料；

（8）以往交易的商品检验证明等资料；

（9）以往交易的销售回款凭证等资料；

（10）应收账款和应付账款总额、账龄清单等总账及明细账；

（11）申请办理本次授信业务的应收账款对应的销售合同、发运单、验收证明等资料。

银行客户经理在初步审查完应收账款的支持性文件（如订单、货运单）是否齐备、应收账款的账龄是否合理、以往交易记录是否健全、借款申请人资信状况是否良好、借款人的银行账户是否发生过拒付等情况后，还应派人前往买方所在地现场核实买方资信状况、以往合同履行情况、买方对卖方的评价、今后的合作意向、应收账款真实性等。

对于应收账款质押循环授信，除审核上述资料外，还应主要审核买卖双方今后合作意向、合作稳固程度、历史情况及应收账款总量稳定情况，以确定循环授信最高总额度。

（三）根据对应收账款的分析确定可审慎发放的贷款金额或贷款率

在应收账款质押融资业务项下，银行不可能发放与借款人所提交财务报表中应收账款金额等值的贷款，更不可能超越应收账款金额来发放贷款。虽然银行通常会将应收账款总额都纳入担保物范围内，但是银行实际贷款金额都会低于应收账款金额。对银行来讲，当拿到借款人的应收账款清单时，首先要判断这一清单的整体合理性，然后再减掉不合格的应收账款。

专栏 2-17

评估应收账款质量的主要指标

1. 应收账款平均回收期。

应收账款平均回收期又称应收账款未收回期，指收回所有应收账款平均花费的时间。该指标有助于分析人员发现是销售额还是其他的因素（如销货期限）引起应收账款的变化。计算公式为：

$$应收账款平均回收期 = \frac{应收账款总额}{年销售净额/365}$$

2. 收款效率指数。

该指标评价的是应收账款的质量，而不是时间。该指标越接近100%，收款工作就越有效率。计算公式为：

$$收款效率指数 = \frac{期初应收账款 + （赊销额/天数或月数） - 期末应收账款总额}{期初应收账款 + （赊销额/天数或月数） - 期末应收账款当期发生额}$$

3. 最佳应收账款平均回收期。

该指标需与收款效率指数指标结合使用。两者越接近，就说明应收账款状况越理想。计算公式为：

$$最佳应收账款平均回收期 = \frac{应收账款当期发生额 × 分析期天数}{分析期赊销额}$$

合格的应收账款通常需符合以下条件：

（1）买方为善意购买人，且是信誉良好、具有充分付款能力的大型企业、公用事业单位及政府机关等。

（2）应收账款贸易背景真实，买卖双方有一定时期或数量的交易记录且合作良好，卖方履约能力已得到买方认可，买方基本能按时付款，不存在长期拖欠现象，以往合同不存在履约纠纷。

（3）应收账款价值与企业经营状况负相关，且其变现价值接近于市场价值。

（4）卖方已依约全面履行销售方义务，销售合同约定的付款条件、日期明确，已经在销售合同中约定，银行为指定收款银行，或卖方已经书面通知买方，变更银行为收款银行。

（5）该应收账款为卖方正常、完整、真实履行销售合同取得的债权。

（6）双方对应收账款不存在贸易纠纷、反索、抵消等争议。

（7）除非能证明双方交易的真实性，买卖双方原则上不得为同一集团内部企业及其他关联性企业。

（8）涉及社会公众利益的应收账款不能用于质押，如学校持有对学生的、医院持有对患者的未偿还债权等。

用合格应收账款金额乘以根据经验数据得到的放款率，最终得出可以发放贷款的额度。合格应收账款是确定可贷额度的最大值，但由于可能出现一些不可预见的因素使应收账款贬值，如销售出去的商品可能发生退货情况、应收账款金额中可能包含应该扣除的折扣部分、对应收账款清算时会发生收账的可预见费用和不可预见费用，这些情况的出现需要银行预留一部分风险缓冲费用，以使上述情况出现时作为担保物的应收账款金额仍能覆盖贷款金额。因此，放款率都不可能达到100%。确定具体的放款率时，除考虑应收账款本身质量的高低、银行对其的信心以及各种可能引起应收账款贬值的因素外，还应参考其他一些因素，如经济紧缩时，银行一般会降低放款率，经济发达地区借款人的放款率会高于欠发达地区借款人的放款率等。从经验数据来看，大多数银行会选择合格应收账款的80%作为放款率。操作目标是清算时的应收账款变现价值要大于贷款金额。

专栏 2 - 18

可用信贷额度的计算

可用信贷额度等于合格应收账款乘以放款率，其中合格应收账款等于应收账款总额减去不合格应收账款。其中，放款率是在扣除用以支付清算收账费用和其他无法预见的坏账的基础上根据各银行的风险偏好来确定的，为银行的综合风险缓冲项目。建立该项目的目的在于在剔除不合格应收账款之外再加一层保护。

不合格应收账款是指具有如下特征的应收账款：

（1）账龄超过90天的应收账款应划入不合格应收账款范围。

（2）有30%的应收账款超过90天的客户的全部应收账款，如针对某一供应商的应收账款中，有30%的应收账款的账龄超过90天，则针对该供应商的全部应收账款都划入不合格应收账款范围。

（3）如果借款人的某一客户也是借款人的供货商，则针对这一客户的应收账款全部视为不合格应收账款。因为当向该供应商收取应收账款时，该供应商可能会因为借款人欠其货款而行使抵消权。即使当前借款人的应收账款金额大于应付账款金额，也很有可能经过一两笔交易变为负值。

（4）可能引起销售额减少的应收账款，如有瑕疵商品的退货、出具发票后又向客户提供低于原发票价格的折扣以及其他产生销售扣减的折扣、减免、退货或发票错误。如借款人的退货金额一直保持在销售金额的6%，则新销售货物的6%将会划入不合格应收账款。

（5）借款人拥有的对境外供货商的应收账款应排除在借款基础之外。

（6）账龄虽没超过90天，当借款人的供货商被发现有不良信用记录或倾向或拖欠货款的习惯，则针对该供货商的应收账款应予以扣减。

（7）针对借款人关联企业的应收账款。关联企业一般指在股权或管理上有一定联系的企业，如同归某一部门管理或为同一个出资人。

（8）用作担保物的应收账款主要集中在某一供应商或某个行业时，应将其中一部分乃至全部划入不合格应收账款。划入的比重决定于应收账款的集中程度。

（9）虽已开出发票但尚未发出货物的应收账款应予以扣除。

（10）针对如下买方的应收账款不应列为合格的应收账款：付款缓慢、不按时支付货款、征信机构信用评级较低、借款人的债务人为污染企业以及银行自身数据库记录为信贷不良的买方。

（11）单笔应收账款不得超过借款人应收账款总额的30%，除非这个借款人的债务人具有良好的还款记录。如果超过40%，则针对这个债务人的应收账款需摒弃在合格应收账款之外或打折处理。

（12）使应收账款回收可能性降低的其他因素在确定合格应收账款时也应一并考虑。

借款人申请应收账款质押融资业务时，由于应收账款通常是由销售存货而形成的，为避免存货被其他银行用作抵押，银行一般同时把借款人的存货一并用来担保。适合做担保的存货一般不包括半成品，因此一般是将原材料价值与产成品价值合计数乘以一定的百分比得到的数据作为基于存货的可贷额度。

银行在开展应收账款质押融资业务时，可以基于应收账款的可贷额度作为放贷基础，也可使用基于应收账款和存货的合计可贷额度作为放款基础。

（四）按银行内部授信流程进行业务审查

应收账款作为资产负债表中比较靠前的会计科目，其流动性受到各家银行的青睐。基于应收账款的性质，授信前的调查和审查工作尤为重要，需要认真细致地做好授信调查审查工作。授信调查审查工作在全面掌握授信客户生产经营和财务状况的基础上，应重点核实如下内容：

（1）借款人有无一定的资产及经营实力，财务状况是否良好，现金流量是否与报表销售收入相符。

（2）应收账款的真实性和合格性，确保用于质押的应收账款真实有效，具体包括：应收账款的贸易背景是否真实，买卖双方以往的交易合作记录，买方的付款情况与规律，是否存在以往合同纠纷；提交质押的应收账款是否为正常的应收账款，合同付款期限是否合理，有无争议事项；基础交易合同约定的付款条件和付款日期是否明确，应收账款是否存在贸易纠纷，付款方是否具备充分的付款能力，应收账款是否禁止质押和转让；等等。业务经办人员应当实地对付款方进行核实，确认应收账款的真实性和合格性。

（3）买卖双方是否存在关联关系，买方对卖方有无其他需要或可以行使抵消权的债权。

（4）卖方在生产实施、技术上是否具备履约能力，其履约能力被买方认可的程度。

（5）卖方经营持续性分析，其保持销售份额的优势所在。

（6）对应收账款评估的流程和细节有无疏漏。

实际运作时，应收账款金额是不断变化的，因此有时并不确定信贷金额，而是设定为合格应收账款的一个比例，如60%。

（五）审批同意后，应进行相应的业务处理手续，主要是进行应收账款质押登记

为了使应收账款担保物权产生对抗第三方权利人的效力，亦即为了建立针对应收账款的优先权，银行一般会对借款人的应收账款进行担保登记。尽管银行可能只根据应收账款担保物的一部分确定贷款发放金额，登记范围仍为全部现在拥有的和未来产生的应收账款，即覆盖借款人用于贷款担保的所有应收账款。根据国际惯例，优先权顺序根据先登记先优先的原则加以确定，因此银行在确定发放应收账款质押融资贷款时，应先通过查询，确保无第三方在应收账款担保物上已设立担保物权。如果已经设立，则必须与预先设立并登记担保物权的担保物权人交涉，要求放弃和变更其优先顺位，或放弃提供此笔融资。

专栏 2-19

我国《应收账款质押登记办法》及《应收账款质押登记操作规则》的主要内容

一、明确办理应收账款质押登记的相关主体及登记方式

中国人民银行征信中心负责办理应收账款质押的登记，并为社会公众提供查询服务。应收账款质押融资的登记是在人民银行征信中心的应收账款质押登记公示系统进行的。该系统的核心理念是质权人张三在什么时间（登记时间）对出质人李四的什么东西（质押财产）有权利，登记的目的在于让公众及潜在的质权人知晓该项财产的权利已经设置了登记。出质人与质权人的权利与义务归根结底是来源于双方签订的契约，而非登记，登记的作用仅限于公示。该系统将用户分为两类：常用户和普通用户。常用户注册后需要到征信分中心组织的现场审核地点提交相关证明材料，审核通过且缴纳年费的，提供登记、查询等基本功能及辅助功能；普通用户无须现场审核，注册后即生效，按次缴纳费用，但只提供基本功能。用户采用互联网登记的方式，并且只登记填表人基本信息、出质人信息、质权人信息及质押财产信息，因而登记较为便利。借鉴国际做法，我国的这一系统允许对质押财产信息进行概括性描述。

二、质押登记内容

质押登记内容包括质权人和出质人的基本信息、应收账款的描述、登记期限。对应收账款的描述，既可是概括性描述，也可做具体描述。

1. 出质人或质权人为单位的，应填写单位的法定注册名称、注册地址、法定代表人或负责人姓名、组织机构代码或金融机构代码、工商注册码等。

2. 出质人或质权人为个人的，应填写有效身份证件号码以及身份证载明的其他信息。

3. 质权人可以与出质人约定将主债权金额等项目作为登记内容。

4. 质权人应将质押协议作为登记附件提交登记公示系统。

三、肯定重复质押的效力

允许在同一应收账款上设立多个质权，质权人按照登记的先后循序行使质权。

四、质押登记期限

1. 质权人自行确定登记期限，登记期限以年计算，最长不得超过5年。登记期限届满，质押登记失效。

2. 在登记期限届满前90天内，质权人可以申请展期。质权人可以多次展期，但每次展期权限不得超过5年。

五、变更登记

在登记实践中，我国把登记区分为初始登记、变更登记、展期登记、注销登记、异议登记等，质权人可根据业务需要进行不同类别的登记。其中，变更登记可分为：

1. 内容变更。

登记内容存在遗漏、错误等情形或登记内容发生变化的，质权人应当办理变更登记。

2. 主体变更。

质权人办理登记时所填写的出质人法定注册名称或有效身份证件号码变更的，质权人应当在变更之日起 4 个月内办理变更登记。未办理变更登记的，质押登记失效。

3. 增加新标的。

质权人在原质押登记中增加新的应收账款出质的，新增加的部分视为新的质押登记，登记时间为质权人填写新的应收账款并提交登记公示系统的时间。

专栏 2-20

应收账款质押的效力

应收账款质押一旦成立，可产生如下效力：

1. 质权人在向主债务人请求履行义务未获清偿的情况下，有权就设定质押的应收账款进行处分，并就处分收益优先于应收账款债权人和其他任意第三人受偿。

2. 质权存续期间，一旦质权人发现出质人有恶意放弃、减免、向第三方转让出质债权的情况，有权要求当事人立即停止上述不当行为。在质权人制止出质人、出质债权的债务人损害质权行为无效，或者单纯通过自身要求无法实现质权的情况下，可以向法院提起诉讼，主张对当事人损害自身债权的不当行为予以撤销，或者就质权人行使质权有关事项作出裁判。

3. 在应收账款付款期限先于主债务清偿期限的情况下，质权人可以和出质人协商将应收账款款项用于提前清偿主债务，或者向双方同意的第三方提存。此外，当事人也可在质押合同中预先约定，到时将上述已收应收账款存入出质人在质权人处开立的特定保证金账户，或者将该款项直接转化为出质人在质权人处开立的存单，并继续作为主债权的担保。

4. 在出质应收账款债权本身同时附带有一定的抵押、质押或者保证作为担保的情况下，当入质债权清偿期限届满后，如果债务人不履行其债务，质权人可以直接起诉出质应收账款债务人及对应的保证人，或者基于设质的应收账款债权而主张对该债权项下有关抵/质押物优先受偿。也就是说，质权人对出质应收账款债权的担保利益具有追及权。

（六）放款审核、贷款发放及后续管理

借款人提出提款申请后，经办业务人员按照银行放款审核规定进行审核，审核申请人向银行提交质押应收账款清单、销售合同正本及副本、提单（或发货单）副本或留存联，然后办理具体放款。

银行还应根据借款人的债务人的特点，决定是否发出《应收账款质押通知函》（以下简称《通知函》）。一般而言，银行无须向债务人发出《通知函》，因为债务人的付款事项是债务人与借款人之间签署的《购销货协议》确定的，银行作为质权人其与债务人之间在债务人按时付款情况下并不产生联系。但为稳妥起见，银行在条件许可的情况下，总是希望获得债务人的书面认可，因而愿意发出该《通知函》。业务实践中，如果债务人愿意提供回执，银行当然会发出《通知函》。从扩大业务角度考虑，银行应更多考虑对借款人及其应收账款进行科学评估，而非寄希望于债务人的认可。专栏2-21提供了《应收账款质押通知函》的样式。

专栏 2-21

应收账款质押通知函（样本）

应收账款质押通知函（通知样式）

公司（购买方）：

因_____公司（销售方）与××银行_____支行，已签订应收账款质押合同（合同编号：_____），_____公司（销售方）将与贵公司从即日起至_____年_____月_____日止全部的应收账款，即下列应收账款：

合同号：_____ 应收账款金额：_____

合同号：_____ 应收账款金额：_____

质押给××银行_____支行，请贵公司从接到此函之日起：

1. 将应付给_____公司（销售方）全部已质押应收账款付至下列银行账号。

收款行：××银行_____支行

收款账号：_____

户　　名：_____

2. 如付银行承兑汇票或其他支付工具，则由××银行_____支行派专人领取。

联系人：_____ 身份证号码：_____

联系电话：_____

感谢贵公司的合作！

　　　　　　公司（销售方）　　　　××银行_____支行

　　年　月　日　　　　　　　　　　年　月　日

应收账款质押通知函（回执样式）

××银行_____支行：

公司（销售方）：

来函收悉，我公司已获知根据编号为_____号应收账款质押合同，_____公司（销售方）将与我公司从即日起至_____年_____月_____日止的全部应收账款，即下列合同项下的应收账款所列：

1. 合 同 号：_____ 应 收 账 款 金额：_____

2. 合 同 号：_____ 应 收 账 款 金额：_____

3. 合 同 号：_____ 应 收 账 款 金额：_____

质押给××银行_____支行。

从即日起，我公司保证将应付给_____公司（销售方）的上述全部已质押应收账款付至下列指定银行账户，如付银行承兑汇票或其他支付工具，则交给××银行_____支行指定人员。

收款行：××银行_____支行

收款账号：_____

户 名：_____

公司（公章）

（购买方）

年 月 日

放款前需要做的另一项工作是开立借款人的银行账户用以收款。如果借款人在本银行已有账户，也可使用该账户进行收款，但必须冻结借款人从这个账户提款的权利，以确保流入该账户的资金能按借款协议的用途来进行还款。

办理具体授信业务后，买卖双方交易合同正本（注明债权质押给××银行字样）、《应收账款质押清单》及《应收账款质押确认函》作为授信质押物入库保管，由业务人员和会计人员（两人或两人以上）对其共同封存入库保管，填写并签字确认。同时业务经办人员记录申请人已质押应收账款台账，明确记载已质押账款合同、付款方、期限、授信金额等要素。

（七）动态调整应收账款质押融资的金额

当可发放贷款额度一旦确定，则在某一特定时期内，贷款额度就是一个相对固定的量。但我们知道，应收账款金额随着借款人销售活动的变化是在不断变化的。当合格应收账款金额低于可放贷金额时，银行信贷就会处于风险暴露之中。因此，银行在实际操作中会选择可发放贷款额度与应收账款总额挂钩的可用信贷额两者之间的较小数来避免出现类似情况。由此也可看出，应收账款质押融资需要银行非常频繁地接触借款人以获得决策所需的必要信息。当然，仅凭频繁的接触尚不足以支持银行开展应收账款质押融资业务。必须的选择是建立一套信息报告体系，通过这套体系来连续不断地传递应收账款的信息并将应收账款的增减与贷款余额的增减直接挂起钩来，在担保基础增加时，贷款余额相应增加，而当担保基础减少时，贷款余额就相应减少。这套体系运转是否良好的标准就是担保基础增加时，可用信贷额就会增加，而当一笔应收账款回笼时，就会被用于减少贷款余额。

1. 有效的信息报告体系

有效的信息报告体系应包括四个方面：新增应收账款清单、应收账款回款清单、借款基础依据清单及应收账款回款账户。银行通过把握有关应收账款新增和回款的不间断信息，以及通过回款账户直接将回款用于降低贷款余额，来实现对可用贷款额度的动态调整，以确保银行信贷风险处于可控之内。

（1）新增应收账款清单。银行应要求借款人至少每周向银行提交一份应收账款清单，清单上应列明应收账款客户（债务人）名称、金额、日期和发票号。提交清单时应一并附上新增发票。将新增应收账款中的不合格应收账款扣减后，就可计算出合格应收账款的净增加值，然后再乘以放款率后就可得出可用信贷额的净增加额。

专栏 2-22-1

新增应收账款清单式样

借款人名称：×××公司		日期：×年×月×日	
新增应收账款债务人	发票金额（万元）	发票编号	日期
成明贸易公司	1000	007	×年7月1日
高华制造公司	1400	008	×年7月2日
音声设备公司	2100	009	×年7月9日
新增应收账款总额	4500		
制表人：	复核人：	单位公章：	

（2）应收账款回款清单。这份清单所列款项应与借款人实际收到的回款数额相等，最终用以扣减实际贷款金额。在这份清单中，应同时列出折扣、坏账、赊欠、调整等引起的应收账款金额变化。

专栏 2-22-2

应收账款回款清单式样

借款人名称：×××公司			日期：×年×月×日	
应收账款债务人	应收账款总额	扣减金额	回收款净额	日期
发达贸易公司	2000	700	1300	×年7月4日
升贸制造公司	3100		3100	×年7月3日
铬钢医药公司	1000		1000	×年7月6日
总计	6100		5400	
制表人：	复核人：	单位公章：		

（3）借款基础依据清单。借款人申请增加贷款金额时，要提交能够增加贷款金额的证明。这份证明材料汇总了与借款人应收账款有关的一切活动。可将新增应收账款清单和应收账款回款清单综合使用。具体计算公式为：目前合格应收账款净额＝期初应收账款金额＋新增应收账款金额－回款金额、销售扣减及其他调整款项。专栏 2 - 22 - 3 列出了一个包括基于存货和应收账款的可用贷款额度式样。

专栏 2 - 22 - 3

借款基础依据清单式样

借款人名称：×××公司　　　　　日期：×年×月×日

期初应收账款金额

＋新增应收账款

－回款净额

－调整项

期末应收账款金额

－不合格应收账款

合格应收账款

应收账款可用放款额度

期初存货

＋材料采购

－产品销售成本

－调整项

期末存货

－不合格存货

合格存货

存货可用贷款额度

可用贷款额度总量（应收账款可用贷款额度＋存货可用贷款额度）
制表人：　　　　　复核人：　　　　　单位公章：

（4）应收账款回款账户。应收账款回款账户用来接受应收账款的回款资金，银行应与借款人约定，所有应收账款的回款都必须存入这个账户，这个账户内的资金也只能用来清偿授信额度内的贷款余额，并且借款人不能从这个账户提款。通过这个账户，银行可对借款人的资金流入进行控制，就能避免借款人在应收账款资金收回后用于其他用途而非用来还款。为防止借款人将应收账款的回款进入一个不为银行所知的账户内，银行可向借款人的客户提供一个只有银行才能查看的账户。银行收到应收账款的回款后，再将款项定期转出用以偿还贷款。

2. 信息报告体系的应用

针对不同借款人，银行对信息报告体系的四个方面可采取的宽严措施也不相同。比如，对于财务实力较弱、风险较高的借款人，银行会采取更为严格的应收账款回款措施，要求并监督借款人向其客户书面发出将应收货款直接付给银行的通知。对于拥有较好盈利记录、财务实力较强的借款人，银行通常会采取较为宽松的措施，并不对借款人进行回款账户监控，而只要求借款人定期提交关于新增应收账款、回款及依据清单。对于一些状况更好的借款人，银行甚至会让借款人自己负责监控应收账款，以确保可用信贷额度始终高于贷款余额。当然，银行应经常进行对账，以确保借款人的监控结果与实际情况一致。

经评估，应收账款价值减少时，贷款余额及贷款额度相应要降低，而当应收账款价值增加时，贷款金额及贷款额度也可相应提高。经验证明，当某些情形出现时，银行应削减或取消授信额度。

专栏 2-23

可引起银行削减或取消授信额度的一些征兆

申请人未能按销售合同的约定履行义务，可能影响应收账款的收回。

申请人未经银行同意，通过其他渠道向买方收取已质押给银行的应收账款。

买方不能按期支付到期的应收账款，或经营状况发生较大不利变化导致预期付款能力下降。

申请人经营状况发生较大的不利变化影响其还款能力。

在授信期内，部分应收账款的收回造成质押比例达不到要求，应收回质押不足的超额部分授信或将所收回的应收账款存保证金账户内。

在应收账款质押循环授信中，单笔应收账款逾期超过一个月，申请人尚不能提供新的经银行确认的应收账款进行质押置换。

（八）授信后管理工作

在应收账款质押融资业务中，授信后管理工作具有重要和关键的意义，应收账款的最终实现有赖于付款人的实际履行，而付款人可能通过融资银行账户以外的途径向出质人支付，进而影响到融资银行的权益。

（1）及时做好应收账款对账及付款监控。在授信后管理中，经营机构及相关管理部门应当定期与借款人全面核对应收账款情况，并定期向付款人查询，确认合同项下的款项是否全部通过银行账户结算，了解出质人是否存在擅自向付款人收取款项的情形。对应收账款进行持续有效的监控，还有助于避免出质人擅自减免付款人的应收账款或因怠于行使权利而丧失诉讼时效的风险。

（2）应建立应收账款台账，记录销售合同编号、合同签订日期、合同金额、定金或预收款金额、分期收款金额与到账日期、应收账款余额、应收账款质押授信金额、收回额和余额。每半个月与申请人全面核对一次，按月向买方查询，并与借款人结算账户核对，确认合同项下款项是否全部通过银行账户结算。

（3）密切关注付款人资信变化情况。在授信后管理中，还应密切关注付款人经营情况的变化，当付款人出现重大不利情况可能影响应收账款到期支付时，应要求借款人提前偿还融资或者另行提供担保。

（4）授信到期，应要求申请人归还融资，授信到期日至应收账款到期日为宽限期（不长于一个月）在应收账款到期后，借款人未能归还融资，同时债务人没有将应收账款支付给借款人，银行应通知借款人与债务人，要求借款人立即偿还授信，必要时应采取法律手段追收。由于已经进行应收账款质押登记，银行对应收账款的债务人有追偿权利，因此银行可联合借款人向债务人发出到期付款通知书。如果债务人按时付款，则银行就没有必要发出到期付款通知书了，因为借款人与债务人签署的购货协议中已明确了债务人的付款责任。

专栏 2-24

应收账款到期付款通知书（样本）

应收账款到期付款通知书（通知样式）

公司（购买方）：

因＿＿＿＿＿＿公司（销售方）与××银行＿＿＿＿支行，已签订了应收账款质押合同（合同编号＿＿＿＿），＿＿＿＿公司（销售方）将与贵公司（购买方）从即日起至＿＿＿＿年＿＿月＿＿＿日止全部的应收账款，即下列应收账款：

合同号：＿＿＿＿＿＿＿＿，应收账款金额：＿＿＿＿＿＿＿＿

合同号：_____应收账款金额：_____

合同号：_____应收账款金额：_____

质押给××银行_____支行。按照约定，上述账款将于_____年_____月_____日付清，贵方应按合同约定付款，特此通知。请贵公司（购买方）在_____年_____月_____日前，将应付给_____公司（销售方）全部已质押应收账款付至下列银行账号，如付银行承兑汇票或其他支付工具，则由××银行_____支行派专人领取。

收款行：××银行_____支行

收款账号：_____

户　　名：_____

公司（销售方）　　　　××银行_____支行

年　月　日　　　　　　　年　月　日

应收账款到期付款通知书（回执样式）

××银行_____支行：

公司（销售方）：

来函收悉，我公司已获知根据编号为_____号应收账款质押合同，_____公司（销售方）将与我公司从即日起至_____年_____月_____日止的全部应收账款，即下列合同项下的应收账款所列：

1. 合同号：_____应收账款金额：_____

2. 合同号：_____应收账款金额：_____

3. 合同号：_____应收账款金额：_____

质押给××银行_____支行。

1. 我公司将应付给_____公司（销售方）上述全部已质押应收账款在_____年_____月_____日付至下列指定银行账户。

收款行：××银行_____支行

收款账号：_____

户　　名：_____

2. 如支付银行承兑汇票或其他支付工具，则交给××银行_____支行指定人员。

公司（公章）

（购买方）

年　月　日

（九）对一些特殊情况的处理

如果提前于授信到期日收回应收账款，双方可协商将回款存放在保证金账户待授信到期再一并偿还授信或当时直接偿还授信，已收回款项不得由企业挪作他用。

银行应在授信到期前 10 个工作日通知借款人准备还款，借款人还款困难的，将《应收账款到期付款通知书》送达付款人，催促付款人按期支付货款。

授信到期，应收账款虽未到期，应收账款项下付款单位已将应收账款支付给申请人，将该资金直接偿还授信。

授信到期，应收账款未到期，申请人结算账户余额足以支付授信本息，扣收申请人账户资金偿还授信。

授信收回后，主办业务员在应收账款台账上做记录，同时交易合同正本退还申请人，将《应收账款质押清单》、《应收账款质押确认函》入授信档案保存。

针对具体客户的风险度，可以有选择要求借款人提供除应收账款质押以外的其他抵押、担保等方式，进一步降低项目的风险度的风险缓释措施。

五、风险管理：动态监控与欺诈防范

银行发放应收账款质押贷款，最担心的事情莫过于业务出现风险。前已述及，应收账款质押融资有助于解决贷款人——借款人信息不对称以及由此引起的相关风险问题，但这并不是说，应收账款质押融资业务可消灭业务风险。实质上，由于应收账款是将企业产品转化为现金的时间跨度拉长，资金周转放慢及经营成本加大，随着时间跨度的拉长，应收账款不能按期回收的风险也在加大，加之人性中普遍存在的一些特点以及外部客观环境的影响，应收账款质押融资业务的风险依然存在。只是相对于传统贷款而言，此种业务的风险特征有些不同。应收账款质押融资业务的风险主要源于借款人实施的欺诈行为、借款人业务的失败及应收账款自身质量的恶化或金额的下降。

专栏 2－25

应收账款质押融资的风险防范

一、法律风险及其防范

应收账款质押融资业务面临的法律风险主要有两个方面：一是应收账款质押权可能无法实现。如果应收账款债务人可行使抗辩权、抵消权，提出债权无效或可撤销，或者债权转让事宜没有通知债务人，或者贷款期限长于应收账款期限，或者贷款到期时应收账款已经付清，均可能由于权利的不完整而对银行质押权的实现产生不利影响。二是应收账款本身存在权利瑕疵。应收账款作为一种债权，如果基础合同存在瑕疵或不合法，则应收账款也就不具有合法性。基础合同存在瑕疵或不合法的表现主要有：一方以欺诈、胁迫的手段订立合同，损害国家利益；恶意串通，损害国家、集体或者第三方利益；以合法形式掩盖非法目的；损害社会公众利益；违反法律、行政法规的强制性规定等情形。此外，应收账款应该是可转让的债权，只有这样才便于银行作为债权人在万不得已时行使债权。一般情况下，以下三种债权不可转让：根据合同性质不可转让的；根据当事人约定不得转让的；根据法律规定不得转让的。

对于此类风险，银行可采取如下对策：严格审查贸易合同；确定用于质押的应收账款具有合法性和可转让性；在质押协议中针对应收账款的特点加入特定条款；及时将借款人应收账款转让信息通知借款人的债务人。

二、信用风险及其防范

应收账款质押融资业务面临的法律风险主要有五个方面：一是借款人采取欺骗手段，向银行提供并不存在的虚假应收账款。二是由于经营状况恶化、产生基础交易纠纷等原因导致借款人无法按时收回应收账款。三是借款人与其债务人恶意串通，抬高基础交易的商品价格，造成应收账款虚高。四是借款人挪用收回的应收账款。五是应收账款质押融资的额度确定得过大。

对于此类风险，银行可采取如下对策：核实应收账款真实性；合理确定贷款额度；加强授信后检查，密切关注借款人经营管理状况；建立应收账款回款专户，让借款人承诺应收账款必须回流该账户，银行对该账户予以密切监控；银行客户经理要到应收账款的付款单位亲自对应收账款进行核对。

三、操作风险及其防范

应收账款质押融资业务面临的操作风险体现在两个方面：一是应收账款在人民银行质押登记系统进行登记时出现瑕疵。二是贷款投放没有按照协议约定进行及授信后管理不到位。

对于此类风险，银行可采取如下对策：了解借款人是否已将拟质押的应收账款质押或转让给第三方，并严格按照登记系统的要求进行登记；严格按照贷款协议的要求办理贷款发放；授信后管理工作要到位。

（一）认真了解借款人，在业务关系建立之前就将有不道德前科或倾向的借款人屏隔在外

对借款人的品性或诚信度进行科学评估并非易事，因为借款人的品格并不像财务指标那样容易被量化。对借款人的品格进行评估主要依赖于银行与借款人在长期业务关系中建立起来的关系，但这就陷入一个悖论：正因为没有开展业务才需要对借款人进行了解。可行的办法是银行的业务人员与借款人高层管理人员进行面谈，并尽可能地从更广泛的渠道中来了解借款人的信誉。借款人的信誉在"圈内"是有反映的，对那些已有不良信用记录或口碑较差的借款人，银行完全可以通过广泛的了解来获得相关信息。品性越好，进行欺诈的可能性就越小，在企业发生危机情况下抵御欺诈的能力就越强。在业务实践中，也有一些借款人早有预谋，通过开展"诚信"的业务先骗取银行信任，最后再行使一起较大的欺诈，使银行蒙受损失。

专栏 2－26

获取借款人品格信息的一些渠道

与借款人没有利益冲突的第三方，或借款人生意上的合作伙伴。

个人征信系统中的记录，但这种渠道应与其他手段参照使用，因为系统可能会遗漏一些重要情况。

专业征信公司提供的第三方报告。

从法院系统查到的法院记录。

从监管部门查到的备案记录。

报纸、互联网等各种公开渠道。

借款人的内部员工，这有时是最重要的信息获取渠道，等等。

与借款人访谈时值得警惕的一些话语

借款人的高管人员说出如下或类似的话语：

已经有两家银行同样给我们发放贷款，即使你们银行不给我贷款也无所谓。

我在公司里有绝对话语权，什么事都需要我最终决策。

其他银行（企业）对我们提起诉讼，这没什么，我们会摆平的。

这笔业务肯定没问题，没有任何风险。

我们已经被多家国际知名的企业列为指定供应商。

我们近期获得多项国际大奖。

媒体上关于我们有些事项未进行披露的消息是不客观的，我们正准备披露。

我们离行业第一已经指日可待了。

我们的发展规划是三年内达到行业前三名。

我们最近在衍生品和期货市场上投入较多，且取得了很好的投资业绩。

我们的业务有政府支持，肯定没问题。

经过访谈发现借款人出现如下情况：

借款金额超出业务开展的实际需要。

没能就一些法律纠纷进行恰当的解释。

借款人的组织架构过于复杂。

在很短时间内经营管理层出现频繁变动。

与关联方交易占有很大比例。

频繁地更换外部合作机构，如律师、审计师。

借款人支付贷款的综合能力是银行需要考察的另外一个因素。综合能力越强，借款人陷入财务困境时实施欺诈的可能性就越小，同样，个人在借款企业中投入的越多，这个人实施欺诈的可能性就越小，因为这会使他卷入更多的风险之中。

借款人面临的经济形势对其是否会实施欺诈也有影响。经济好转时，人们一般不愿进行欺诈，这和在人身上发生的"仓廪实而知礼节"实质上是一个道理。在经济形势恶化时，为了保持可用信贷额和避免破产，借款人实施欺诈的动机就可能增强。

（二）对应收账款的现场确认与核对

现场确认与核对的结果对信贷决策至关重要。通过一定时间的现场确认与核对，可以发现该客户是否符合本银行的信贷政策，并评估与之建立信贷关系的可能性。贷款投放后，这种现场确认与核对也非常重要，因为这样可确定借款人的整体财务状况及应收账款状况，以便动态地掌握借款人的状况，为信贷额度动态调整提供决策基础。实践也证明，现场实地调查还是识别、防范借款人欺诈的最佳手段。一般而言，在贷款发放后的不同阶段都应进行这种现场确认与核对。现场工作何时开展以及在多大范围、程度上开展都是根据银行业务开展的实际需要来进行的。通常情况下，实地调查每年都要进行 3~5 次，且实地调查人员要与包括高层管理人员、普通员工在内的多层次人员进行交谈，并重点现场检查如下内容：

（1）借款人提交的文件及这些文件所对应的情况是否真实。文件范围很广，包括客户订货单、发货单、发票、提货单、运输收据等。

（2）对所抽查应收账款债务人的账户历史进行审查。

（3）对应收账款和应付账款的账龄进行审查。

（4）检查借款人的银行账户以确定借款人在其他银行的资金运作情况。

（5）核实以前发现的任何异常情况。

（6）借款人提供的税务清单、针对债务人的付款通知书副本等材料。

为增加现场工作的效率，银行一般需事前通知借款人做好相应的准备，但为确保现场工作结果的真实性，银行应保留未经通知即可进行现场工作的权利。如果条件许可，银行最好选派自己具有丰富实践经验且细致认真的人员来从事现场确认与核对。如果银行自身不具备这样的实力，也可委托外部专业公司来进行，但由于激励约束因素的缺陷，外部公司并不会对工作结果负有绝对的保证义务，一旦出现工作结果不客观、不真实的情况，银行需承担根据这种信息所做决策的后果。在外部市场环境有待进一步建设的情况下，外部专业公司良莠不齐，银行一是慎重使用这种外部公司工作方式；二是必须使用时做到慎重选择，并在业务协议中进行条款约束。银行最好的选择是逐步培养起自己独立的、有能力的现场调查人员。

（三）动态收集风险预警信号

通过信息报告体系持续地获得应收账款新增及回款的相关信息，是信贷决策后进行持续监控的重要手段，但对相关风险预警信号进行及时甄别也同样重要。银行在贷款发放后应认真使用信息报告体系，通过仔细审查借款人提供的财务信息，包括应收账款清单、回款清单、借款基础数据以及借款人的财务报表，来及时发现预警信号。风险预警信号有可能引起银行贷款恶化，因此必须加以关注。

专栏 2-27

常见的风险信号

没有在规定时限内将应收账款新增及回款信息报告给银行。

经过计算可用信贷额度非正常性地出现下降。

在登记公示系统中发现其他银行进行了新的应收账款质押融资登记。

应收账款增长速度超过销售增长速度，或应收账款金额出现超常增长。

借款人客户结构急剧发生变化，出现大量新的客户。

应收账款账龄出现拉长现象，或账龄超过 90 天的比例急速增加。

资产负债方面出现未经解释的不正常变更。

利润率出现大幅度上升。

会计期末出现异常的或大笔的利润丰厚的交易。

应收账款回款支票被拒付。

应收账款的客户结构出现重大变化。

电话突然打不通或长时间不回电话。

电费、水费突然出现爆发式增长。

借款人管理层出现震荡或职员大量离职。

协议及各种文件的签字人出现变化。

存货突然增加或突然出现大量的新的应收账款户头。

通过第三方了解到借款人客户的抱怨大量增加。

财务报表各种数字突然以整数形式出现。

财务报表各种数字突然优化或恶化。

借款人的借款金额突然增加。

账龄恶化（如回款期无端变长）。

销售条款发生较大变化，出现不利的趋势。

出现重复开立发票等弄虚作假情况。

经营情况出现恶化，企业经常被退货。

其他足以影响银行信贷安全的事件和行为。

没有按时缴纳税金或代扣员工所得税。

没有按时缴纳电费、税费或通信费。

（四）密切对应收账款进行监控，不定期核对借款人应收账款

密切监控是应收账款质押融资业务的基本特征。业务本身的特性要求银行对应收账款进行密切监控，但监控的程度实际上取决于很多因素，如果借款人信用程度高，则监控就可弱一些；如果银行力量不足，监控也就无法做到很强。当然，银行应尽量做到每日都能关注借款人的应收账款，这样做能防止应收账款状况恶化，及时获得借款人运作表现的相关信息，并使借款人在银行的每日关注下"隐藏"起其

欺诈银行的动机，降低应收账款质押融资对象所具有的高风险，促进借款人更好地管理自己的应收账款。

银行还应不定期但比较频繁地对借款人的应收账款进行核对，即通过与借款人的客户进行联系，了解该笔应收账款是否存在及金额大小。银行应避免这种核对对借款人与其客户之间的关系造成负面影响。因为这种核对工作实质上是在对借款人不信任、认为借款人一旦脱离监督就会产生道德风险的理念基础上建立的，可能会极大地引起借款人的不满。银行应该在了解实际情况与避免引起关系恶化两方面寻求恰当的平衡。另外，核对所有的应收账款也比较困难，核定的频率与范围可根据借款人的财务状况、所处的经济环境来具体确定，可采取抽样核对的方式。

具体策略包括：

（1）抽查销售发票进行核实，要求借款人提供提货单等相关运货文件，以了解发票所列示的货物是否如期发运。如果借款人无法提供，则不管其以什么借口进行解释，这本身就是一个有可能实施欺诈的危险信号。

（2）如果借款人开票后推迟交货，则银行应向借款人的客户进行调查，了解这种行为是否为借款人的客户所知晓。银行还应调查了解这类发票在整个借款人提交的发票中到期占到多大比例。

（3）定期核对发票是否是以真实交易为基础而开出，并通过抽样方式了解借款人的客户是否真实存在。

（4）要求借款人定期提交可用贷款额度报告，并根据新开发票和回款情况进行更新，始终保持贷款余额小于合格应收账款的价值。

（五）在业务定价中加大风险报酬与管理费用因素的比重

同一般贷款价格都包括筹资费用、管理费用及风险报酬一样，应收账款质押融资的价格也包括这些构成。不同在于应收账款质押融资价格构成中，风险报酬与管理费用因素所占的比重要高些。因为银行需要对借款人的应收账款进行实时的监控，所花费的成本要比普通贷款的贷后监控要高得多。另外，应收账款质押融资的借款人一般都是按传统信贷标准无法获得贷款的客户，对贷款价格的议价能力要低一些。上述因素都决定了应收账款质押融资的价格要比普通贷款高一些。当然，高的程度取决于借款人的风险状况及银行自身的筹资成本。

（六）高度警惕应收账款质押融资业务中可能出现的欺诈行为

欺诈的构成要件包括：借款人故意提供有实质性错误的声明或文件，这种声明或文件被银行所使用且造成了损失。有些借款人从借贷关系一开始就故意实施欺诈，而有些借款人在借贷关系确立时并无意实施欺诈，只是在自身陷入财务困境时才实施欺诈。

欺诈是造成应收账款融资业务发生损失的最主要原因之一。这不仅是因为在财务报表各项目中应收账款最容易为借款人所虚构，而且因为这种虚构有很大的隐蔽性，很难为借款人之外的第三方所察觉。虽然如此，识别欺诈的技术也有很多，银行仍能从借款人的一些蛛丝马迹中发现欺诈信号，从而尽早采取措施避免损失。

专栏 2-28

欺诈的主要形式

伪造虚假文件进行会计入账，有时是借款人自己捏造而审计师没有发现，有时则是借款人与审计师合谋欺诈。借款人试图要求银行减少对应收账款的监控时（如不开回款账户），往往会通过对财务报表进行造假使银行产生借款人实力较强的印象。

歪曲或编造交易，把企业的非经常性收入列为经常性收益。这些收益为出售固定资产、进行投资、接受捐赠而获得的收益，具有不重复发生、不经常获得的特点。

掩盖关联方的所有权权属或利益、或交易本质，与关联方以低于或高于正常市场价格的价格进行交易，借以虚增销售金额。

隐瞒业务亏损，把亏损隐藏在已经中止的经营活动项下，同样可造成虚增销售金额的效果。

把没有实现的销售、有条件的销售、折扣销售或已发生退货的销售列为正常销售，夸大应收账款金额。

在长期合同项目下，未按进度比例确定入账金额，而是全部或超比例入账。

虚假评估应收账款回款净额，造成应收账款实际金额不实。

把本应承担的债务责任隐藏起来，如不把应付账款入账。

回流资金打入秘密账户。

伪造发票。

发现借款人没有公开披露应该披露的事项，如对贷款合同约束条款的违反、对生产经营产生重大影响的事件、未解决的法律纠纷等。

对应收账款本身进行造假：

在交易真正做成前就确认销售收入。如在所有权风险并未真正转移，货物尚未发出，实现销售完成的不确定因素仍然存在等情况下，已将销售收入入账，并把销售发票用作融资申请。

把发票从过期的不合格应收账款账龄科目中转移到未过期的合格应收账款账龄科目下，以改善可用信贷额度。

因优惠、折扣等因素而减少的应收账款金额，借款人以种种理由不予报告或延迟报告。

借款人开具空头发票或提前出具发票，即没有产品销售而进行虚构（开具发票后推迟交货的情况也存在），这需要银行进行甄别；收到应收账款后，借款人没进行还款而是挪作他用。

对借款人进行破产清算时，银行可能面临借款人故意隐瞒其名下的真实资产这一欺诈行为：

把现金通过关联交易或凭空转移给朋友或家人。

向并不存在的供应商支付所谓货款。

对关联公司提供的服务支付金额过高的款项。

以低价向关联公司或个人转移资产。

发生文件转移或销毁事件。

银行对付欺诈最有效的方法就是提高警惕、做好预防，可采取如上列举的那些风险防范措施来进行，但关键是要有一个"风险无处不在"的业务理念，并采取切实措施在细节上予以落实。

（七）对借款人进行监控，使用约束条款让借款人承诺做或不做某些事情

无论何种融资形式，对借款人的监控都是必须的，应收账款质押融资也不例外。对应收账款质押融资的借款人，银行可从整体表现、运营状况、市场竞争力、经营管理层状态及主要战略决策等方面进行监控。对借款人发生的任何不寻常的事件，银行都不应放过。

监控的另一重点是看借款人对约束条款的遵守情况。约束条款是银行要求借款人承诺从事或不从事某项行为的书面记录，以便银行可以跟踪借款人的业绩，同时明确客户经营业务所需遵守的限定条件。银行在与客户协商同意的基础上设定约束条款，一般放在银行与借款人签订的融资协议中。常见的约束条款有：收到用于清偿已质押给银行任何应收账款的任何现金、支票、汇票或本票等支付工具，必须立即通知银行，并将款项或支付工具转交给银行处理；财务指标不低于或高于某个限定的值；需在每季度结束后 20 日内向银行提供完整的季度财务报表，在该财年结束后 3 个月内提供经审计的上年度财务报告；净资产不得低于某一金额或不得低于总资产的某一比例；对非银行借款，借款人未经银行同意不得优先偿还；未经贷款人同意，不将资产提供给第三方做担保品；对企业的合并和收购等资本运营活动进行限定或根本不从事；不进行经营性资产的出售；流动性比率、利息保障倍数等关键财务指标保持在某一幅度内。对借款人效力最强的约束条款包括：当事前约定的某一行为或结果出现时，银行到期不再给予续贷、收取惩罚性利息、借款人不能继续相继抉择超限额使用资金、调整放款率等。当然，约束条款的内容多少与违反承诺后的惩戒力度，均取决于借款人自身的质量高低。在整个贷款期间内，银行通过现场审查等途径全程监控借款人对约束条款的遵守情况，如发现违约情况，银行就应及时向借款人提出并要求借款人在限定时间内纠正过来，同时保留信贷协议中所约定的所有权利。

对银行来讲，真正监控到借款人的实际行为往往并不容易，有些借款人完全可能在从事与其主业不相干的业务，从而使银行的贷款处于高风险之中。虽然如此，银行还是要通过发现借款人的蛛丝马迹来监控出借款人到底在干什么。对借款人的深入监控，要求借款人按季度提交财务报表、与企业负责人进行访谈、通过第三条渠道获取信息等都是比较好的方式。

（1）借款人一般按季提交的财务报表，包括反映既定经营成果的财务报表以及预测的财务报表。对于财务实力比较弱的借款人，可提高财务报表提交频率，比如按月提供。利用财务报表是一个比较好的方式（当然银行也不能完全相信借款人的财务报表），比如财务报表上借款人的原材料突然增加，原因可能是借款人市场扩大，准备通过扩大原材料的采购来扩大生产，但也完全可能存在另一种情况，即借款人并未将原材料用来加工生产，而是偏离主业来从事原材料的贸易进行谋利。对财务报表的分析，除关注个别科目外，应重点关注总的财务业绩及趋势、销售收入是否稳定、关键指标是否异常、偿还债务的能力是否减弱、业务扩展是否超过现金流允许的程度、新的投资是否过大、针对特定非常规业务的保险是否充分等事项。必要时，基于现实的假设对损益及现金流的预测结果进行分析评价，进行借款人偿付能力测试与敏感性分析。此外，银行还应关注借款人是否经常发生晚提交财务报表的情况，以及财务报表解释的信息是否充分。

（2）财务报表每年审计一次，季报是不会经过审计的，银行通过财务报表得到的往往是滞后的信息，且有时也不是那么正确。由于账户是实时的，通过观察借款人的往来账户（资金进出情况）就可判断借款人的经营状况。因此，银行都注重对借款人账户的监控。如果账户余额突然增加或减少，或进出活动有异常，或出现针对账户的不良行为，这些信号都是银行应该关注的。银行对往来账户进行有效监控的前提是借款人的业务往来款项都是经过这个账户运行的，所以银行在从事应收账款质押融资业务时都会要求借款人把自己的资金往来集中到本银行账户上来。

（3）定期走访客户。为使对借款人的监控到位，银行业务人员需与借款人管理层个人之间保持良好的联系，必要时能随时进行面对面的交谈。每半年至少要去借款人生产经营现场拜访一次，在时间选择上尽量和年度及季度的客户现场调查相一致。现场拜访不是出于社交或加强联系的目的，而是要现场查看厂房是否整洁、机器是否在运转、存货周转是否正常等。访谈的对象既要包括借款人高层，也要包括一线工人。

（4）银行还可通过对借款人的供应商进行访谈以确定借款人是否有拖欠行为、通过获取借款人的信用报告以查看借款人是否有不良行为、通过与金融同业沟通或查看应收账款登记系统以了解借款人是否有提供新的担保品的行为、通过广泛的信息收集以了解借款人是否存在诉讼以及其他负面消息以及约束条款是否得到遵守、是否在批准的授信限额内运用资金。

（八）建立针对应收账款质押融资的风险评级体系

简洁、科学的风险评级体系具有多方面的作用，包括为银行提供应收账款质押融资客户风险状况的总体信息、为银行审批临时增加信贷限额和贷款计提一般坏账准备提供一个客观的基础、为银行与客户打交道提供一个快捷的总揽信息、为银行确定科学的定价提供一个基础等。因此，很多银行在开展应收账款质押融资业务时，都会建立一个应收账款质押融资的信用评级模型，这一模型体现为：评级结果是借款人财务风险等级与应收账款风险等级的函数。财务风险等级反映的是借款人的财务实力和总体表现，应收账款等级衡量的是应收账款覆盖信贷额度的充足性。

判定最终风险等级的方式有两种：

一种方式是应收账款质押融资风险等级 = 财务风险等级 × X + 应收账款风险等级 × Y，其中 X、Y 分别是财务风险等级与应收账款风险等级的权重。由于每家银行的风险偏好及信贷政策有所不同，这一模型在核心要素相同的前提下，财务风险与应收账款风险在总体风险评定中承担的权重是有所差异的。

另一种方式是直接将两种等级进行组合，用来反映总体风险程度。

如财务等级为 1 级，应收账款风险等级为 B，则用 1B 级来反映该笔业务的整体风险程度。

在财务风险与应收账款风险进行具体评估时，需要确定一些具体的指标，一般而言，针对应收账款质押融资的风险评级体系包含的指标不宜太多。专栏 2-29 提供了应收账款质押融资业务风险评级的一个样本。

专栏 2-29

财务风险等级评定表

指标/财务 风险等级	低风险 （1 级）	较小风险 （2 级）	可接受 风险（3 级）	需关注 风险（4 级）	需高度关注 风险（5 级）
财务状况、流动性、资本、收益、现金流、管理和还款能力的总体表现	非常出色	良好	基于对借款人财务业绩和财务状况的整体评估，认为其还本付息能力是可接受的	财务状况恶化/困难，偿债能力或意愿存在疑问，需要进行密切监控	经正式评估，认为全额偿还不大可能
授信账户的历史表现	按时偿付本息	按时偿付本息	虽然有一些异常情况，但无显著的问题	运作异常，在要求提供信息时没有得到客户的有效配合	借款人处于某种形式的法庭管理或面临清盘，需要对本金或利息全额或部分提取作准备
约束性条款的遵守程度	完全遵守	完全遵守	存在部分违反约束条款的状况，但总体的风险未发生显著恶化	违反某些约束条款，导致大部分领域风险状况恶化	违反全部约束条款，导致总体风险状况恶化
借款人的增长潜力与发展趋势	增长强劲	增长优势明显	为行业平均水平，销售增长较为稳定	分析认为全额受偿仍然有可能	分析认为全额受偿基本没有可能
有无超额提款情况	从来没有	偶尔存在	半年内不超过 5 次	频繁使用未提前安排的资金或/和临时调高信贷限额，但到期时不能履行按期偿还的承诺	

续表

指标/财务风险等级	低风险（1级）	较小风险（2级）	可接受风险（3级）	需关注风险（4级）	需高度关注风险（5级）
发票争议性	没有争议	正确度在80%~90%	正确度在60%~80%，仍可接受	正确度在40%~60%，存在无效或假发票	发票核实结果很糟糕
现场审计结果	获得正面性评价	总体上是正面性的	基本满意	问题较多，但改正后情况可能会好转	令人非常不满意，出现未曾预料到的情况

应收账款风险等级评定表

指标/应收账款风险等级	低风险（A级）	较小风险（B级）	可接受风险（C级）	需关注风险（D级）	需高度关注风险（E级）
前10大应收账款占全部应收账款的比重	低于20%	介于20%~40%	介于40%~60%	介于60%~80%	超过80%
应收账款周转天数	小于40天，在原定级基础上减2级	介于40天~50天，原等级减1级	介于50天~70天，原定级不变	介于70天~90天，在原定级基础上加1级	超过90天，在原定级基础上加2级
折扣、退货及核销等因素造成的金额占合格应收账款金额的比重	小于3%，在原定级基础上减2级	介于3%~4%，在原定级基础上减1级	介于5%~7%，原定级不变	介于7%~9%，在原定级基础上加1级	超过9%，在原定级基础上加2级

使用说明：应收账款风险等级的确定程序是：以前10大应收账款占全部应收账款比重作为评价标准，得出基本等级；根据应收账款周转天数对基本等级进行调整；再根据"折扣、退还…"栏的因素对第二步得出的风险等级进行再调整，最后得出应收账款风险的最后等级。级别越高，说明风险越大。这种方法简便易操作，不需考虑过分复杂的因素及很多指标。但需注意，应辩证地看待应收账款集中度这一指标。在一般情况下，应收账款越分散，对借款人越有利，但在业务实践中，如果借款人的债务人市场地位强势，对借款人来讲，获得回款的可能性就可能很高。因此，在确定基本等级时，还应考虑借款人的债务人的市场地位、借款人与其债务人之间的关系等因素。

使用举例：前10大应收账款占全部应收账款的比重为35%，则得出风险等级为B级。如果周转天数为85天，则加上1级，为C级；如果折扣等因素造成的应收账款金额占全部合格应收账款的比重为3.5%，则最终风险等级为B级。

（九）　做好应收账款质押融资登记工作

银行在办理应收账款质押融资登记工作时，经常出现以下问题：

（1）未办理登记手续。包括收费权在内的所有类型应收账款，设定质押过程中均需要在中国人民银行征信中心应收账款质押登记公示系统进行质押登记，不在该公示系统进行质押登记的，应收账款质押权的设立无效。但有些银行对质押登记工作不够重视，没有在中国人民银行公示系统办理质押登记手续。

（2）质押登记机构不符合要求。依据中国人民银行颁布的《应收账款质押登记办法》，办理应收账款质押登记的机构必须是中国人民银行征信中心应收账款质押登记公示系统，在其他机构办理的质押登记手续不具有使质押权生效的法律效力。但有些银行只是在行业主管部门办理质押手续，例如在交通管理局办理公路收费权的质押手续，但未在中国人民银行登记公示系统办理质押登记手续。

（3）登记的期限和内容存在瑕疵。一是质押登记的到期日早于授信到期日，质押登记期限没有完全涵盖贷款的到期日。二是质押登记的时间晚于贷款发放日（在这一段时间内，由于未在公示系统中进行登记，质押尚未生效，贷款没有有效的质押作为担保，银行融资面临着一定的风险）。三是质押登记的内容错误或不完整，如将应收账款的质押错误地表述为应收账款的转让，登记内容上存在瑕疵；在质押登记时未明确具体质押金额，质押合同中关于质押率的内容空白，登记内容不尽完整等。

针对以上工作，银行应重点做好如下两项工作：

（1）及时办理应收账款的质押登记。在中国人民银行登记公示系统办理登记是应收账款质押权生效的条件，银行应当高度重视这项工作，及时办理每一笔应收账款授信的质押登记工作，并保障登记内容和登记期限的准确性，有效化解风险隐患。

（2）加强对应收账款质押登记工作的人员和操作管理。对于登记公示系统中的信息，中国人民银行征信中心不进行任何形式或实质上的审查，银行作为质权人，完全依靠自己的登记人员进行登记、变更或撤销，且系统操作时为单人操作无须授权即可完成相关登记工作，存在一定的道德风险和操作风险，因此银行需要选择职业操守良好、业务过硬的员工作为系统登记人员。一是强化登记人员管理，将应收账款质押登记人员纳入重要岗位人员管理，从流程和职责中要求对登记事项实行双人复核制。同时体现不相容职务的分离，将登记人员与变更、撤销登记人员相分离，降低恶意变更、注销登记的风险，达到相互制约，交叉管理的目的。二是细化操作流程，明确部门职责。加强登记环节风险控制，细化办理质押登记的工作流程，明确登记人员因工作失误或与出质人恶意串通时应承担的经济责任和行政责任，避免事项误登造成银行损失。三是跟踪并落实中长期融资质押登记展期工作。登记公示系统中的最长登记期限为5年，登记期限届满后质押登记失效。对于贷款期限超过5年的授信，由于登记期限不能完全覆盖贷款期限，只能在5年的登记期限届满前90日内办理展期手续。银行相关部门应当明确职责，在登记期限届满之前及时进行风险提示，按照规定时限落实展期手续，防止因工作人员流动而造成这一风险隐患未及时排除。四是具体登记过程中细化应收账款登记内容、描述格式及应收账款录入要素。很多银行业务部门在办理应收账款质押登记时，只对应收账款进行概括性的描述，缺乏具体事项，对应收账款质押登记的有效性产生了一定的影响。银行在进行应收账款质押登记时应当细化应收账款的描述，描述应至少包括应收账款涉及的债权债务人、基础交易合同信息以及应收账款的类型等要素，从而确保银行对应收账款的优先受偿权。

专栏 2-30

A 公司：一个关于应收账款质押融资业务的操作性案例

（一）如何判断 A 公司是适合做应收账款质押融资，还是适合做一般的普通担保或信用融资

A 公司是一家具有 10 年发展历史的商贸企业，以销售办公设备

为主，房产自有但已设定抵押。本财年的主要财务数据如表所示（表中括弧内为行业平均值）。

A公司主要财务数据

资产负债简表（×年12月31日　单位：万元）

资产		负债和股东权益	
应收账款	5000（5000）	应付账款	2600（1800）
存货	2500（2500）	短期贷款	3000（2500）
固定资产	1500（1500）	长期负债	1600（1500）
		股东权益	1800（3200）
总资产	9000（9000）	总负债和股东权益	9000（9000）

损益表（×年12月31日　单位：万元）

销售收入	12000（12000）
销售成本	8000（8000）
毛利润	4000（4000）
经营费用	1000（1000）
利息费用	800（400）
折旧	1000（1000）
税前净利润	1200（1600）

从表中可以看出，A公司在资产总量与结构方面与行业平均水平相同，但应付账款、长短期借款方面明显高于行业平均水平，导致股东权益低于行业平均水平。长短期借款高于行业平均水平使得利息支出也高于行业平均水平，在销售收入、销售成本、经营费用与行业平均水平一致的情况下，税前净利润低于行业平均水平。从各种财务比率的计算结果看，也反映出A公司的整体财务状况要劣于行业平均水平。因此，按照传统的信贷评审标准，A公司不适合做信用或不动产抵押放款。但我们注意到，A公司持有较高的应收账款。这是银行开展应收账款质押融资业务的充分条件。至于A公司适不适合做应收账款质押融资以及做多少，还要对A公司的应收

账款进行详细的分析。

（二）如何从应收账款总量中甄别不合格应收账款

下表反映的是 A 公司的应收账款明细。

A 公司的应收账款债务人及账龄明细

×年 12 月 31 日　　　　　　　　　　　　单位：万元

应收账款				
期限	0~30 天	31~60 天	61~90 天	91 天	余额
客户 1	100	320	170	210	800
客户 2	300	100	180	120	700
客户 3	300	100	100	100	600
客户 4	200	50	140	60	450
客户 5	400	20	50	30	500
客户 6	400	1000	90	110	1600
客户 7（国外）	120	180	10	40	350
合计	1820	1770	740	670	5000
应付账款				
期限	0~30 天	31~60 天	61~90 天	91 天	余额
客户 8	160	120	30	40	350
客户 9	100	120	120	70	410
客户 10	130	110	80	40	360
客户 11	120	150	150	50	470
客户 12	90	50	30	30	200
客户 13	210	30	50	10	300
客户 14	300	100	80	30	510
合计	1110	680	540	270	2600

要核定可用信贷额度，首先要确定合格应收账款的金额，为此，要先分析哪些应收账款为不合格应收账款。我们发现：

（1）针对客户1的应收账款有超过20%的金额超过了90天，预示着针对客户1的应收账款面临着较大的回收风险，应将800万应收账款全部扣除。20%这一比率可根据债务人信用及宏观经济形势进行调整。经济高涨时，可高于20%，反之，则应低于20%。

（2）客户3既是借款申请人的债务人，又是债权人，虽然在金额上应收账款大于应付账款，但只要经过几笔交易，这个数字就可能发生逆转。为此，审慎的办法就是把客户3的应收账款全部划为不合格应收账款。

（3）客户7为国外客户，由于国外应收账款的回收遵循的是复杂得多的惯例，不可预见因素较多，因而也予以扣除。

（4）客户6的应收账款占比达到32%，集中度较高，为防止出现额外的信用风险，可将扣除90天金额以后应收账款金额的50%，即（1600－110）×50%万元划为不合格品。

（5）共有670万应收账款的账龄超过90天，按照审慎的原则，这些应收账款不应划为合格品。需要注意的是，670万应收账款中根据前述3条原因已经扣除了一些，在进行中的不合格应收账款金额计算时，应注意调整。

（6）假设经过调查，我们没有发现退货、折扣、已开票未交付货物及债务人信用较差等情况，不合格应收账款仅限于以上诸种情况，则可计算合格应收账款的金额了。

考虑以上情况，合格应收账款可按如下公式计算：

$$5000-800-600-120-60-30-110-(1600-110)\times50\%-350=2185（万元）$$

假设放款比率为75%，则可用贷款额度为2185×75%，即1639万元。银行可在1639万元的信贷额度内向A公司放款。

专栏 2-31

原深圳发展银行的"ARP——应收账款池融资解决方案"与"出口应收账款池融资业务"

一、ARP——应收账款池融资解决方案

ARP（Account Receivable Pool）应收账款池融资是指企业只要将应收账款委托深圳发展银行管理，即可获得连续的融资安排和应收账款管理服务。

深圳发展银行应收账款池融资服务突破传统授信要求，无须企业提供其他保证或抵押担保；支持多种融资方式，便于企业灵活选择合适的融资品种，合理控制财务成本；同时通过合理安排，使融资期限突破单笔应收账款的金额和期限，降低企业资金管理难度。其宣传口号为"蓄水为池，用之不尽"。

深圳发展银行应收账款池融资服务涵盖企业从事国内贸易和国际贸易所取得的应收账款。

1. 国内应收账款池融资。

企业可以通过出让国内应收账款取得深圳发展银行支付的对价，免除应收账款的收款风险；可以在没有其他抵押或保证担保的情况下获得融资，加速资金周转；可以将应收账款管理和催收外包给深圳发展银行，避免影响与下游客户的关系；可以优化财务报表，改善资产结构和现金流。

2. 出口应收账款池融资。

深圳发展银行根据出口商的出口应收账款余额提供一定比例的融资。出口应收账款种类包括以赊销（O/A）、托收（D/P 和 D/A）、信用证（L/C）为结算方式的商品交易下产生的应收账款，融资的使用方式为流动资金贷款、开立银行承兑汇票、开立信用证或保函等。

二、出口应收账款池融资业务

出口应收账款池融资业务是指企业将其向国外销售商品所形成的应收账款转让予深圳发展银行，并且在转让予其的应收账款保持较为稳定的余额的情况下，深圳发展银行综合审核后根据应收账款的余额给予企业一定比例的短期出口融资。

1. 出口应收账款池融资业务的优点。

（1）零散、小额的应收账款也可汇聚成"池"申请融资，无须其他抵押担保。

（2）只要应收账款持续保持在一定余额之上，企业可在深圳发展银行核定的授信额度内，批量或分次支取贷款，一站式融资，手续简便。

（3）享有专业的出口应收账款管理服务，准确把握收款情况，节约企业管理成本。

（4）盘活应收账款，加速资金周转，把握更多商机。

2. 出口应收账款池融资业务的特点。

（1）是深圳发展银行针对中小出口企业应收账款提供的贸易融资业务。

（2）该产品特别适合于：长期向国外多个相对固定的买家出口货物、出口收汇纪录良好且保有相对稳定的应收账款余额的中小企业。企业将连续多笔、单笔金额较小的应收账款汇聚成"池"，整体转让予深圳发展银行，即可从深圳发展银行获得融资支持。

资料来源：根据原深圳发展银行网站内容整理。

第四节　应收账款转让融资

与通过应收账款质押获得融资不同，卖方还可将应收账款转让给银行以取得融资。应收账款转让融资又称为保理融资（为符合人们的习惯称谓，以下通称为保理融资），是另外一种针对于应收账款的融资方式。对我国的银行业来讲，保理融资是一种比质押更熟悉的应收账款融资方式。对融资对象（即卖方）而言，可以将应收账款直接转变为流动资金，有效改善企业财务报表，买方的信用风险转由银行承担，并且因为账务管理和账款追收都由银行负责，从而能减轻企业负担，节约管理成本。因而，保理融资对卖方而言具有较大的吸引力。同时，由于保理融资能够使银行从客户身上取得更为丰厚的收益，因此也获得银行的偏爱。但问题在于银行的竞争日趋激烈，保理融资相对于质押融资而言，需要客户支付更多的成本，因而相对于应收账款质押融资，该产品的竞争力较弱。具体到一家银行，到底是提供保理融资，还是提供质押融资，视银行的业务战略及客户的具体情况而定。在保理融资中，银行是否购买企业的应收账款不取决于出售应收账款企业的信誉，而主要取决于欠账客户的信誉。因此只有那些信用好的欠账客户所欠的应收账款，才能成为银行的收购对象。

按照应收账款涉及对象的空间范围不同，保理融资可分为国内保理和国际保理。国内保理为供应商与其客户均在国内的保理业务，而国际保理则为出口商与进口商分别在不同国家或地区的保理业务。

一、国内保理

（一）业务含义

国内保理业务是指银行作为保理商与卖方（一般是核心企业的供应商）之间签署保理协议，根据该协议，卖方将其现在或将来的基于其与买方订立的国内货物销售/服务合同所产生的应收账款转让给银行，并由银行为其提供资金融通的金融服务。

银行为尽可能多地增加收益，在为卖方提供融资服务的同时，往往还提供销售分户账管理、账款收取和坏账担保等服务，其中，销售分账户管理是指银行利用自己完善的财务制度与业务经验，在收到供应商提交的销售发票副本（即得到受让的应收账款）后，在电脑中设立有关分账户，对债权人与其债务人的交易记录进行管理，包括记账、催收、清算、计息、收费、统计、打印账单等，定期向债权人（供应商、出口商）提供统计报表与往来账户对账单；信用销售控制是指在提供销售分账户管理基础上，银行利用自己的网络和信息渠道，帮助供应商了解其贸易对手的资信变化情况，从而指定切合实际的信用销售限额，帮助供应商避免或减少潜在的收汇风险；债务回收是指银行利用自己的收债技术与队伍，为供应商提供的催收应收账款的服务；坏账担保是指银行对于无追索权保理业务项下受核准应收账款，如果买方既未提出争议，又未能在该合同规定的期限内付款，银行承担买方的信用风险，向卖方履行担保付款的责任。

在实际业务中，一般由卖方所在地银行叙做卖方保理业务，提供融资和销售分账户管理服务；买方所在地银行叙做买方保理业务，提供应收账款催收及坏账担保服务。

（二）业务基本流程

1. 选择适合叙作保理业务的客户，确保基础交易真实可靠

开办保理业务的客户应满足如下条件：无追索权保理业务买卖双方不能是关联企业；有追索权保理业务买卖双方原则上应是非关联企业，如是关联企业，应纳入关联企业集团客户授信管理；卖方与买方建立有长期、稳定的销售往来，能够形成连续、稳定的应收账款现金流；买方付款正常，无不良付款记录；卖方销售产品应是原材料、零部件等标准统一、同质性强的商品；销售方式为赊销，付款期限原则上不超过180天；付款方式明确，有确定的付款到期日；合同中未含有禁止转让、寄售或保留所有权条款。

2. 对客户及应收账款进行考察

考察卖方的应收账款是否适用叙作保理、卖方经营现状和前景、卖方的业务量、买卖双方的业务合作关系等。办理保理融资的应收账款应满足如下条件：基于正常合法的基础交易产生；仅以人民币表示并支付；属卖方合法所有并依法可以转让，未被质押、设定信托或转让给任何第三方，没有任何权利瑕疵；卖方已经按照基础交易合同的约定履行了发货义务并将继续履行其在基础交易合同项下的义务；以及银行要求的其他条件。

3. 认真分析客户的业务需求，设计合适的保理产品

4. 保理额度审批

保理额度审批需按照银行法人客户授信管理规定进行统一授信。

对有追索权保理业务的授信，重点是考察卖方的资信状况，同时适当参考买方是否同意签署应收账款债权转让通知文件回执、买方支付货款方式、买方付款记录和融资比例及期限等因素。

对无追索权保理需对买卖双方进行授信，重点是考察买方信用状况，包括其自身实力、付款意愿、与卖方合作紧密程度等因素。对卖方授信应考虑到其回购买方提出争议部分应收账款的能力。

5. 落实办理保理融资所需的条件

办理保理融资所需条件包括：签署业务协议；在融资前办妥买方确认手续；督促卖方向买方发送《应收账款债权转让通知书》或督促卖方签署并向银行提交《应收账款债权转让通知书》；跟踪卖方发货情况；卖方发货后，督促卖方及时向买方发送载有银行格式应收账款债权转让条款的《商业发票》或督促卖方签署并向银行提交载有银行格式应收账款债权转让条款的《商业发票》；卖方发货后，督促卖方及时向银行提交单据；开立监管账户（如需）；审查授信前提条件是否已经落实；决定额度是否启用等。

6. 放款前审查

放款前审查的内容包括：审查卖方提交单据是否齐全、是否表面一致；应收账款转让事宜是否已经落实；商业发票载明的应收账款到期日是否与基础交易合同的有关规定一致、是否为合格应收账款；审查授信额度是否启用；印鉴是否核符；是否存在根据本规定应当暂停融资的情形等。

审查通过后办理放款手续，并进行会计处理。

7. 融资后管理

银行提供融资后，应跟踪卖方经营情况和发货情况，以及买方经营情况及付款情况，发现异常情况，及时采取相应措施，并注意要及时将监管账户内资金划转至保理专户。

（三）业务分类

根据银行对卖方应收账款是否承担坏账担保责任分为有追索权保理和无追索权保理。

根据对买卖双方授信额度的核定由银行的一家分行还是由银行的两家分行进行的，可分为单保理融资和双保理融资。单保理业务是指以买方客户为核心开展的无追索权保理业务：即买方所在地分行既给买方核定担保付款额度，也给卖方核对保理融资额度，同时向卖方提供贸易融资。双保理业务是指由两家不同分行分别担任卖方分行和买方分行的无追索权保理业务，即由卖方分行负责申请卖方保理融资额度，买方分行负责申请买方坏账担保额度。

有追索权保理、无追索权保理、单保理、双保理可进行有机组合，从而形成多种业务模式。以下简要介绍公开型无追索权国内单保理模式和公开型无追索权背对背保理模式（假设买方和卖方所在地均有本银行分行）。

1. 公开型无追索权国内单保理模式

由卖方所在地分行作为发起行，除对卖方办理正常授信外，如买方未在本行当地分行取得授信，卖方所在地分行可直接按程序为异地买方办理授信（如买方已在我行当地分行取得授信额度，卖方所在地分行应在统一授信原则下申请占用买方授信额度）；卖方在核准的授信额度内发货后向卖方所在地分行交单，由卖方所在地分行一家按照公开型无追索权保理业务制度要求完成各项操作，即该分行既负责对卖方的保理融资，又负责对买方的信用担保。

对于在本银行有公开授信额度的大型优质买方客户，卖方分行可为其设定用于保理业务的专项内部授信额度，以解决买方担保额度的问题；买方取得内部授信后，卖方所在地分行须加强对此类异地授信的管理，并保证每月一次赴企业进行授信后跟踪管理。

对于无公开授信额度的国外、国内知名企业，虽未取得本银行公开授信额度，但本银行可根据上市公司的公开报表或国际评级公司的评级报告及邓白氏的调查报告对其进行内部授信。

为有效管理此类公开型无追索权项下的操作风险，银行须认真执行相关业务管理制度，并着重做好业务条件的落实工作。包括：坚持对基础交易真实性的审核，必要时要求买方对基础交易真实性进行确认；坚持公开转让，卖方分行在操作中必须落实通知买方应收账款转让的手续；产品不易出现争议，并根据以往的争议情况限定卖方融资比例，原则上不超过 80%；严格监控买方付款直接付至我行保理专户，出现问题及时采取措施加以纠正，杜绝间接付款行为的发生；做好应收账款管理工作，严密监控应收账款的回收，密切跟踪每笔应收账款的到期情况，并及时催收。

2. 公开型无追索权背对背保理模式

背对背保理是与现代企业的交易模式相伴而生的一项保理业务品种，由于其较好地适应了现代企业的运作模式，近年来在国际上得到了较为普遍的发展。该业务模式具有以下特点：为供应商提供融资便利，规避买方的信用风险，并可帮助其不断扩大业务规模；帮助物流企业进一步巩固了上、下游企业合作关系，有利于其控制采购成本，并使其能够借助银行信用增强供应商扩大信用销售规模的信心；背对背保理业务操作环节较多，对应收账款的管理及汇付操作要求较高，银行更须严格做好贸易背景真实性审查、回款路径及应收账款跟踪管理等各环节的风险管理工作。

该模式基本业务运作流程如下：

（1）分行 A 围绕核心企业（最终买方）开展营销，按照供应链的流程延伸至物流企业和供应商（最终卖方）。

（2）分行 A 将产品供应商推荐至分行 B，分行 B 为供应商核定保理融资额度，分行 A 同时为核心企业核定信用担保额度。

（3）供应商与分行 B 签订无追索权保理协议，供应商将其对物流企业的应收账款转让，同时，分行 A 与物流企业签署协议，将其对核心企业的应收账款转让。

（4）最后，分行 B 和物流企业均将应收账款转让给分行 A，由分行 A 为核心企业提供担保额度，分行 B 为供应商提供融资。

（5）分行 A 到期向核心企业收款，将款项付至分行 B，并将差额部分扣除手续费后付至物流企业，完成一次业务运转。

在单保理模式下，上述分行 A 和 B 的工作可以由一家分行完成。

（四）业务办理中应该注意的事项

1. 买方付款方式的选择

银行接受的买方付款方式为：买方付款至银行保理专户、买方付款至卖方开立在银行的监管账户和买方以银行承兑汇票、银行汇票或支票支付；但无追索权保理业务项下银行原则上不接受买方以银行承兑汇票、银行汇票或支票支付的方式。

对于买卖双方基础交易采用银行承兑汇票、银行汇票或支票结算的方式，银行应加强票据签发及流向的管理，确保票据贴现或解付后的资金能够直接进入保理专户。

对于涉及卖方在银行开立监管账户的保理业务，银行可将客户开立的保证金存款账户作为监管账户。如有买方付款，应将买方所付款项划转至保理专户。未有特殊情况，不得从监管账户转出款项。

2. 保理项下应收账款的转让

银行保理业务项下的应收账款转让必须通知买方。应收账款转让通知的时间可以选择保理融资前通知或融资后通知；对选择融资后进行应收账款通知的业务，必须由银行办理通知转让，但对保理融资已收回的业务，可以豁免应收账款转让通知。通知以固定格式的通知书的方式进行。基本格式如下：

专栏 2-32

应收账款债权转让通知书（样本）
（适用于保理专户）

编号：_____

致：_____公司（买方）

根据我司与＊＊＊＊银行于_____年_____月_____日签署的第_____号《保理业务协议》，我司把与贵司之间于_____年_____月_____日之前签署的全部贸易/服务合同项下产生的全部应收账款债权均将转让给＊＊＊＊银行叙作保理业务。

根据此种安排，我司向贵司出具的所有商业发票上均将载有下列条款：根据我司与_____银行签署的第_____号《保理业务协议》，_____银行已取代我司成为本发票项下应收账款的合法受让人。只有对_____银行付款方能解除贵司在本发票项下对我司的债务。请贵司务必于本发票到期日将款项付至_____银行，账户名称："_____"，账号为："_____"。

如贵司发现所收到货物/服务存在任何问题，请及时通知我司及_____银行。

除非_____银行向贵司另行出具书面通知并告知该银行与我司的保理业务关系已终结，贵司必须将所有应收账款项下款项均付至_____银行上述账户。

银行地址：_____邮编：_____

联系人：_____联系电话：_____传真：_____

本通知书一式二份，请在此通知书上签章并将其中一份退我司。特此通知，并感谢贵司的大力合作。

公司（卖方）_____　　　　公司（买方）_____

（签字盖章）　　　　　　　　　　　（签字盖章）

年　月　日　　　　　　　　　　年　月　日

3. 保理费用的收取

银行愿意叙作保理业务的一大原因是可以收取可观的保理费用，一般在1%~1.5%。相对于其他融资服务而言，出口商需承担较高的费用支出，因此银行应提供较高质量的服务。银行收取较高费用的原因，则是银行在提供保理服务中劳动付出及承担的风险较大，因此，亦应认真了解进出口商的信誉及贸易背景，确保贸易背景真实，避免引起贸易纠纷，确保风险可控。在提供融资后，则加强后续管理，做好货款催收等工作。

二、国际保理

（一）业务含义

国际保理业务是指银行通过买进企业以发票表示的对债务人的应收账款而向债权人提供的金融服务。这种业务的全称是保付代理业务，简称保理业务。从融资角度讲，保理仅指出口商在采用赊销（O/A）、承兑交单（D/A）等信用方式向进口商销售货物时，出口地银行根据供应商提交的发票及其他资料，向出口商提供与发票一定比例金额的融资。但有时，银行从提高综合收益角度出发或为满足企业的综合需求，一般在为企业提供融资服务的同时，也向企业提供销售分账户管理、信用销售控制、债务回收、坏账担保中的一种或全部。

（二）业务分类

1. 出口保理与进口保理

根据银行所提供的服务内容及方式的不同，国际保理业务分出口保理和进口保理等品种。

（1）出口保理。出口保理是指银行作为出口保理商向出口商提供融资的保理业务品种。出口保理根据出口保理商及进口保理商提供的服务不同，可分为无追索权出口保理、有追索权出口保理等多个品种。其中，无追索权出口保理是由进口保理商提供坏账担保，并根据出口商的要求提供融资的保理业务品种；有追索权出口保理是对出口商不提供坏账担保、不承担进口商信用风险、可为出口商提供融资，并享有对出口商追索权的保理业务品种。

根据是否有保理商参与，有追索权出口保理可分为有追索权出口双保理和有追索权出口单保理。有追索权出口双保理，即在出口保理业务过程中有进口保理商参与，但不提供坏账担保的保理融资；有追索权出口单保理，即在保理业务中银行作为出口保理商，无其他保理商为进口商提供信用担保额度，银行可为出口商提供保理融资的保理融资。

（2）进口保理。进口保理是指银行应国外出口保理商的申请，为某一特定的进口商核定信用额度的保理业务品种。

2. 隐蔽型保理和公开型保理

隐蔽型保理项下，出口商向出口地银行提交单据办理应收账款转让时暂不通知进口商应收账款转让事宜，但是出口地银行保留要求出口商按照其指示随时通知进口商或者由进/出口地银行直接通知进口商应收账款转让事宜的权利。

公开型保理项下，出口商必须事先通知进口商应收账款转让事宜，并按照进口地银行提供的格式和实质内容向进口商发出《应收账款债权转让通知书》，出口商需将已履行应收账款转让通知手续的书面证明文件，如经快运机构及出口商有效签章的寄送该转让通知的快邮收据或进口商签署的回执等相关单据提交给出口地银行。在进/出口地银行同意的情况下，出口商可以通过出口地银行授权进口地银行代为寄送上述文件，但是相关费用由出口商承担。

3. 有追索权保理和无追索权保理

有追索权保理是指银行无法从进口商处收回保理融资贷款时，银行可按协议约定向出口商追索。在有追索权保理业务中，银行不负责为出口商核定信用额度和提供坏账担保，仅提供包括融资在内的其他保理服务。

无追索权保理是指银行无法收回融资款项时，银行根据协议约定无法向出口商追索。在无追索权保理业务中，银行可为出口商核定信用额度和提供坏账担保。在该额度中，由债务人资信等问题造成的坏账损失由银行承担。

4. 单保理和双保理

单保理是指仅涉及一方保理商的保理，适用于出口商所在国家或地区未有保理商的情况（进出口商所在国家或地区有无保理商是指当地银行是否加入国际保理商联合会，即 FCR）。

双保理是指涉及进出口双方保理商的保理，适用于进出口商双方所在国家或地区均有保理商的情况。

（三）业务办理的基本原则

1. 客户认真筛选和应收账款科学确认原则

国际保理项下的相关各方必须符合下列条件：出口商/进口商具有进出口经营权；出口保理项下的出口商及进口保理项下的国外保理商向银行提出书面委托及/或申请；出口商产品/服务质量稳定、销售渠道畅通、履约能力强，且其进口商业务相对集中、资信优良、业务量增长稳定、付款记录良好；无追索权出口保理业务项下进出口商非关联企业；境外保理商必须符合银行代理行政策，其中无追索权出口保理项下的进口保理商须已被核定了同业授信额度。

出口保理项下出口商或进口保理项下国外出口保理商申请转让给银行叙作保理业务的应收账款必须满足下列条件：具有真实合法的基础交易背景；以赊销（O/A）或承兑交单（D/A）为付款方式进行的国际货物买卖交易；付款期限原则上不超过 90 天；基础交易合同不得含有合同/应收账款禁止转让条款；出口商未采取保留所有权或寄售的方式进行销售；未被用于任何形式的担保，也不存在任何争议；应收账款是尚未到期的应收账款。

2. 符合外汇管理政策要求原则

国际保理业务项下结、售、付汇等业务，应根据国家外汇管理的有关规定办理并按国际收支申报的要求申报，其中有追索权出口保理项下必须在实际收汇后方可出具出口核销联，无追索权出口保理项下根据实际情况可以在融资当日出具出口核销联。

3. 遵循国际惯例原则

国际保理业务应遵循国际保理商协会 FCI 制定并颁布的《国际保理业务通用规则》（GRIF）等相关国际惯例。在与国外保理商的通信往来需使用 EDIfactoring. com，并遵循《EDIfactoring. com 报文规格与业务规则》办理。

（四）国际保理业务的授信管理

对于无追索权出口保理业务，银行需对进口保理商及出口商（如需提供保理融资）进行授信且进口保理商已为进口商核准正式信用担保额度；对于出口商授信可参考进口保理商对进口商的担保授信额度，主要考虑出口商回购买方提出争议部分应收账款的能力，依据出口商评级及出口保理操作评估分数给予保理融资额度。对出口商的授信应在综合考虑客户的信用评级及基本情况下，将出口保理操作评价结果作为对企业出口保理授信审批的重要参考依据，在国外保理商核定的坏账担保额度内给予出口企业相应的出口保理融资额度。

对于有追索权保理业务的授信，重点是考察卖方的资信状况，适当参考买卖双方以往交易情况、买方以往付款记录及是否通过银行结算等因素。

对于进口保理业务的授信，根据《国际保理通则（GRIF）》规定，银行仅对进口商的信用风险提供担保，即进口商因其自身原因无法到期支付应付账款的情况提供担保；因此在进口保理业务项下仅需对进口商的信用风险进行审核，对进口保理额度授信采用内部授信，对于已纳入银行法人客户统一授信管理的客户，根据需求可切分或增加进口保理担保额度。

（五）业务操作流程

一笔完整的、有进出地双方银行参与的保理业务，应按以下流程操作：

（1）出口商与国外进口商签署进出口协议，并向出口地银行提交叙作保理业务的书面申请。

（2）出口地银行联系进口地银行，并将出口商本身及业务信息告知进口地银行，要求进口地银行对进口商核定保理额度。进口地银行则根据自身对相关信息的收集与评价决定是否给予进口商保理额度。核定后，将授信额度通知出口地银行。

（3）出口地银行确认后，将信用额度核准通知书告知出口商。

（4）出口商将出口货物形成的对进口商的债权（即将附有转让条款的出口商业发票及其他出口单据）转让给出口地银行，并通知进口商已转让给出口地保理商，以后进口商付款须通过进口地银行。

（5）出口地银行将出口商提交的出口商业发票及其他相关出口单据交进口地银行。出口商如有融资需求，则向出口地银行提出书面申请，出口地银行则提供发票一定比例金额的融资款。

（6）进口地银行将从出口地银行处收到的出口商业发票及其他相关出口单据交进口商，进口商则按照合同约定通过进口地银行付款。

（7）进口地银行在扣除进口保理费用后将剩余款项付给出口地银行，出口地银行则在扣除出口保理费用、邮寄费、电信费等费用以及融资款后，将余款付给出口商。

（六）国际保理业务中应收账款的转让

为保证债权转让通知的有效性，银行必须保证应收账款转让通知的有效性，并在出口保理项下采用由进口地银行提供的应收账款转让通知文句，在实际业务操作中，应收账款转让通知可以采取下列方式之一进行操作：

1. 进口商签署回执

出口商向银行提交经进口商签字确认的银行指定格式的回执。

2. 采用邮寄通知

出口商向银行提交标准版本的《应收账款转让通知申明》，承诺已经按照保理协议要求履行了应收账款转让通知的义务，并将相应的快邮收据提交给银行。

专栏 2-33

应收账款转让通知申明（样本）

编号：

_____银行：

根据_____年____月____日我司与贵行签署的《保理业务协议》（编号：_____）的约定，我司兹申明并承诺如下：

我司已经按照《保理业务协议》的要求履行了应收账款转让通知事宜，于____年____月____日以_____方式将载有应收账款转让条款的《商业发票》/《Introductory Letter》（编号：_____）寄送进口商（进口商名址见附件《快邮收据》）。现将快邮收据副本（收据编号：_____）提交贵行。

我司若违反本申明项下的承诺，则视同我司在《保理业务协议》项下违约，贵行有权行使《保理业务协议》项下约定的权利。

公司

（签字盖章）

年　月　日

附件：《快邮收据》

3. 委托通知

经出口地银行及进口地银行同意，出口商可以通过出口地银行委托进口地银行代为送达。

第五节 出口退税账户托管贷款

一、业务含义

出口商有出口业务，但退税款不能及时到位，影响企业资金周转，可向出口地银行申请账户托管贷款。所谓出口退税账户托管贷款，是指银行为解决出口商因出口退税款未能及时到账而出现短期资金困难，在对出口商的出口退税账户进行托管（出口商凭有效的欠退税单据作抵押）的前提下，向出口商提供的以出口退税应收款作为还款保证的短期流动资金贷款。贷款金额以国税机关审核确认的出口退税应收款金额作为主要依据，按国家退税金额的一定比例向出口商发放该贷款，原则上不超过申请授信企业应得退税款的70%。通过获得出口退税专用账户的质押权，贷款银行对退税账户内的退税款享有优先受偿权。出口退税专用账户质押给银行后，银行除提供直接信贷资金后，还可以开立银行承兑汇票以及开证授信、进口押汇、出口押汇、出口贴现等相关贸易融资业务向借款人提供支持，以取得较高的综合效益。出口退税账户托管贷款的币种为人民币，在符合银行有关外币贷款规定的条件下，也可提供外币贷款。

出口退税账户托管贷款业务打的是借款人需要资金与税款尚未退回之间的时间差。对用款比较急迫的出口企业来讲，是一种比较好的融资方式，可满足其临时资金需求，缓解资金压力。

二、业务办理

借款人申请出口退税账户托管贷款，应具有一些基本条件，如具有独立法人资格和从事进出口业务资格；没有被外汇管理部门列为"出口收汇风险企业名录"，且没有发生逃套汇行为；没有因欠税或出口骗税等行为而被税务部门查处的记录；近年内生产经营正常，出口稳定，财务制度健全；无逃废银行债务记录；出口退税申请已获外经贸主管部门等有权审批机关审核同意，且出口企业在税务部门已办理完退税手续等。在实际业务操作中，贷款银行会优先选择那些在本银行开展业务活动较长、出口结算金额较大、信誉良好的出口企业开展合作。托管贷款实行封闭运行、专款专用，银行需加强对专用账户的监控，未经银行同意，出口商不得擅自转移该账户内的款项，银行也不同意出口商将退税专户转移他行。

贷款银行需了解企业近几年的出口退税记录，审核出口商提交的退税账户凭证、税务机构的确认文件等资料。因进出口双方业务纠纷可能发生退关、退货，这会影响到出口退税应收款，因此，银行还需对借款申请人及进口商的信用及经营风险进行分析，要及时了解新出现的骗取出口退税企业名单以及收到税务机关处罚的出口企业名单，严防出口商偷、漏、逃、骗税。

对那些银行愿意提供出口退税账户托管贷款的借款人，银行应要求借款人在本银行开立唯一性的出口退税专用账户，并提交由出口企业所在地、主管出口退税的国家税务机构出具的同意借款人在本银行开立唯一出口退税专用账户的文件、出口商已办理出口退税手续和核定的出口商应退未退税款的相应证明文件以及外经贸部门或其他指定部门审核批准的文件及应退税款项清单。

出口企业办理货物出口后，可向税务机构提供以下资料申请出口退税：外贸企业购货合同、生产企业收购非自产货物出口的购货合同，包括一笔购销合同下签订的补充合同等；出口货物明细单；出口货物装货单；出口货物运输单据（包括：海运提单、航空运单、铁路运单、货物承运收据、邮政收据等承运人出具的货物收据）。在获得出口备案后，出口企业就可向银行申请授信。通常提交的资料主要包括：企业营业执照、法人代码证书、税务登记证；公司章程；贷款卡借款申请书；公司长年办理货物出口的说明资料，企业近三年的出口退税记录；该出口退税已被外经贸部门或其他指定部门审核批准的文件及应退税款项清单；税务部门出具的出口商已办理出口退税手续及核定的出口商应退未退税款的相应证明文件；向银行提交承诺书，银行需要的其他资料。

在办理出口退税账户托管贷款时，贷款银行须采取有效方式与当地税务机构取得联系，以确保借款人开立的账户为申请出口退税账户质押授信业务企业当前唯一的退税账户。在税务机构出具相关证明的情况下，贷款银行必须派人与授信申请人一同到负责审核授信申请人的出口退税部门办理审核和确认手续。贷款银行在与借款人、税务机构签订出口退税专用账户管理相应协议、并留存税务机构印鉴。在每次受理出口退税账户质押贷款业务时，应仔细核对预留印鉴，印鉴相符后方可对外办理。如税务机构不提供任何书面证明，银行须采取其他方式与当地税务机构取得联系，以确保该账户为申请出口退税账户质押授信业务企业当前唯一的退税账户。核实无误后，银行方可办理贷款。退税款到账后，银行从退税账户直接扣收退税款，归还贷款。

由于该业务的还款来源主要依赖于税务机构退税款，因此加强与税务机构的沟通非常重要，要争取税务机构的支持与配合。在贷款清偿完毕前，未经银行同意，要求税务机构不得为出口商办理专用账户更改手续。在提供贷款后，贷款银行还应加强对出口退税账户的严格监控，在业务未执行完毕、银行相应权益未得到清偿之前，借款人不得变更退税账户；未经贷款银行同意，借款人也不得支取该账户的款项。如发生税务机构扣收借款人以前欠税或借款人因有骗税等行为而导致出口退税款项没有及时到位或到位资金不足情况，贷款银行应立即停止该借款人的业务，并及时向其追索。在业务到期后，贷款银行应从借款人的退税账户中扣收相应贷款，如到期后借款人退税账户无足够的资金归还上述款项，贷款银行应从借款人其他账户中扣回相应款项。

专栏 2-34

大元畜产进出口股份公司出口退税融资

A 银行通过与当地国家税务局进出口管理分局联系，达成双方合作共同支持本地出口企业的意向。当地国家税务局进出口管理分局向本地出口企业推荐了该银行的出口退税贷款产品。其中，大元畜产进出口股份公司被该银行选中，首先开始业务尝试。大元畜产进出口股份公司是从事进出口贸易的专业外贸公司，在本地采购货物、组织出口，年出口业务量在 2.4 亿美元左右。

经过 A 银行了解，最近几年该公司的出口退税资金到位一般都正常。税务局还将进一步加大出口退税款的资金安排，以支持本地企业的出口。大元畜产进出口股份公司资信较好，履约意识较强，愿通过出口退税账户托管尝试获得融资。

经过评审，A 银行给该企业核定出口退税账户托管项下授信共人民币 6,000 万元。

具体流程如下：

1. 大元畜产进出口股份公司向当地国家税务局进出口管理分局提出申请，将该公司进出口退税专户开设在该银行（唯一账户）。

2. 当地国家税务局进出口管理分局核准账户的唯一性、合法性，并承诺将所有应退税款全部汇入该专户。

3. A 银行根据该公司每年贸易量、应退税金额、企业基本情况等核定出口退税账户托管项下贷款金额，报审批机构审批。根据批准的授信额度，双方签署"综合授信协议"。

4. 该公司在办理具体单笔出口业务后向当地国税局进出口管理分局申请开具《应退未退税额证实书》。在不超过信贷额度的条件下，银行凭国税局开具的《应退未退税额证实书》金额，按七折计算，给该客户办理贷款。

5.3 个月后，退税款到账，企业归还银行贷款。

从该案例的经验看，银行应主动与各级税务部门、外经贸主管部门沟通与合作，获取客户名单，开展有针对性的重点营销。

第六节 认股权贷款

一、业务含义

随着国内资本市场的日益活跃，越来越多成长潜力巨大的企业致力于在国内外证券市场发行上市。该类潜在上市企业在公开发行上市之前均会有明确的资金需求：既需要通过私募融资完善其股权结构、增强资本实力，又需要传统银行贷款扩大再生产、提升上市前业绩。广大拟上市成长型企业迫切需要一种融合传统银行贷款与私募股权投资的创新产品。认股权贷款这种"债权＋股权"的结构化融资产品就是这样一种创新产品。

认股权，其本质是认股期权，是指目标企业授予融资银行指定的合作 PE 在约定期限按约定价格购买其一定比例股权的权利（银行因提供融资而希望目标企业给予一定的认股权，但商业银行不能持有企业的股份，因而选择了引入 PE 的策略）。所谓 PE，指包括私募股权投资机构、风险投资机构和产业投资基金在内的专业机构投资人的统称。认股权贷款，即是指融资银行与 PE 机构合作，将债权融资业务与股权融资业务相结合，为企业提供灵活的结构化融资产品。融资银行通过向目标企业发放正常贷款，并将目标企业授予的认股权指定融资银行合作 PE 行使。认股权贷款一般采用流动资金贷款形式，签署一般借款合同，融资期限为 2~3 年。

认股权贷款业务属于高附加值的中间业务，除能给融资银行带来正常贷款利息、财务顾问费等基本收益外，融资银行还有权分享合作PE 投资的目标企业股权所带来的超额收益，即 PE 投资股权溢价的分成收入。此外，企业股本融资完成后，其私募及 IPO 募集资金也会存入在融资银行开设的监管账户，从而带来较多的存款沉淀。

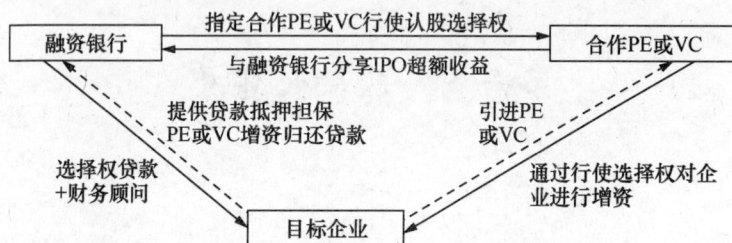

图 2-6　认股权贷款的交易结构

二、目标客户选择

认股权贷款的目标客户应在具备以下条件的企业中选择：基本符合上市标准和要求的国有中型以上企业；符合融资银行信贷投向政策、核心竞争力突出、细分行业或区域性行业龙头、基本符合中小板或创业板上市要求的优质民营企业；符合融资银行的中小企业信贷投向政策，已有两到三年存续期，具有核心技术优势或独特资源优势，盈利模式与核心团队相对稳定，未来具有创业板上市潜力的高成长性中小企业；融资银行认可的其他有发展潜力的优质企业。

鉴于认股权贷款业务具有较强的风险（比如目标企业不能实现上市），融资企业除须符合以上基本条件外，还应重点参考下述条件：主营业务突出，近三年平均主营业务增长率较高；近两年连续盈利，平均净资产收益率、净利润等指标表现良好；有明确的募集资金投向，股权融资规模较大；公司无重大税务问题，无重大环保及其他行政处罚，土地及资产权属清晰；企业承诺在贷款期内授予合作 PE 认股权；

未来私募及 IPO 募集资金在融资银行开设专户存储，优先归还融资银行贷款；接受融资银行作为财务顾问，全程介入并协调其上市前私募、改制上市工作等。

三、业务流程

（一）基本流程

（1）融资银行与目标企业约定贷款金额、期限、利率、抵押条件及约定还款方式，并按银行内部授信审批流程报批。目标企业则明确融资银行为独家私募财务顾问。

（2）融资银行、PE、担保公司与目标企业及其股东签署相关协议。其中，融资银行与目标企业签署《贷款协议》，约定贷款金额、贷款期限、贷款利率、抵押条件及约定还款方式；融资银行与担保公司签署《担保合同》，约定由担保公司为贷款提供担保；目标企业与担保公司签署《委托担保合同》；融资银行、担保公司、目标企业及其股东签署《战略合作协议》。

《战略合作协议》约定企业授予融资银行合作 PE 认股权，融资银行有权在约定期限内指定合作 PE 以约定价格对融资企业进行增资，增资资金存入企业在融资银行开设的监管账户。《战略合作协议》还应约定以下保护融资银行利益的关键条款，包括但不限于：

①借款合同生效的前提是授予融资银行指定合作 PE 认股权的战略合作协议签署并生效；

②对企业特定情形下获得的额外现金流用于提前还款的强制性条款；

③对企业私募或 IPO 专用账户的监控条款；

④确保融资银行对重大事项知情权或认可权的企业承诺条款；

⑤要求企业在贷款存续期间定期报送财务报表和其他相关资料的条款。

（3）融资银行与 PE 及担保公司签署《认股权合作协议》。《认股权合作协议》至少应包含以下条款：

①融资银行把对目标企业的认股权授权给合作 PE 行使，有权分享合作 PE 投资于企业的股权在未来上市推出时实现的超额收益。若 PE 在行权期限内选择行权，则融资银行和担保公司将分别分享其未来退出所获净收益的一定比例作为提成；若 PE 在行权期限内，经融资银行和担保公司同意后向第三方转让认股权，则融资银行和担保公司将各获得一定比例的认股权转让收入。上述两个比例由当事各方协商确定。

②企业上市后，在获得融资银行书面同意的情况下，PE 可从其投资的企业中通过转让股权等方式退出。为防范 PE 在企业上市解除锁定期后迟迟不退出的风险，融资银行应在双方合作协议中约定最迟退出期限。若 PE 过期仍未退出，融资银行有权按最迟退出期限前最近收盘价格与 PE 进行收益结算。

③PE 承诺其行权入股资金存入企业在融资银行开设的监管账户。

④企业及其股东与 PE 签署《认股权投资协议》。

⑤融资银行发放认股权贷款。

⑥融资银行联合券商、律师、会计师等中介机构，积极推动目标企业改制、重组及上市进程。目标企业增资时，资金存入融资银行监管账户，用于归还融资银行贷款。

⑦企业上市或 PE 指定的其他投资机构行权后，资金优先用于归还融资银行贷款。融资银行获取合作 PE 投资股权的超额收益分成后，项目实现顺利退出。在私募增资完成但上市时间推后的情况下，经重新评估，可选择将贷款展期或提前偿还。如发生影响企业正常经营的重大事项，融资银行应采取紧急得力措施，确保能够安全退出。

（二）批量营销认股权贷款业务的方法

银行如果一个一个地营销目标企业，搜寻成本会很大，因此往往借助一些中介组织来批量寻找并营销目标客户。图 2－7 展示的是与高新技术产业园区合作来扩大客户群体的例子。在该例子中，融资银行与高新技术产业园区搭建融资合作平台，为区内企业发放认股权按揭贷款，由指定 PE 在企业上市后行使认股权，并由园区政府提供认股权贷款风险补偿。

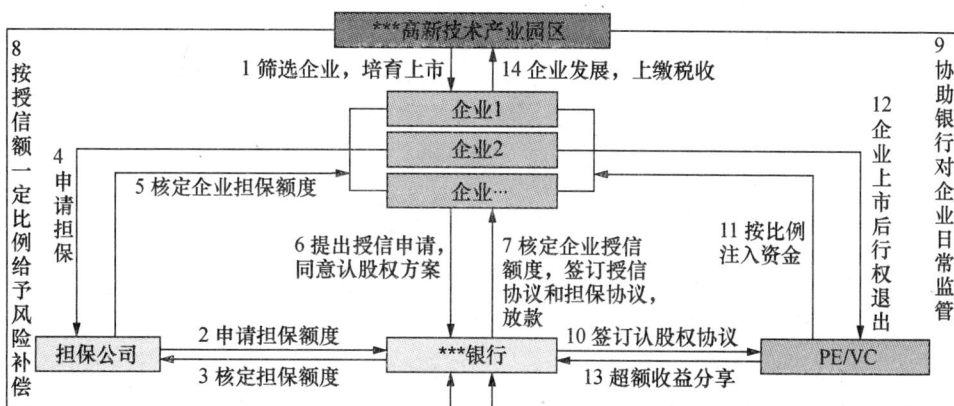

图2-7 认股权流程图

专栏2-35

××公司（目标企业）与××银行及××创投公司（PE）、××担保公司（或目标企业的股东）

关于××公司未来增资扩股事宜的战略合作协议（样本）

鉴于：

1. 在本协议签署前，××公司和××银行签署了《借款合同》，依据该合同，××银行将向××公司提供为期____年、共计_____万元的借款。

2、××创投公司为××银行指定的合作机构。在××银行要求下，××公司授予××创投公司一定数额的认股权。对此，担保公司表示同意。

为此，经本协议各方友好协商，达成如下协议：

一、释义

本协议项下的认股权是指××银行指定的合作机构从××公司取得的、在一定期限内以一定价格和条件认购××公司一定数额股份的一种权利。在本协议规定时间内，××银行有权指定××创投公司行使该认股权，对此××公司和担保方均表示同意。

本协议项下股权转让是指在××银行要求下，××公司的股东或全体股东（担保方）依照××银行要求的比例将担保方在××公司的股权转让给××创投公司。

二、认股权转让

××创投公司在获得××银行授权后，可以将依照本协议取得的认股权转让给除××公司竞争对象以外的第三方。

三、行权前一致行动

如果××公司股东（担保方）的股份被本合同当事人以外的第三方收购，××公司股东（担保方）在转让其股份时必须以同时将××创投公司的认股权份额一起转让为××公司股东（担保方）与第三方股权转让合同生效的先决条件，××创投公司事前书面表示继续持有××公司认股权除外。

四、认股权行权

1. 行权的实施条件。

自本协议签订之日起五年内，××创投公司在获得××银行书面同意后，可根据自身意愿随时进行行权。××公司及××公司股东（担保方）在收到××创投公司的行权书面通知后，应在一个月内尽最大努力为××创投公司完成行权。

2. 行权的方式。

××创投公司对××公司出资行权，成为××公司的登记股东。

3. 行权价格。

以_____单位价格为基础，××创投公司进行行权。

4. 行权数额。

××创投公司对××公司进行行权增资的金额为_____万元。

5. 随同出售权。

在××公司成功发行上市前，如果××公司控股股东计划直接或间接出售他在××公司的股份给第三方，××公司控股股东首先要保证这个第三方以同等条件按照××创投公司所持股比例购买××创投公司的股份。但是，如果××公司控股股东在直接或间接出售其股份后，他在××公司中已不再是控股股东的话，则××创投公司有权在相同条件下出售其在××公司的所有股份给上述××公司控股股东，××公司控股股东愿意以其对第三方的转让股份单价为计算依据予以购买。

6. 防止稀释权。

未经××银行、××创投公司书面同意，××公司不得以低于××创投公司的初始投资价格出售新股给第三方。如果××公司以低于××创投公司的初始投资价格发行新股或其他可以转换成股票的证券，××创投公司有权获得差价补偿。

7. 优先认购权。

在××创投公司行使认股权投资完成到××公司成功发行上市前，××创投公司在认购××公司新发行的原始股或其他股东出售的股份方面享有与现在其他股东同等的优先权。

8. 优先受让权。

在××创投公司行使认股权投资完成到××公司成功发行上市前，××创投公司享有与其他股东一样的优先购买现有其他股东所持股票的权利。如果某位其他股东欲向第三方转让其股份，该股东必须首先保证在相同条件下优先出售给包括××创投公司在内的所有股东。

五、交易资金监管

××公司应在××银行指定的分支机构开设账户，在××创投公司和××公司签署增资扩股协议并将资金打入××公司指定账户后，在工商变更以及相关法律手续没有办理完毕之前，××银行应根据××创投公司和××公司现有股东之间的相关协议要求，对上述账户进行监管。

六、排他期

××公司同意自本协议生效后至××创投公司行权结束的时间段内，除非获得××银行、××创投公司书面同意，××公司和××公司股东将不再直接或间接与除××银行、××创投公司之外的其他机构就投资交易事宜进行接触或谈判。

七、担保

1. 担保方无条件对本协议所约定的股权变更行为进行担保。

2. 在××创投公司要求行权后，除××创投公司不依法提供资金以外，××创投公司没有取得工商机关登记的××公司股权的，××银行、××创投公司有权直接要求担保方并有权选择任意担保方将其所持有的××公司股份转让给××创投公司。股份转让价格为本协议第四条第三款确定的价格。

八、陈述、保证和约定

1. ××公司承诺公司系依法成立和有效存续的企业。

2. ××公司股东（担保方）合法拥有公司的股权，并有完全的权利能力将其进行股份变更。

3. ××公司股东（担保方）已采取一切必要措施，保证有关机构批准本协议项下之全部行为。

4. ××公司将于本协议生效及行权后依照××银行、××创投公司的要求全力为××创投公司办理变更登记手续。

5. ××公司股东（担保方）对在××公司的资产及股份上未设置任何担保、抵押事项，且放弃对公司增加注册资本的优先权；及如果出现××公司股东（担保方）转让其股权给××创投公司的情况，××公司的其他股东同意放弃转让股份的优先购买权。

6. ××银行保证指定的合作机构××创投公司具有成为公司股东的行为能力和进行股权转让的权利能力。

7. ××银行应当尽职地履行为××公司提供相关贷款的义务，并在本协议签署后尽快发放相关贷款。

8. ××银行、××创投公司享有与××公司股东同等的知情权，包括但不限于：××公司股东变更、股份变更、知识产权及重大事项的知情权。

九、其他

本协议是各方约定××创投公司向××公司行使认股权投资的基本条件，具体增资扩股协议届时由××公司与××创投公司另行签署，但该增资扩股协议中涉及的认股条件不得与本协议相违背。

专栏 2-36

××银行与××创投公司关于××目标公司
认股权项目的合作协议

鉴于：

1. ××银行根据与××目标公司签署的《战略合作协议》，××银行指定的合作机构从××目标公司取得认股权，且约定××银行可以指定机构来行使该项认股权。

2. ××创投公司通过对××目标公司的尽职调查，认可该××目标公司未来具备上市潜力，有意愿在该××目标公司增资扩股时对其进行投资。

3. ××银行愿意选择××创投公司作为合作机构，指定××创投公司行使对××目标公司的认股权。对此，××创投公司表示同意。

为此，××银行与××创投公司达成如下协议，以资信守：

一、释义

本协议所述"认股权"是指××银行根据其与××目标公司_____年____月____日签署的《战略合作协议》（以下简称"认股

协议")的约定,××银行指定的合作机构从××目标公司取得,在一定期限内、以一定价格和条件认购××目标公司一定数额股份的一种权利。

二、事项

1. ××银行选择××创投公司作为指定的合作机构,由××创投公司行使对××目标公司的认股权。

2. ××创投公司对××目标公司的正式行权,须经××银行书面同意。

3. ××创投公司同意按照认股协议确定的基本条件及额度,向××目标公司进行增资。

4. ××创投公司对××目标公司行权投资持有的股份,在××目标公司发行上市前的任何股权转让行为,须经××银行书面同意。

5. ××创投公司同意在对××目标公司行使认股权投资后,所持××目标公司股份退出获得的投资收益,按照本协议的约定,支付一定比例给××银行。

三、认股权转让

在认股权行权期内,若××创投公司因特殊情况确实无法行权,则××创投公司应在征得××银行书面同意后,将该认股权转给××银行指定的第三方继续行使。

四、投资收益分成与认股权转让收益

1. 投资收益分成

××创投公司对××目标公司进行行权投资后,根据所持××目标公司股份退出时的投资回报率情况,按照以下比例向××银行支付收益分成:

(1) 如果退出时××创投公司的年化回报率低于_____,则××银行不收取任何收益分成。

(2) 如果退出时××创投公司的年化回报率高于_____,则××银行按照以下约定收取相应收益分成:

××银行的收益分成 = ［××创投公司在退出时点的投资利润 − （××创投公司初始投资成本×_____%××创投公司持有××目标公司股份的时间）］××%

相关计算公式如下：

A. 年化投资回报率 = ××创投公司在退出时点的投资利润÷××创投公司初始投资成本÷持有时间

B. ××创投公司在退出时点的投资利润 = ××创投公司投资总回报 − ××创投公司初始投资成本

C. ××创投公司投资总回报 = ××创投公司所持股份所获得的历年分红回报 + ××创投公司在退出时点持有的××目标公司股份价值

（3）退出时点。

A. ××目标公司发行上市前

如果××创投公司行权投资持有的××目标公司股份，经××银行书面同意后在××目标公司发行上市前进行股权转让，则退出时点以实际交易时间为准。在××创投公司收到相关股份转让款后10个工作日内，××创投公司须将收益分成支付给××银行。

B. ××目标公司发行上市后

鉴于××创投公司退出××目标公司股份的时间是一个待定因素，××银行和××创投公司约定：××创投公司所持××目标公司股份在禁售期满后的第20个交易日的收盘时间作为退出时点来计算××银行的投资回报。××创投公司可以选择在该时点卖出所持股份或继续持有。在××创投公司所持××目标公司股份禁售期满后的第30个交易日之前，××创投公司须将收益分成支付给××银行。

2. 认股权转让收益。

本协议项下，由××目标公司认股权转让产生的任何收益均归××银行所有。××创投公司应在收到上述认股权转让款后10个工作日内，将其支付给××银行。

五、其他

1. 如××创投公司未按前述约定向××银行及时支付收益分成或认股权转让收益，则××创投公司应每日按照应支付金额的千分之一向××银行支付滞纳金。

2. 任何一方违反本协议约定均构成违约，须依法承担违约责任。协议的终止不影响受损方向另一方的损害赔偿请求权。

3. 本协议经协议双方签字、盖章之日起生效，有效期自本协议签订之日起（　）年内有效。××创投公司征得××银行书面同意将认股权转给××银行指定的第三方继续行使，或者××创投公司在对××目标公司进行行权投资后按照本协议规定向××银行支付收益分成，则本协议自动终止。

四、风险控制措施

虽然认股权贷款的目标客户都是成长性较好、上市可能性较大的企业，但毕竟存在着不确定性，尤其是中小型企业。为此，融资银行一般还会增加一些风险缓释措施。

（1）优选目标企业。认股权贷款作为一种融资模式的创新，企业准入门槛较高，融资银行应选择经济发展态势较好的国家高新技术园区内的中小企业。从社会服务体系、政策支持体系和协作体系等方面看，这些企业具有较好的发展环境和成长性。

（2）引入担保公司担保，如风险相对较高，在条件允许的情况下，可以适当补充其他担保形式，包括但不限于资产抵押、股权质押、第三方保证和其他形式担保。

（3）优选合作中介机构。与开发区、高新技术产业园区的政府合作，通过行政手段的协调和推荐，有助于融资银行筛选目标客户，解决信息不对称的问题。

（4）优选合作 PE。重点选择以下类型的 PE：与融资银行有长期合作关系，能给予融资银行最高分成比例、具有优良团队构成、过往业绩良好及相关行业经验丰富。

（5）资金封闭运行，增资资金专户管理。确保增资资金能及时归还银行贷款。

（6）制定应急预案。可采取的应急措施包括：停止发放后续认股权贷款、要求提前偿还已发放认股权贷款、账户监控、债务重组、其他资产保全手段等。

（7）银行应加强授信后管理，全程监控企业情况。

①对认股权贷款按项目设置台账及时登记融资金额。如发生异常情况，应积极协调相关部门按应急预案及时进行处理。

②密切跟踪融资企业改制重组上市进程与安排，对融资企业从私募、改制重组到发行上市的各个阶段实行全程监控，定期反馈相关重大事项，通过全方位的项目跟踪机制确保贷款能够顺利退出。

③对合作 PE 投资退出实施全程监控。包括合作 PE 所投资股权的动态信息，对融资企业分红送股、改制挂牌、后续私募、上报 IPO 材料、IPO 挂牌及上市锁定期解除等关键环节实施重点监控。

④防范突发事件对贷款安全的影响。从认股权贷款发放到其全部还款之间发生的可能影响贷款还款安全的重大事件，包括但不限于：借款人当年发生重大亏损或投资损失，不能按期支付认股权贷款本息；借款人发生重大债务重组、减资、合并、分立解散或者申请破产，以及重大资产出售；借款人发生重大诉讼、其他债务发生重大违约、高级管理人员或经营环境、情况等发生重大变化，足以对偿还认股权贷款本息造成重大影响；借款人实际控制人或重要股东、重大投资项目、营运成本、旗下品牌、客户、市场渠道等的重大不利变化；借款人产生新的重大债务或对外担保；借款人的分红策略发生重大变化；借款人违反分红、风险保证金、账户监控承诺等关键条款约定；影响借款人企业持续经营、可能对融资银行认股权贷款偿还存在重大影响的其他重大事项。

融资银行可通过以下渠道获取项目有关信息（包括但不限于）：

企业按约定须定期提供的私募、改制、重组、上市等各阶段重大信息；券商保荐机构、律师、会计师等合作机构反馈的相关信息；监管机构、政府机构等披露、反馈的相关信息；互联网、媒体等公开渠道披露的相关信息；融资银行监控的企业私募资金账户信息、IPO 募集资金账户及合作 PE 投资账户的动态信息等。

（8）确定风险承受限额。融资银行可对认股权贷款累计余额和对同一借款人的认股权贷款余额占同期融资银行核心资本净额的比例确定一个限额，并不得超过。风险承受限额，可根据融资银行的核心资本情况、风险承受能力以及业务发展需要，进行定期核定与调整。

专栏 2-37

认股权的行权价格、额度与期限

认股权的行权价格一般为融资企业增资前一会计年度经审计每股净利润（或每股净资产）的一定倍数。该倍数应在综合参考国内同行业可比上市公司平均市盈率（市净率）、国内可比公司上市前私募平均市盈率（市净率）及融资企业成长潜力等情况后，与融资企业协商确定。认股权的最终行权价格确定前，原则上应知会与融资银行合作的 PE，确保项目后期认股权行权增资的顺利实施。

认股权行权投资额度原则上不低于融资银行认股权贷款额度的一定比例，比如 50%。特定项目投资额度可根据融资企业成长潜力及双方良好合作关系协商确定。

认股权的行权期限确定应符合以下原则：

1. 该期限范围应涵盖从项目启动到融资企业 IPO 材料上报证监会之前，一般不超过三年。

2. 认股权应在风险可控的前提下尽早行权，以分享融资企业未来业绩高成长所带来的潜在投资收益。

3. 实际行权应在融资企业改制上市顺利推进的前提下进行，原则上宜在融资企业改制重组基本完成、股份公司挂牌前或者上市辅导通过当地证监局验收等阶段进行。

第七节　有价证券质押融资

一、单位定期存单质押贷款

（一）业务含义

单位定期存单质押贷款就是借款人以单位定期存单为质押品，银行据此发放的贷款。而所谓单位定期存单，则是指借款人为办理质押贷款而书面委托贷款人依据开户证实书向接受存款的金融机构（以下简称存款行）申请开具的人民币定期存款权利凭证。单位定期存单只能为质押贷款的目的而开立和使用。鉴于《单位定期存款开户证实书》不得作为质押的权利凭证，因此，借款人办理质押贷款时，必须先办理单位定期存单。

（二）业务办理

借款人办理单位定期存单质押贷款时，贷款银行除要求其提供一般贷款所需要的文件、资料外，还应提交下列文件、资料：开户证实书（包括借款人所有的或第三人所有而向借款人提供的开户证实书）、存款人委托贷款人向存款行申请开具单位定期存单的委托书、存款人在存款行的预留印鉴或密码等。由于开户证实书是第三人向借款人提供的，因此贷款银行应要求借款人同时提交第三人同意由借款人为质押贷款目的而使用其开户证实书的证明。

如果贷款银行经审查不同意向借款人发放贷款，则应及时将开户证实书和相关材料退还给借款人。如果贷款银行经审查同意向借款人发放贷款，则应将开户证实书和开具单位定期存单的委托书一并提交给存款行，向存款行申请开具单位定期存单和确认书。贷款银行应要求存款行对如下内容进行确认：单位定期存单所载开立机构、户名、账号、存款数额、存单号码、期限、利率等是否真实准确；借款人提供的预留印鉴或密码是否一致；以及其他需要确认的其他事项。确认书由存款行的负责人签字并加盖单位公章后，与单位定期存单一并递交给贷款银行。如果存款人提供了单位定期存单但未做确认，贷款银行也不能以此存单为凭发放贷款。

贷款银行根据确认后的单位定期存单发放质押贷款时，贷款数额一般也不会超过确认数额的90%，因为贷款要收取贷款利息，贷款银行应确保存单金额能覆盖贷款本息。

贷款银行确保自己权利的凭证是存单，因此应对质押的单位定期存单及借款人或第三人提供的预留印鉴和密码等进行妥善保管，不能丢失、毁损或泄密。质押期间，如果存单丢失，贷款银行应立即通知借款人和出质人，并申请挂失；如果毁损，贷款银行应持有关证明申请补办。同时，由于此种质押贷款与其他质押贷款有所不同，在签署书面质押合同时，内容也有所不同。一般而言，存单质押贷款的质押合同应当特别载明下列内容：单位定期存单号码及所载存款的种类、户名、账户、开立机构、数额、期限、利率；存款行是否对单位定期存单进行了确认；单位定期存单的保管责任；关于当借款人没有依约履行合同的，贷款银行可直接将存单兑现以实现质权的约定；质押担保的范围（应包括贷款本金和利息、罚息、损害赔偿金、违约金和实现质权的费用）；质押期间款项被司法冻结的处理（应明确用于质押的单位定期存单项下的款项在质押期间被司法机关或法律规定的其他机关采取冻结、扣划等强制措施的，贷款银行有权在处分此定期存款时优先受偿）；出质人合并、分立或债权债务发生变更时，贷款人仍然拥有单位定期存单所代表的质权。

质押存单期限如果先于贷款期限届满，则贷款银行可以提前兑现存单，并与出质人协议将兑现的价款提前清偿借款或向与出质人约定的第三人提存。贷款期满借款人如果履行债务，或者借款人提前偿还了所担保的贷款，贷款银行则应当及时将质押的单位定期存单退还存款行。在接到存款行退回的开户证实书后再退还借款给人。如果贷款期满借款人并未按期归还贷款本金和利息，或者虽然贷款未到期但出现借款人或出质人违约、借款人或出质人被宣告破产或解散等情况，贷款银行可依法定方式采取兑现等方式对单位定期存单进行处置。如果单位定期存单处分所得不足偿付应当归还的款项，贷款银行可当向借款人另行追偿；如果还有剩余，则超出部分应当退还出质人。

二、凭证式国债质押贷款

（一）业务含义

凭证式国债质押贷款是指借款人以未到期的凭证式国债作质押，从贷款银行取得人民币贷款，到期归还贷款本息的一种贷款业务。所谓凭证式国债，是指由财政部发行，各承销银行以"中华人民共和国凭证式国债收款凭证"方式销售的国债。银行办理凭证式国债质押贷款时，应接受所有权没有争议且尚未到期的凭证式国债。凡是已作挂失或被依法止付的凭证式国债，银行不能接受作为质押品。

（二）业务办理

借款人申请办理质押贷款业务时，应向其原认购国债银行提出申请，经对申请人的债权进行确认并审核批准后，由借贷双方签订质押贷款合同。作为质押品的凭证式国债交贷款机构保管，由贷款机构出具保管收据。保管收据是借款人办理凭证式国债质押贷款的凭据，不准转让、出借和再抵押。

借款人申请办理凭证式国债质押贷款业务时，必须持本人名下的凭证式国债和能证明本人身份的有效证件。使用第三人的凭证式国债办理质押业务的，需以书面形式征得第三人同意，并同时出示本人和第三人的有效身份证件。

凭证式国债质押贷款期限由贷款机构与借款人自行商定，但最长不得超过凭证式国债的到期日。若用不同期限的多张凭证式国债作质押，以距离到期日最近者确定贷款期限。如果逾期，贷款机构有权处理质押的凭证式国债，抵偿贷款本息。贷款机构在处理逾期的凭证式国债质押贷款时，如凭证式国债尚未到期，贷款机构可按提前兑付的正常程序办理兑付，在抵偿了贷款本息及罚息后，应将剩余款项退还借款人。

三、股票质押贷款

（一）业务含义

股票质押贷款是一种政策性和操作性都很强的业务。受信人通过股票质押授信所得资金的用途，必须符合国家法律法规规定等，尤其是不得违反国家有关规定用于股票、期货、金融衍生产品等投资和用于股本权益性投资等。因此，银行选择此业务的客户时，一般不会选择本部无实质性生产经营或经营规模很小，主要资产为权益性投资的投资类企业，而主要选择生产经营主业突出，信用等级较高，具有连续、稳定经营活动现金流的生产或流通类企业。

（二）业务操作

1. 贷前调查

在进行股票质押贷款业务的贷前调查时，银行应着重收集以下材料：

（1）由证券登记结算机构出具的质物的权利证明文件、证券登记信息（包括证券持有人姓名或名称、证券账户号码、有效身份证明文件号码、持有证券名称、持有证券数量、证券托管机构以及限售情况、司法冻结、质押登记等证券持有状态等）；

（2）用做质物的股票上市公司的基本情况，包括股本结构、前十大股东及持股情况、近三年度及近期财务报表、审计报告等；

（3）对上市公司经营状况进行简要分析；

（4）上市公司重要动态以及媒体刊载的有关负面评论、质疑信息等；

（5）质押股票价格的历史波动情况以及股票价格趋势预测。

2. 用以质押的股票应该具备的条件

法人客户股票质押贷款业务的风险大小主要取决于选择什么样的股票来做质物。银行一般限定用以申请法人客户股票质押贷款的股票，是在我国境内证券交易所上市流通的人民币普通股票（A 股）。并且用作质物的股票上市公司应主营业务突出、业绩优良并稳定增长、股票具有良好的流动性。如果股票具有以下特征，就不应该接受为质物：

（1）前六个月内股票价格的波动幅度（期间的最高价/最低价，股票价格以观察期间的复权收盘价计算）过大（如超过200%）的股票；

（2）证券交易所停牌或除牌的股票；

（3）可流通股股份过度集中的股票；

（4）中小企业板、创业板上市公司股票；

（5）上一年度亏损的上市公司股票；

（6）因自身经营出现问题，进行重组、且重组后转入正常经营尚未超过两年的公司股票；

（7）证券交易所特别处理的股票；

（8）限售股票。特殊情况下，如接受限售流通股质押的，贷款到期日应该长于限售流通股解禁日期；同时应充分考虑限售流通股解禁对股票价格的影响，适当调低质押率；

（9）国有股东持有的股票。国有股东，是指持有上市公司股份的国有及国有控股企业、有关机构、部门、事业单位等。特殊情况下，如接受国有股东持有的股票质押的，应确保该质押股票允许由该国有控股股东按照内部决策程序决定转让，不需报国有资产监督管理机构审核批准。出质人应按照其内部决策程序办妥质押和转让手续，并保证质押期间股票转让手续持续有效。

3. 质押率、警戒线和平仓线

贷款银行接受的用于质押的一家上市公司股票，不应超过该上市公司全部流通股票的一定比例，以防范过分集中风险。因为股票价格随时都在波动，银行在确定贷款金额时会按一定的质押率打折，以避免股票价格下跌时，股票价格不能覆盖贷款金额。银行主要是根据质押股票质量、流动性、价格波动性，上市公司主营业务经营财务状况、所处行业发展前景，以及股票市场的总体情况等确定股票质押贷款的质押率。一般而言，股票质押贷款的质押率最高不会超过60%，同时股票质押贷款敞口对应的市盈率不会高于15倍，股票质押贷款敞口对应的市净率不高于2倍。

股票质押贷款的质押率类指标：

（1）质押率≤60%，同时，质押贷款敞口对应的市盈率≤15。

质押率＝（股票质押授信敞口金额/质押股票市值）×100%

其中，质押股票市值＝质押股票数量×前七个交易日股票平均收盘价。

质押贷款敞口对应的市盈率＝（股票质押贷款的敞口金额/质押股票数量/质押股票上年末的扣除非经常性损益后的基本每股收益）。

（2）质押授信敞口对应的市净率≤2。

质押贷款敞口对应的市净率＝股票质押贷款的敞口金额/质押股票数量/质押股票上年末的每股净资产

当质押股票价格下跌很厉害时，贷款银行会面临很大的风险。因此，贷款银行一般在同意发放贷款时会根据质押股票质量、流动性、价格波动性，以及股票市场的总体情况等确定一个警戒线和平仓线。警戒线和平仓线以质押股票市值除以股票质押贷款敞口金额的比值来表示。一般而言，警戒线比例应高于135%，平仓线比例应高于120%。

4. 质押手续

银行在放款前须办妥如下质押手续，这是放款的前提条件。在这个过程中，应该注意以下几点：

（1）根据出质人的公司章程等规定取得有关同意质押的有效决议，并与出质人签订质押合同。

（2）出质人与贷款银行、贷款银行指定的证券公司签订证券交易结算资金在贷款银行存管的协议，并按照贷款银行第三方存管业务管理规定办妥指定贷款银行为其证券交易结算资金存管银行的各项有关手续。

贷款银行指定的证券公司应与贷款银行以及出质人，签订股票质押监管协议，规定证券公司应积极协助贷款银行办理、完善有关股票质押、质押股票监管以及解除质押卖出质押股票和以所得资金清偿贷款的各项手续等。质押贷款期间，未经贷款银行书面同意，不得为出质人办理撤销指定交易（上海证券交易所）、转托管（深圳证券交易所）或销户，更改交易密码等影响质押或股票交易的一切手续，不得单方面变更出质人与证券公司以及贷款银行签订的证券交易结算资金第三方存管业务协议。

（3）出质人须出具书面文件。在书面文件中，出质人应同意下列事项：

①质物在质押期间所产生的孳息（包括送股、分红、派息等）随质物一起质押；在质押期间发生配股时，出质人应当购买并随质物一起质押，出质人不购买而出现质物价值缺口的，出质人应当及时补足；授信期间，出质人不得转让质押股票。

②同意将股票账户交易密码、证券资金密码交付贷款银行专人管理，贷款银行有权清空、修改上述密码。

③同意由贷款银行指定人员代理出质人进行证券交易业务活动，包括但不限于卖出股票、配股、分红、交割、查询等，以及银证转账交易、资金无条件划转等，股票质押期间不得撤销该委托。

④同意贷款银行对证券交易的客户银行结算账户进行监管，证券交易结算资金账户资金须经银行同意才能转出。同意证券交易结算资金的证券转银行交易只通过银行网点柜台办理，不通过银行提供的电话银行、网上银行渠道办理，且不通过证券提供的电话委托、网上交易、自助委托等方式办理。如已开通贷款银行网上银行业务的，须关闭客户银行结算账户对内和对外转账功能或暂停网上银行，以确保贷款银行能够有效监管其银行结算账户。

⑤质押贷款期间，出质人不得对其证券账户撤销指定交易（上海证券交易所）、转托管（深圳证券交易所）或销户，不得单方面变更与证券公司以及贷款银行签订的证券交易结算资金第三方存管业务协议。

（4）贷款银行和出质人签订质押合同后，出质人应按照证券登记结算管理规定备齐股票质押登记材料，贷款银行应派员（抵押登记岗或客户经理）与出质人共同在证券登记结算机构办理质押登记手续，并取得证券登记结算机构向银行出具的《股票质押证明书》等股票质押登记的证明文件。

股票质押登记材料包括：证券登记机构统一制定的证券质押登记申请表；出质人营业执照复本的原件和复印件（或发证机关盖章的复印件）；出质人的法定代表人授权委托书；办理国有股质押登记，还需提交省级以上主管部门确认的上市公司国有股质押备案表；出质人的证券账户原件和复印件；质押对应的主合同；经公证的质押合同；经办人身份证原件和复印件；证券登记机构要求的其他文件。上述材料应经证券登记结算机构确认。

（5）贷款银行须按照股票登记机构的要求准备好解除质押登记所需的全套材料，包括：质权人同意解除质押的申请；质权人营业执照复本的原件和复印件（或发证机关盖章的复印件）；质权人的法定代表人签章并加盖公章的授权委托书；出质人的证券账户原件和复印件；证券登记结算机构向质权人出具的股票质押登记的证明文件原件；证券登记机构要求的其他文件。出质人提交加盖预留印鉴的《证券交易资金第三方存管（对公）转账申请书》（一式三联，用于卖出质押股票后进行证券交易结算资金的证券转银行交易）。上述材料中，贷款银行有关材料应为未签章书面材料，如需解除质押时再履行签章手续。

（6）受信人和出质人必须向贷款银行出具书面《承诺书》。在《承诺书》中，受信人和出质人应承诺以下两点：

①在股票质押期间，若质押股票当天收盘价低于警戒线时，受信人或出质人须通过增加存单质押、保证金担保补足因证券价格下跌造成的质押价值缺口；或受信人偿还部分授信使质押率降至授信合同、

质押合同约定的质押率水平。若用于质押股票的价格（收盘价）处于在质押合同中规定的平仓线以下（含）的（平仓线价格根据审批机构授信批复），或质押的股票可能被证券监管机构暂停交易的，贷款银行有权采取平仓或采取其他转让方式等，无条件处分该质押股票，所得的价款用于直接偿还贷款银行授信，或转入保证金账户（限于表外授信业务），或在贷款银行开立定期存单继续提供全额存单质押担保。如所得的价款不足以清偿所担保的债权或不足以100%补充授信保证金的，不足部分由受信人继续清偿。若遇有关股票管理法律法规、政策制度或市场交易规则调整的，贷款银行可相应调整警戒线和平仓线。

②在股票质押贷款到期时，若受信人不能偿还银行贷款，贷款银行有权对质押股票进行平仓或采取其他转让方式等，所得的价款用于清偿所担保的债权，余款清退给出质人；如所得的价款不足以清偿所担保的债权，不足部分由受信人继续清偿。

5. 密码管理

控制授信申请人的股票交易密码等是股票质押担保方式的关键手段，这一控制手段的性质决定了密码不应为过多人所知，但专人管理可能会面临较大的操作风险和道德风险。一般来说，账户交易密码和证券资金密码应由两人分开管理。出质人将股票账户交易密码、证券资金密码交付贷款银行专人管理后，贷款银行密码管理人员应对交易密码进行修改。

6. 逐日盯市及跌价补偿和平仓管理

开展股票质押贷款业务的银行须指定专人统一负责对质押股票逐日盯市，即对质押股票股价跟踪、反馈、分析，并了解用作质物的股票上市公司的经营状况，有无重大违规、可能导致股票可能被证券监管机构暂停交易等，进行上市公司及其股票交易方面的风险预警。

盯市按照股票收盘价进行。股票质押期间发生送股、分红、派息等情况的，股票警戒线、平仓线应按照最新的质押股票市值计算。

（1）股票质押期间。若质押股票当天收盘价低于警戒线时，负责盯市人员应立即书面通知该笔贷款的经办机构，客户经理须及时联系受信人和出质人通过增加存单质押或保证金，补足因证券价格下跌造成的质押价值缺口；或偿还部分授信使质押率降至授信合同、质押合同约定的质押率水平。

若质押股票当天收盘价低于或等于平仓线，负责盯市人员应立即书面通知该笔贷款的经办机构，客户经理须及时办妥解除质押登记所需材料的签章手续、股票质押登记的证明文件出库手续等，前往证券登记结算机构办理解除质押登记手续。解除质押登记手续完成后，经办人员须立即通知质押股票账户交易密码管理人员，将有关股票卖出。股票全部卖出后，贷款银行证券资金密码管理人员应及时将出质人证券交易结算资金账户的资金划转到其银行结算账户，用于提前偿还贷款银行贷款或 100% 补充授信保证金，余款清退给出质人；如所得的价款不足以清偿贷款银行贷款或 100% 补充授信保证金，应立即书面通知该授信业务的经办机构，继续向受信人催收不足部分。

在股票质押期间发生配股时，负责盯市人员应立即书面通知该授信业务的经办机构，客户经理须及时联系出质人提前将配股资金划入其银行结算账户，由银行证券资金密码管理人员将出质人银行结算账户资金划转到证券交易结算资金账户，股票账户交易密码管理人员负责买入；如出质人放弃配股权导致质押率高于授信批复规定的质押率的，经办机构应要求出质人在 2 个工作日内补足。若质押股票发生收盘价低于警戒线或平仓线情况时，按照上述警戒线或平仓线程序办理。

（2）股票质押授信到期时，受信人清偿贷款银行授信的，客户经理应协助出质人办理解除质押登记手续；否则须按照上述平仓程序由贷款银行办理解除质押登记手续，并卖出足够偿还贷款的股票，以所得的价款还银行贷款。如所得的价款不足以清偿贷款，应立即书面通知该笔贷款业务的经办机构，继续向受信人催收不足部分。

（3）我国资本市场成长历史不是很长，有很多新的政策会陆续出台。贷款期间若遇有关股票管理法律法规、政策制度或市场交易规则调整的，贷款银行应评估对于授信业务的影响，并决定是否相应调整警戒线和平仓线；如进行调整，贷款银行应及时通知受信人和出质人。

（4）由于平仓前需先解除质押才能卖出/转让出质的股票，因此除在贷款发放前取得各项解除质押登记的资料外，还须防范解除质押至平仓期间的风险，明确有关风险防范措施。

专栏2-38

××公司以上市公司流通股质押申请银行融资案例

一、案例背景

借款人基本情况

××公司实收资本38187万元，主要生产和销售水泥，目前共有七条旋窑水泥生产线，年水泥产能规模450万吨，在省内的市场占有率约为8.04%，是当地省政府确定的27家"国有和国有控股大中型骨干企业"之一。

××公司今年年初向本银行申请1年期流动资金贷款1亿元，以自有的500万股××银行上市流通股票作质押。

二、分析

1. 通过对申请人所处行业及区域、经营、财务、授信用途等的分析，申请人的第一还款来源存在较大的不确定性，授信金额、期限、用途等明显不合理。

2. 第二还款来源为申请人自有的500万股××银行上市流通股票，当时××银行股票在二级市场上的价格为38元。我国的上市公司股票二级流通市场一个随时变现的市场，初步分析，第二还款来源有较好保障，但也存在质押物处置变现风险：首先，以股票市价来看，质押率较低，变现收入可远远覆盖贷款敞口，但证券市场波动性强，上市公司股票价格变化大，市场仍存在一定泡沫现象，市场下行特征比较明显；其次，本银行已有几笔以××银行的流通股票质押获得大额授信的项目，预计在他行也存在类似授信，此类授信的主要还款保证为处置质押物，而一旦市场上大量抛售，××银行的成交股价可能会急剧下跌。因此，贷款 2 年后到期时，处置质押物收入能否覆盖本银行 1 亿元授信敞口，存在一定的不确定性。

三、结论

同意此笔融资申请，期限 1 年，以申请人自有的 ×× 银行上市流通股票提供质押担保，数量不少于 500 万股。但是，期限由 2 年缩短为 1 年，以与申请人的实际流动资金使用相匹配，同时可在一定程度上规避质押物的价格波动风险。此外，本银行要求申请人落实以下条件：①签署本银行与申请人及证券公司的三方协议，相关法律协议文本须经法律合规部门核准；②设仙定平仓价为每股 30 元，并在质押合同上增加补充条款：若 ×× 银行股票当天收盘价低于每股人民币 30 元，申请人必须在第二个工作日早上 8：30 前按本银行要求，将差额资金存入本银行补充存单质押，否则，本银行有权向司法机关申请将所质押的法人股强制扣划过户到本银行名下或强制平仓，以偿还本银行贷款，出质人对此不能提出任何异议；③严格按规定办妥相关质押（含登记）手续。

四、启示

1. 上市公司股权质押授信的期限不宜过长，质押率要适度。

2. 在考虑设定平仓价格时，要有足够的风险意识。平仓价格的设定无确切的计算公式或模型，主要是靠经验判断，价格设定过高，会影响融资银行的市场竞争力，价格过低则不利于融资防范授信风险。

第三章
贸 易 融 资

我们将供应链融资业务范围从国内延展到国外之后，发现传统意义上的贸易融资产品均属典型的供应链融资产品。本章就对这些贸易融资产品进行了重点介绍。此外，也对借鉴传统意义上贸易融资产品创新而来的国内信用证项下产品进行了介绍。

第一节　进口融资

一、进口信用证项下押汇

（一）业务含义

进口信用证项下押汇是指信用证开证行在收到出口商或其银行（议付行或交单行）寄来的合格单据后，进口商（开证申请人）由于资金周转关系无法及时付款赎单，开证行在对进口商保留追索权或货权质押的前提下，向进口商提供的由开证行直接支付给出口商或国外银行用以进口商提货的短期融资。进口商将货物销售后，用销售货款来偿还开证行的融资。

对进口商而言，如果在办理进口开证后叙做进口押汇，就可既推迟信用证项下用自有资金进行付款的时间，又能收取信用证项下单据所代表的货物，能够完全利用银行的信用和资金进行商品进口并销售，在不占用任何自有资金的情况下即可进行交易，因此受到进口商的普遍欢迎。对开证行来讲，需重点关注进口商的销售渠道和还款资金来源，确保能够按时偿还开证行的垫款资金。在业务实践中，进口押汇资金是专款专用，进口押汇额度一般包含在开证额度之内，银行对进口商的信用和短期偿债能力要求极高。

开证银行为进口商办理押汇，通常不收取手续费，而仅收取利息。利息是在押汇到期后，随押汇本金一同归还。每笔押汇的最高金额应不超过国外来单索汇的总金额（通常为国外受益人提供的汇票金额或商业发票所显示的金额），押汇资金的用途仅限有履行进口信用证项下的货款支付。押汇时间的确定相对灵活，一般根据押汇申请人筹措到信用证项下付汇资金的天数来确定，但一般不会超过 3 个月。

（二）业务流程

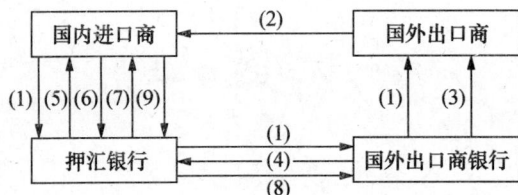

图 3-1　进口押汇业务流程图

（1）国内进口商通过国内开证银行开出以国外出口商为受益人的信用证，并通过国外出口地银行通知国外出口商。

（2）国外出口商向国内进口商发货。

（3）国外出口商向国外出口商银行提供出口项下单据，国外出口商银行审核单证相符。

（4）国外出口商银行向国内开证银行提示单据，经国内开证银行审核单证相符。

（5）国内开证银行向国内进口商提示单据，请国内进口商确认同意付款。

（6）国内进口商向国内开证银行确认同意对外付款，并向国内开证银行申请进口押汇（国内进口商也可在向开证行申请开立信用证的同时向开证行提出进口押汇申请）。

（7）开证行对进口商提交的进口押汇申请书等资料进行审查，确认国内进口商是否符合进口押汇条件；并根据进口商的短期偿债能力及资信核定押汇金额。如国内进口商符合开证方进口押汇条件，则国内开证行与进口商签署进口押汇协议。

（8）国内开证行对国内进口商叙做进口押汇，将押汇所得款项直接通过出口地银行（寄单行）向受益人付款，而不再进入押汇申请人账户。

（9）进口商凭借信托收据向开证行借出单据，凭单据提货并进行销售。销售后归还贷款本息，换回信托收据。国内进口商到期偿还银行贷款。

专栏 3 - 1

信托收据

信托收据是进口商在未付款之前向银行出具的凭以领取货款单据的凭证，亦是进口商与银行之间关于物权处理的契约、将货物抵押给银行的确认书。该凭证表明，进口商所提取货物的所有权属于银行，进口商的法律权限仅限于保管和销售货物。因此，信托收据实质上是开证申请人将自己的货物所有权转让给银行的确认书。在业务实践中，一般作为银行防范风险、从法律上保证其对货物拥有所有权的一种手段，在进口开证项下押汇、提货担保、进口代收押汇等业务中均有应用。

进口商与代收行或开证行签署信托收据并办妥相关手续后，在未付清进口项下的货款前，就能向押汇借出单据，从而及时进行报关、提货和销售等活动。此时，进口商是"借单行事"，即处于代替银行保管货物的地位，是代保管人和被信托人，其取得的货款仍属银行所有。若远期付款交单尚未到期，该款则由银行保管或另外开立保证金账户，或提前付款，赎回信托收据。进口商只有向银行付款并赎回信托收据后，物权才归其所有。进口商应该将信托收据项下的货物和其他货物分开存仓、保管、运输、加工、销售及保险，保险单列明的第一受益人为银行，货物一旦出险，保险所得赔偿归银行所有。由于进口商仅处于代管地位，故也不能将该货物抵押给他人。进口商需承担保管期间产生的所有费用，如保险、仓储、运输、码头费用等。未经银行授权，进口商不得以任何方式（包括延期付款或任何非货币方式或低于市场价值方式）处置该货物，也不得将货物销售给银行无权向其进行索偿的任何第三方。

作为信托人，银行可以随时取消信托，收回借出的商品，或从进口商开立在银行的账户上直接扣款。银行也有权以任何合法方式对进口商进行监督，包括随时派人在任何时候对货物进行检查。如商品已经被销售，可随时收回货款；如进口商破产，则对货物和货款拥有优先权。借出单据后，银行应加强对货物存仓、保险、销售、收款直至赎回整个业务过程的管理，力避钱货两空。对信托收据，银行可采用额度管理方式进行管理，即根据进口商的信誉、抵质押物状况核定授信额度，并在核定的额度内与进口商签署信托收据。

（三）风险防范措施

开证行代替申请人对外垫付了货款，又在申请人没有支付货款的情况下将货物的使用权给予申请人，倘若申请人到期因种种原因无法归还进口押汇款及货物，开证行就要承担较大的风险，因此，进口押汇业务属于风险系数较大的一个业务品种。防范风险的措施主要包括：

（1）进口押汇业务的风险主要在于进口商的短期偿债能力，而短期偿债能力又主要取决于进口货物的销售情况。因此，对押汇银行来讲，应重点了解押汇申请人（进口商）的经营能力、资信状况，还要对进口商品的市场状况有清晰的了解。放单提货后，押汇银行应重点关注进口商品的销售情况，确保销售回笼资金能用来归还欠款。

（2）进口押汇资金应该专款专用，仅限有信用证项下的对外付款，不能像其他押汇一样结成本国货币使用。

（3）由于申请人的经营收益是其归还押汇资金的唯一来源，因此应对押汇申请人的经营能力、资信状况及进口产品特性进行深入了解。如果进口产品属于市场销路好的产品，则可适当放宽押汇条件。需要时，增加如抵押、第三方担保等其他风险防范措施。

（4）加强对申请人进口货物销售回款的监控，确保回款资金及时用于归还押汇资金。当出现预警信号时，及时采取措施，防范或减少损失。

二、信用证代付

（一）业务含义

信用证代付是境内开证银行委托其境外的分支机构对境内开出的信用证在到期日先予以垫付，到约定期限开证申请人通过境内开证行归还该垫款的业务，实质上是银行以垫付的方式为开证申请人提供的短期资金融通，使开证申请人不必在提货前对外付款，从而缓解了资金压力。在该业务中，境外分支机构是开证申请人的直接融资银行，境内开证行实际上起到的是沟通申请人与境外分支机构之间关系的作用。

（二）业务流程

（1）开证申请人向开证行申请开立信用证的同时，申请叙做信用证代付业务。审核同意后，与申请人及境内开证行和境外分支机构签署相关业务合同。

（2）境外交单行将信用证要求的单据寄送境内开证行并要求根据信用证条件付款。

（3）境内开证行收到境外交单行寄送的单据和付款指示后，将表明代付金额及相关条款的"授权付款指示"通知境外分支机构。

（4）境内开证行的境外分支机构根据开证行的"授权付款指示"到期将款项付给境外交单行。

（5）在约定的时间内，境内开证行将款项归还其境外分支机构、开证申请人将款项归还给境内开证行。

（三）风险防范措施

（1）代付资金由开证行的境外分支机构直接付给境外交单行，而不再入申请人的账户。代付资金专项用于履行信用证项下的对外付款，而不像其他押汇一样可以将融资款项结成人民币使用。

（2）对申请人的资信状况、进口货物的市场行情进行深入了解，并在业务办理时，加强对申请人货物销售资金回笼状况的监控。当银行认为还款来源单一、业务风险较大时，应采取增加第三方担保、不动产及动产抵押等措施。

（3）代付业务的实质是进口押汇业务，区别仅限有融资资金来源于境外分支机构。因此，为避免双重授信，在向申请人提供信用证代付业务后，开证行就不能再向申请人提供押汇服务。

专栏 3-2

非信用证项下进口融资

在进出口贸易中，除信用证及信用证项下各种进口融资产品外，还存在一些非信用证项下的进口融资产品。由于这些产品同样服务于国际贸易活动，亦算做广义上的贸易融资产品。常见的该种产品包括进口代收押汇和汇出汇款项下融资。

一、进口代收押汇

进口代收押汇是代收行收到代收项下单据后，应进口商的请求，凭包括物权单据在内的进口代收单据为抵押，代其对外垫付代收项下款项的一种融资性垫款。该业务的实质是进口代收项下的付款人（进口商）在通过国内代收行收到国外收款人（出口商、委托人）的单据后，以代表货权的单据为质押而获得的银行短期融资。

资金用途是进口代收项下的付汇，不能入借款人账户进行他用。

该业务可以延迟进口商进口代收项下的付款时间并使进口商收取单据所代表的货物。

进口代收押汇的业务流程主要包括四个环节：一是国外出口地托收行收到本国出口商的出口单据，接受其委托，对单据处理后将单据寄送代收行。二是国内代收行审核单据后通知进口付款人。进口付款人接受单据后，向代收行申请办理进口代收押汇。三是代收行审核同意后将款项直接用于向出口地托收行（寄单行）付款。四是进口付款人到期后将款项归还代收行。

进口代收押汇业务还款的唯一来源是申请人的经营利润，还款来源较单一，且银行使用自己的资金对外付款，并让渡了货物的使用权，因此该业务风险系数较高，银行需认真了解申请人的资信状况及进口货物的市场行情。对于承兑交单（D/A）或远期付款交单为结算方式的进口代收业务，银行更应谨慎办理。银行可倾向于办理以付款交单（D/P）为结算方式的进口代收业务。

二、汇出汇款项下融资

汇出汇款项下融资是指在货到付款方式下，汇出行（进口地银行）根据进口商的申请，并凭其提供的有效凭证及商业单据先行对外垫付，到期后再由进口商自筹资金进行归还的一种短期资金融通业务。该笔资金仅限于汇出汇款用途，不能入借款人账户进行他用。

汇出汇款项下融资主要包括四个步骤：一是进出口双方签订协议确定以货到付款为贸易结算方式。二是进口商在进口地银行（汇款行）提出业务申请。三是进口地银行审核同意后向汇入行汇出汇款。四是进口商到期后将本金归还汇出行。

汇出汇款项下的融资金额最高不应超过进口商业发票所显示的金额，还款的唯一来源仍是申请人的经营利润。因此，该业务风险系数较高，银行需深入了解申请人的资信状况（申请人应符合国家外汇管理局"货到付款"购汇/用汇资格及相关条件）及进口货物的市场行情，并加强对货权的控制。

第二节　出口融资

一、打包贷款

（一）业务含义

打包贷款是出口地银行为支持出口商（信用证受益人、打包贷款申请人）按期履行协议、出货交运，向收到合格信用证的出口商提供的用于采购、生产和装运信用证项下货物，以信用证项下收汇作为第一还款来源的专项融资。该业务以出口商收到的信用证正本作为还款凭证和抵押品来向银行申请融资，属于装船前短期融资，使得出口商在自有资金不足或无法获得进口商的预付货款的情况下仍可办理采购、备料、加工、包装以及发货。由于此种贷款最初用于向信用证受益人提供包装货物费用，故称打包贷款。打包贷款的币种可以为人民币，也可以为外币。

银行办理打包贷款通常不收手续费，仅收取贷款利息。贷款金额一般根据信用证金额打折确定，具体折扣可由放款银行根据自己的业务实践经验和内部规定及出口企业的情况等因素而定，一般不会超过信用证金额的 80%。一般来讲，出口企业信用越好，折扣越高。打包贷款的期限，需以信用证的期限为依据，按打包贷款日至信用证最迟装运日的天数外加 30 天来确定，一般不会超过 90 天。如信用证规定出口货物是分批装运的，则打包贷款应根据实际情况匹配发放。

（二）业务特点

（1）打包贷款为"单前融资"，即其发放贷款的时间为收到信用证之后、向出口地银行提交信用证规定的单据以前。

（2）打包贷款期限一般不超过一年，属于短期融资。

（3）打包贷款资金主要用于出口商生产或收购商品的开支，不得用于固定资产的投资及归还贷款等资本性支出。

（4）如果借款企业不能从国外进口商那里正常收回货款，则需动用其他资金来偿还打包贷款的本金及利息，或允许放款银行直接从其银行账户中扣收打包贷款的本金及利息。

（三）业务流程

（1）国内出口商与国外进口商签订贸易合同。

（2）国外进口商通过国外开证方开出信用证，并通过打包贷款银行通知国内出口商。

（3）国内出口商持信用证来打包贷款银行申请出口打包贷款，提交材料包括信用证及其项下的有关附件、信用证对应的国外销售合同和国内采购协议、自身的财务报告、针对特定商品的出口批文以及打包贷款业务申请书，申请打包贷款。

（4）打包贷款银行考察国内出口商的资信情况，产品在国外市场的销售情况。打包贷款银行对信用证正本及开证行资信进行审查同意后签约放款，并在信用证上特别注明"已办理打包放款"。

（5）国内出口商向国外进口商发货。

（6）国内出口商持全套出口单据来打包贷款银行办理出口收汇。

（7）打包贷款银行审核单据后，向国外开证行索汇。

（8）国外开证行向打包贷款银行付款，打包贷款银行扣收向国内出口商发放的打包贷款。打包贷款结清后，打包贷款银行应在信用证上注明贷款已还，并将信用证归还国内出口商。如果信用证到期，国内出口商尚未完成出口交单，或信用证项下的单据被开证行拒付，打包贷款银行可追究国内出口商的违约责任。

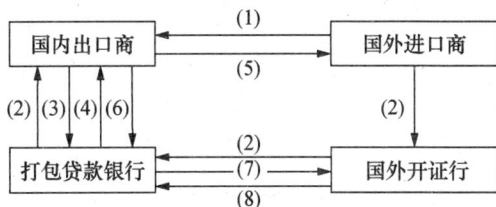

图3-2 打包贷款业务流程图

（四）风险防范措施

（1）银行重点考察借款人的信誉。打包放款的银行虽然持有出口商收到的信用证，但就业务实质来讲，打包放款是一种信用放款，因为信用证仅仅表明出口商在"单证相符"的条件下，能够较有把握地收到货款。至于能否真正收回货款，则取决于出口商能否按期履约及制作出口单据的水平和能力。如果出口商不能或不愿履约，或因制作出口单据的水平与能力较差，则极有可能无法做到按时收回货款。此时，能否按时归还银行贷款，仍取决于借款人的还款能力与信誉。因此，放款银行需重点考察借款申请人组织货源、完成销售合同列明的交货任务的能力，以及资信是否良好，在银行有无不良记录。一般情况下，放款银行要求借款人提供有实力的担保或合法足额的质押或抵押。银行也应了解信用证项下的货物是否在借款人的经营范围之内。如果不是借款人经常经营的商品，则银行应特别加以关注，防范借款人欺诈风险。

（2）办理打包贷款业务时，贷款银行应要求客户提交一些规定的资料。主要包括有效的信用证正本，打包贷款业务申请书，与国外进口商或国内买方签订的销售合同、原料采购合同、出口批文或许可证（如需）等。要来办理打包贷款的信用证，本身应该无瑕疵。比如，信用证无软条款及其他可能损害贷款银行利益的条款，审单索汇及操作风险可控；信用证不属于暂不生效信用证、已转让的可转让信用证、备用信用证、无商品交易基础的信用证和限制由他行议付的信用证；已经证实真实的，信用证正本及所有修改提交贷款银行保管，且具有真实贸易背景；开证行资信良好，无理拒付或其他不良记录；开证行所在国家或地区政治、经济局势稳定等。申请叙做打包贷款的基础交易也应该满足一些条件。比如，出口项下，基础交易中的出口商品不应属于国家禁止出口的商品，不涉及反倾销调查和贸易争端；如属于国家限制出口的商品，应提交有关机构同意出口的证明文件。客户经理在调查客户基础交易背景时，应认真审核该打包信用证项下的内、外贸合同，全面了解客户备货、生产情况以及出口发货等计划安排，判断客户履约制单能力。

（3）银行应加强对信用证真实性、合法性和有效性方面的审查。信用证的真实性可从以下方面考察：以信（函）开立的信用证的有权签字人的签字与留存的签字样本是否相符；以电传、电报开立的信用证其密押是否正确。对不能确定真实性的信用证不要办理打包贷款。一般来讲，通过环球同业银行金融电讯协会（SWIFT）系统开立的信用证安全系数较高。合法性与有效性则主要通过审核信用证条款来判断，看其是否符合信用证开立的国际规范及信用证条款有无瑕疵。正常情况下借款人的还款来源是信用证项下的收汇，因此放款银行最好是议付行、通知行，以便放款银行在向受益人议付或付款时可以用扣除放款本息的方式收回贷款。

（4）签署业务协议是防范风险的重要手段。在协议中，贷款银行会要求借款人就一些重要事项做出承诺。比如，借款人要承诺：在本合同项下向贷款银行提供的全部文件、财务报表、凭证及其他资料是真实、完整、准确和有效的；交易背景真实、合法，未用于洗钱等非法的目的；未向贷款银行隐瞒可能影响其和担保人财务状况和履约能力的事件；同意及时向贷款银行提供使用打包贷款准备货物情况的说明，并接受贷款银行的随时监督检查；同意在信用证有效期限和信用证约定的交单期限内将信用证项下单据提交贷款银行办理信用证项下收汇/收款事宜；同意信用证项下的收汇/收款款项应优先用于偿还贷款本息和费用；同意无论出于何种原因不能收回货款时，均应无条件承担偿还贷款本金、利息和费用的责任；如出口/国内销售项下货物生产、销售发生严重困难或者发生其他可能影响借款人或担保人财务状况和履约能力的情况，包括但不限于减少注册资本、进行重大资产或股权转让、承担重大负债或在抵押物上设置新的重大负债、解散、撤销、（被）申请破产等，借款人要以最快捷的方式毫不迟延地通知贷款银行；对于协议未作约定的其他事宜，借款人同意按国际惯例和贷款银行的有关规定办理。银行还应要求借款人在融资协议中做如下保证：协议项下的全部商品应向银行认可的保险公司投保，如有意外，保险赔偿金优先用于偿还银行贷款；银行有权检查、监督借款人对资金的使用情况。

（5）当客户将信用证项下单证交贷款银行议付时，贷款银行根据客户申请和信用证本身的情况，可以为打包贷款项下出口/国内信用证单据叙做押汇/贴现、福费廷等融资，融资款项应首先用于归还打包贷款本息和相关费用。对于信用证项下的收汇/收款，贷款银行可在扣收贷款本息和相关费用后，将余款划至客户指定账户。如信用证规定为分批装运，则应根据出口/国内证交单收汇/收款进度分批偿还打包贷款。

（6）对信用证条款进行审查。用于打包贷款的信用证一般条款要简单，便于出口商获得贷款。此外，应重点关注信用证有无软条款或不利条款、信用证有无足够余额、付款期限是否超过一年，信用证是否已过装船期或装船期离打包放款的日期太近、信用证是否载有其他影响银行正常收汇的条款、是否为不可撤销信用证等。对于已过装船期、有效期或没有足够余额的信用证，原则上不能叙做打包贷款；对于载有软条款、不利条款的信用证，则应谨慎办理打包放款或降低放款金额比例。此外，银行应该只为不可撤销的信用证办理打包放款，这是因为出口商为转让信用证项下的第二受益人时，由于其制作的单据可以根据国际惯例被第一受益人替换，因此能否做到"单单相符、单证相符"受制于第一受益人。

（7）了解开证行及其所在国家或地区的政治、经济情况，判断开证行的偿付能力，考察开证行所在国家的整体风险。如果开证方信誉较好，其所在国家或地区政治、经济稳定，则该信用证项下的贷款收回的概率较大，打包后还款来源也较有保障。反之，则收汇及还款保障系数较小。为科学判断开证行及所在国家或地区的风险，放款银行需尽可能多地收集信息，对开证行进行授信，对开证行所在国家和地区进行评级。信息来源主要有三条：公开出版物、放款银行内部历年收汇记录及银行内授信额度或评级结果。

（8）加强授信后管理。发放打包贷款后，放款银行需留存信用证正本，以确保打包贷款的申请人在放款银行交单，也便于放款银行监督信用证的执行。如果借款人将贷款挪用，或在信用证装运期内未能出运货物，或将贷款银行已作打包贷款项下的单据向其他银行交单，贷款银行应立即收回已经发放的贷款本息。作为贷款银行的经营机构，应详细记载台账，并根据信用证装效期情况及时提示并敦促客户发运货物和交单议付。如客户未在装运日期前发运货物或未在有效期前交单议付的，应加强与客户的沟通，按照贷款银行关于信贷预警管理的有关规定处理。在放款期间及放款后，放款银行要与借款人保持密切联系，了解借款人进出口协议的执行情况，认真监控贷款用途，确保贷款用于销售合同或信用证上列明的商品的进货、生产和装运，并督促借款人及时发货、交单议付，在办理押汇或收回货款后及时归还打包贷款的本金及利息。

（9）在业务实践中，叙做打包贷款的信用证可能会有修改，此时贷款银行应参照国际惯例和有关规定审慎处理。如信用证条款发生对贷款银行不利的修改，影响到正常出口收汇及还款来源的，贷款银行应提前收回打包贷款本息及有关费用。贷款银行虽然原则上不允许打包贷款展期，但在特殊情况下也没有办法，可能会因客户无法及时归还贷款而不得不展期。不过，打包贷款的展期必须以信用证展期为前提，并且展期应该与基础交易情况相符。在外币贷款的情况下，如果到期未能归还贷款，贷款银行应要求客户先用其自有外汇资金归还贷款，或直接从其开在贷款银行的结算账户中扣收，对仍有剩余不足部分，客户也可按国家外汇管理局的相关规定购汇还款。

二、出口押汇

（一）业务含义

信用证项下的出口押汇是指出口方凭进口方银行开来的信用证将货物发运后，向押汇银行（通常为议付行）提交信用证要求的全套货运单据，银行应出口方要求向其提供以出口单据为抵押的有追索权的在途资金融通，属于对出口商提供的在未收妥国外银行付款前的短期融资。其业务实质是在受益人对出口项下的信用证及其相关单据仍然拥有所有权的情况下，以该单据做质押从押汇银行取得融资的行为。当出口方不能如期还贷时，押汇银行享有对质权物的优先受偿权。由于有开证行凭单证相符单据必须付款的信誉保证，因此对押汇银行来讲，业务风险较小。

（二）业务特点

（1）出口押汇是"单后融资"，即银行是在申请人（出口方受益人）收到信用证并出具信用证规定的单据之后、在收到国外银行支付的货款之前发放的融资。

（2）出口押汇是以出口单据作抵押发放的贷款。出口单据中一般含有代表货物所有权的提单，这就使得银行可以把出口单据视作"未来的资产"用以进行抵押放款。

（3）出口押汇使得申请人（出口商）在收到国外货款之前从银行获得垫款，加速了出口商的资金周转，扩大了出口贸易规模。

（4）出口押汇是规避汇率风险的一个手段：在本国货币有升值趋势的情况下，运用出口押汇可以提前将外汇结成本国货币，从而规避汇率风险。

（5）出口押汇的资金并不像打包放款那样规定有明确的用途，出口押汇资金可以用来进行生产经营、归还打包贷款本息，甚至进行固定资产投资。

（6）融资期限较短，一般不超过一年。

（7）出口押汇一般由出口地议付放或单据处理行办理，因为如由其他银行办理，则较难判断单据及贸易背景的真实性，且也不易获得较高的业务综合收益。

（8）出口押汇的第一还款来源为信用证项下收汇款，在借款人不能正常从国外收回货款的情况下，借款人必须从其他渠道筹集还款资金。

（9）确定押汇金额、押汇利率和押汇天数。押汇金额通常为汇票金额的一定比例。押汇利率一般按伦敦/中国香港银行同业拆借利率加点确定，也可按外汇流动资金贷款利率计收。押汇天数要与信用证的收汇条件相匹配，一般为办理押汇日到预计信用证的收汇日的天数加不超过 10 天确定。

（三）业务流程

（1）国内出口商向国外进口商发货；国内出口商与押汇银行签署出口押汇总质押书。该质押书应载明以下事项：如果出口汇票遭到付款人拒付，银行有权出售买单时出口商提供的抵押品（货物和单据）。

（2）出口商根据信用证制单，并向押汇银行提交信用证项下的全套单据和有关资料，填写出口押汇业务申请书。有关资料主要是指营业执照、有权签字人签字的授权书及签字样本、出口商财务报表、税务登记证、进出口业务许可证等。押汇银行根据出口商交来的单据，审单后决定是否提供融资。对于单证无误、开证行信用程度高、索汇有保障的业务，银行应同意叙做。银行的审查要点包括：出口商信用程度（对有诈骗嫌疑的出口商应拒绝提供融资）、开证行信誉及所在国经济、政治状况、信用证中是否存在影响收汇的条款、信用证项下单据是否与信用证要求相符、物权凭证是否可靠等。押汇银行审核同意后，国内出口商与押汇银行签署押汇协议书等法律文件。出口押汇协议需规定押汇币种、金额、期限、费用、违约事件、双方权利与义务等内容。

（3）国内出口商向押汇银行出具"出口押汇质押书"，主要明确押汇银行如从国外不能收回货款，可向出口商行使追索权以及对货物的处理权。

（4）押汇银行在计算押汇金额扣除押汇利息、有关手续费、邮费等费用以后，向出口商办理结汇，发放贷款，同时做好相关登记工作。

（5）押汇银行向进口方银行（开证银行）交单索汇。

（6）国外进口商银行向国外进口商提示出口单据，由国外进口商承兑到期付款。

（7）国外进口商银行向押汇银行立即付款或于承兑到期日付款，押汇银行收到国外付款后扣收押汇款。

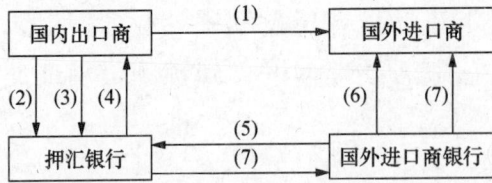

图 3 - 3　出口押汇业务流程图

（四）风险防范措施

（1）认真了解押汇申请人的资信、还款能力、所出口货物的特点、收汇记录、出口资格与能力等。出口押汇的还款来源为单据的收汇款，但有些拒付风险来自受益人本身而非单据，如受益人有诈骗嫌疑或根本没有出口。在这种情况下，银行风险仍然很大，因此银行在办理出口押汇时，应对申请人的资信情况做深入了解，包括是否为新建企业、是否经营该种商品、是否有足够的履约能力等。

（2）认真了解开证行的资信，关注其经营作风、往来记录及开证行所在国或地区的政治、经济形势。由于开证行信誉欠佳，无理拒付或受益人提交的单据存在瑕疵，则可能导致受益人无法收回货款。因此，在出口单据作为"未来的资产"的情况下，由于开证行的资信问题，仍有可能使"未来的资产"变为"未有的资产"，做好开证行的资信审核仍然很重要。

（3）对信用证及其项下的单据认真审核，确定无瑕疵可接受后才予以办理业务。对于直接或间接否认开证行具有"凭单付款"第一性付款责任的信用证（如规定进口方在收到货物并验收合格后才付款的信用证），应拒绝办理押汇。对不能完全拥有货权的单据，应谨慎办理。此外，还应注意交单期与信用证有效期是否合理匹配，要保证交单期不能超过信用证有效期。

（4）对非海运提单项下的押汇应谨慎办理，因为空运提单、陆运单、邮局收据等不能代表物权，但收汇出现风险时，银行不能像处理海运提单那样，通过变卖出口商的货物来补偿押汇款，从而减少或补偿损失。

（5）对转让信用证中第二受益人的押汇申请，应谨慎办理。这是因为第二受益人很难做到"单证一致"，难以得到开证行确定的付款承诺，即使能做到"单证一致"，也不一定能及时收到货款。

（6）运用标准版本的《出口押汇协议》，明确双方权利与义务。

（7）做好押汇后管理。银行在办理放款后，应密切关注开证行的有关信息，包括是否无理拒付、是否接受单据等。在开证行无理拒付时，银行要根据国际惯例与开证行据理力争，同时告知押汇申请人有关情况；在单据有实质性不符情况下，请押汇申请人主动联系开证申请人接受单据。

（8）出口信用证为押汇银行可接受的正本信用证及修改正本。银行不接受的信用证，不能用来办理出口银行。信用证不能用于抵押，包括打包贷款。已办理打包贷款的信用证项下单据也不能再用来申请出口押汇（办理出口押汇以归还打包贷款的情况除外）。

（9）不与银行在同一地的申请人，应谨慎为其办理押汇融资。

三、出口信用证项下贴现

（一）业务含义

出口信用证项下贴现是指银行在出口信用证项下从出口商处有追索权地购入已经银行承兑的未到期远期汇票或已经银行承付的未到期远期债权。在跟单托收项下已经加具"保付"字样的远期汇票，也可办理贴现业务。

（二）业务特点

（1）出口信用证项下贴现是在出口地贴现银行收到出口信用证的开证行或保兑行出具的承兑或承付通知书以后、在收到国外银行支付的货款之前提供的融资，属于"承兑后融资"。

（2）业务实质是以出口单据及出口信用证的开证行或保兑行出具的承兑或承付做抵押和保证而发放的贷款。

（3）从便于判断单据及贸易背景真实性及提升业务综合收益出

发，一般情况下出口地议付行或单据的处理银行才为出口商办理贴现业务。

（4）银行为出口商办理信用证项下贴现后，在出口商不能正常从国外收回货款从而无法归还融资时，对申请办理贴现的出口商仍有追索权。

（5）融资期限一般不超过一年，资金也无投向限制。

（三）业务流程

（1）出口贴现申请人（出口商，亦即信用证受益人）收到国外信用证后根据信用证制单，交出口地银行议付或作单据处理。国外银行（开证行、保兑行）收到单据确认单证相符后向出口地银行发出承兑或承付通知书。

（2）出口地银行收到承兑或承付通知书后转递给出口商，出口商向议付行提交信用证正本、信用证要求的全套单据及承兑或承付通知书，并提交书面申请。

（3）出口地银行审核同意后与申请人签署贴现协议，扣除费用、利息后将贴现金额打入出口贴现申请企业账户。

（4）国外银行（开证行、保兑行）到期向出口地银行（贴现银行）支付货款，出口地银行收到货款后自动代替出口贴现申请人做还款处理。如到期未能归还融资，则向贴现申请人追索。

（四）风险防范措施

（1）把握贴现融资的时间。出口信用项下贴现是在出口地银行收到国外银行（开证行、保兑行）单据并确认单证相符后向出口地银行发出承兑或承付通知书后办理的，融资时间一般比押汇晚 7～10 天。从另一个角度讲，贴现银行必须拿到开证行或保兑行的承兑或承付通知书且确认为真实后，才可为申请人办理贴现。

（2）不在本银行办理通知、付款、承兑或议付的信用证以及被限制在其他银行议付的信用证，该银行一般不应为申请人办理贴现。

（3）开证银行所在国家和地区政局不稳、外汇管制较多且信用证未加保兑等风险防范措施的，开证行资信较低、信誉不佳的，信用证已经被用作他行抵质押的（不包括贴现资金用来归还打包贷款本息的情况），以及申请人为可转让信用证的第二受益人的，银行一般不应为信用证受益人办理贴现。

（4）认真审核信用证受益人的资信情况。尽管贴现的还款来源为单据的收汇款，但有些拒付风险来自信用证受益人而非单据，比如进口方法院认为出口商有诈骗嫌疑，或受益人根本没有出口而是凭假单诈骗，因此，在办理贴现时，必须对出口方的资信情况做深入了解。

四、出口托收项下押汇

（一）业务含义

出口托收项下押汇是指出口商（收款人）在托收结算方式下将单据交给出口地托收行，在货款回收前，由出口地托收行先预支部分货全部货款、待托收款项收妥后再归还银行垫款的一种短期融资方式，是押汇银行根据出口商出口托收项下的单据及作为纯商业信用的进口商及时付款而发放的贷款。融资额度一般不超过发票金额的80%。根据交单方式不同，此类押汇可分为即期出口托收项下押汇、远期出口托收项下押汇、光票托收项下押汇和直接托收项下押汇。

利用该产品，出口商就能够在装运货物并向出口地银行提交进出口协议规定的有关单据后、国外货款到达前从银行获得垫付资金，解决了货款收妥入账前的临时资金难题。由于押汇可以提前将外汇结成本国货币使用，因此该业务还能起到规避汇率风险的功效。

从判别贸易背景真实性、减少业务风险，增加业务综合收益角度考虑，出口托收单据的处理银行才可办理出口托收押汇业务。在出口托收押汇业务项下，押汇银行对申请人有追索权。如果申请人不能正常从国外收回货款，申请人就必须从其他渠道筹集资金来偿还押汇本金。

（二）业务流程

（1）出口托收押汇申请人（托收委托人、出口方收款人）根据有关合同制单、交出口地银行（委托行、托收行）做单据处理，并提出业务申请。

（2）押汇银行审核同意后，将出口商业发票（或汇票）上显示的金额扣除费用、利息后划入申请人账户。

（3）国外银行（代收行）即期或到期向出口地银行支付货款，出口地银行收到货款后自动代替申请人做还款处理。

（三）风险防范措施

银行需根据出口商交单方式及货物市场行情确定不同的业务处理及风险防控措施。

（1）银行在托收项下的押汇资金的第一还款来源为托收项下收汇款，能否按期回收，完全取决于进出口双方的纯商业信用，因此风险较大。

（2）对于出口托收项下押汇中的直接托收押汇，由于是委托人不经过托收行而直接将托收指示书和有关单据寄给付款人的账户行，要求其代为收款，因此业务风险更大，拟办理该业务的押汇更应慎重。

（3）对于出口托收项下押汇中的光票托收押汇，由于是依据不附带商业票据的金融单据为抵押而进行的，贸易背景难以把握，因此押汇银行应重点审查委托人的信誉和资信状况。

（4）由于跟单托收是基于商业信用的一种结算方式，出口商能否按期履约发货也关系到国外进口商能否按时付款，因此，在调查了解进口商的同时，也需对出口商的资信及履约能力进行深入调查。

（5）深入了解进出口企业之间的关系，审慎对具有关联关系的企业发放贷款。

五、出口信贷

（一）业务含义

出口信贷是一国银行或出口信贷机构为支持本国大型设备出口，增强其国际竞争能力而向本国出口商和国外进口商提供的利率较低的贷款，可分为出口买方信贷和出口卖方信贷。借鉴此类产品的做法，也可为国内企业提供，如向制造企业的购买者提供信贷支持，只要属于定向封闭付款，就可称为买方信贷。在出口卖方信贷中，一般使用人民币资金；在出口买方信贷中，一般使用国外进口商及本银行都认可的外币。

出口卖方信贷可以使出口商在大型设备的销售中以延期付款的方式向进口商提供信用。出口买方信贷的资金也可先贷款给进口方银行，再由进口方银行转贷给进口商。

（二）业务特点

（1）出口信贷期限一般较长，最长可达数年。

（2）因为有本国政府支持，利差由国家补贴，故可采取较低的贷款利率。

（3）出口信贷无论是向出口商提供，还是向国外进口商提供，目前都是促进本国出口商的产品出口。国外进口商如果难以筹措购买我国出口商产品的资金，就可在由本国政府或本国其他有实力机构提供担保的前提下，从我国银行获得出口买方信贷。

（4）出口信贷业务具有一定的政策性特征，我国主要由政策性银行开展。但其他商业银行也有此业务开办。

（5）出口信贷由于金额大、期限长、风险大等特征，因此一般都由保险机构对银行的出口信贷提供保险。

（三）业务流程

出口卖方信贷业务的基本流程是：

（1）出口商与国外进口商谈判付款条件，签署贸易合同。

（2）出口商购买出口卖方信贷保险，保险的受益人为贷款银行。出口商与贷款银行签署出口卖方信贷协议，进口商与进口方政府或其他有实力机构签署担保协议。

（3）相关协议生效后，进口商向出口商支付合同一定比例的现汇作为预付货款，让出口商有启动资金组织生产。

（4）出口商把货物装船后，以提单、发票等出口单证向银行取得装船后贷款，从而补偿出口商的周转资金。

（5）进口商以进口方签发的本票或承兑的汇票交贷款银行换取货

运单据与发票，凭以办理提货和进口报关手续。

（6）进口商根据合同分期付款，出口商则在收到国外的付款后归还贷款。

出口买方信贷业务的基本流程是：

（1）进出口商进行商务谈判，签署贸易协议；出口商购买受益人为贷款银行的信贷保险；签署融资协议，进口方支付定金。前述程序与出口卖方信贷基本相同。

（2）进口商以其从出口方银行借得的款项，以现汇形式向出口商支付货款。之后，进口商按贷款协议的约定归还贷款。

（四）风险防范措施

（1）出口信贷的还款资金来源为国外进口商的付款，因此，需对国外进口商的资信、进口商所在国家的政治、经济风险及出口商的履约能力进行科学评估。

（2）因贷款期限较长，应采取保值等措施防范汇率波动带来的风险。

（3）在出口买方信贷条件下，需认真审核进口商提交的相关文件，熟悉进口商所在国家的相关法律。

六、短期出口信保融资

（一）业务含义

短期出口信用保险是国家为推动本国出口贸易，保障出口企业的收汇安全而为高风险业务提供保障的一项政策性支持措施，也是世界贸易组织补贴和反补贴协议原则上允许的支持出口的政策手段。支持的具体形式是由国家财政提供保险准备金，而出口信用保险范围则包括"长账期赊销出口"、"远期信用证出口"、"出口到新兴市场国家"。消费性和资本性商品出口都在承保的范畴，前者如一般商品出口，后者如飞机、船舶、电站等大型成套设备出口。在国际贸易形势不好的情况下，尤其是在发生世界性金融危机的情况下，由于外需低迷，国内出口企业在面对有支付风险的买家时，出现"有单不敢接"、"有单无力接"等问题。政府为解决这些问题,往往把提供出口信用保险作为一项政策措施对出口企业提供支持,从而解决了出口企业担心的问题,这也为银行向这些出口企业提供融资提供了一定的安全保障,从而催生了银行的短期出口信保融资业务。

所谓短期出口信保融资业务,是指在出口商已向保险公司投保"出口信用保险"险种(包括综合保险、信用证保险、统保保险和特定买方保险等),并根据《赔款转让协议》规定的标准转让范围将其拥有的赔款权益转让于银行的前提下,由该银行向出口商提供的一种短期贸易融资服务。根据保险公司出具的保险单适保范围的不同,信保融资业务可分为信用证(L/C)项下出口押汇和出口贴现,付款交单(D/P)、承兑交单(D/A)和赊销(OA)项下的出口押汇等。信用证项下融资额按索汇金额计算,非信用证项下融资额按发票应收款金额计算。信保融资业务的期限根据信用证期限或基础交易合同期限确定,一般不应超过3个月。

信保融资业务中,保险公司承担开证行、保兑行、进口商本身的信用风险及其所在国的政治风险,贷款银行承担出口商风险。因此,在授信过程中需要着重对出口商的资信状况、履约能力、履约记录进行重点审查,如审查出口商、进口商的业务往来记录,非信用证结算方式项下还须审查对应进口商的以往付款情况。

短期出口信保融资有两种业务模式:不凭其他抵押、质押担保手段,仅凭企业已投出口信用保险的条件就可办理;把短期出口信用保险作为其他融资方式的额外的担保手段。因有保险公司提供担保,万一发生赔偿,第二还款来源也较有保障,加之保险公司同意承保前已对进口方的付汇风险进行了评估,出口商收汇风险也较低,因此该业务获得银行的青睐。

对办理了短期出口信保融资业务的客户,银行原则上要求该客户在本银行办理出口托收、信用证、汇款等业务,以取得较高的综合效益。

（二）业务流程

（1）进出口双方签署贸易合同，确定以付款交单、承兑交单或其他作为结算方式，并向保险公司申请办理出口信用保险，被批准后缴纳保险。

（2）出口商向进口商发运货物，并向出口地银行提出融资申请。

（3）出口商、出口地银行及保险公司签署赔款转让协议或赔款转让授权书。

（4）出口商向出口地银行提交相关单据，被批准后签订协议以获得融资。

（5）出口地银行审批同意后，将贷款资金（一般不超过出口商业发票金额的80%）划入申请人账户。

（6）出口商收到进口商的货款后归还融资本息，在不能收到货款时要自筹资金还款。如出现保险公司责任范围的拒付、进口商倒闭、破产等情况，由保险公司负责赔付融资本息。

（三）业务管理

1. 信保融资业务的办理条件

（1）基本条件。基本条件包括：出口商具备资信良好、履约能力强、产品质量稳定、收汇记录良好的特点，且出口商的买方具有付款记录良好、无恶意拖延付款或间接付款情况发生等特点；出口商对申请融资的出口业务已经投保了短期出口信用保险，且由出口商、贷款银行及保险公司共同签署的《赔款转让协议》业已生效；出口商已将《短期出口信用保险保单》等相关保险单据提交贷款银行留存；L/C、D/P、D/A 或 OA 项下付款期限不得超过 180 天；出口交易项下具有真实、合法的贸易背景，并提交符合贷款银行要求的、真实有效的信用证、销售合同及（或）相关单据；销售合同真实有效，并应包括订立合同人、货物种类、价格、交货日期及付款条件等要素；货物从中国出口，已向保险公司申报出口并足额缴纳保费；出口商品非国家禁止。

（2）信用证结算方式项下融资的特定条件。信用证结算方式项下融资的特定条件包括：信用证为按照《跟单信用证统一惯例》开立的、通过境内银行通知或转通知的不可撤销的跟单信用证；信用证真实有效，且信用证项下单证相符、单单一致。

（3）非信用证结算方式项下融资的特定条件。非信用证结算方式项下融资的特定条件包括：出口商品已按照国际贸易惯例投保了货物运输保险或者其他相应保险；出口商及（或）进口商已经或将获得各种所需的许可证、批准书或者授权（如需）；进口商和出口商非关联公司；基础交易合同的进口商不能委托其他代理商进行交易；如出口商申请保理融资，基础交易须符合叙做保理业务的基本要求；如基础交易合同对应买方没有按期付款，或出口商没有将本银行为其提供信保融资业务对应的同一买方的所有出口结算在本银行叙做（无论本银行对相应的出口业务是否提供了融资），应停止为出口商叙做新的信保融资业务；OA 结算方式项下还需要满足：基础交易合同须约定出口货款付至出口商在贷款银行开立的结算账户；出口商出具的商业发票上必须注明进口商到期应将货款付至出口商开立在贷款银行的结算账户；出口商须在融资到期前将该出口交易项下已盖海关验讫章的出口核销单或报关单副本提交贷款银行。

2. 出口商申请融资需要提供的文件

办理出口信保融资业务时，贷款银行需向出口商索要如下文件，并以适当的方式向保险公司进行核实：短期出口信用保险保单（包括《保单明细表》、《国家（地区）分类表》、《保险费计算表》、《投保单》、《被保险人申明》等）复印件；对特定开证行/保兑行及（或）进口商的《信用限额审批单》原件；各种《批单》（如有）复印件，如为信用限额批单则须提交原件。上述单据如为复印件，则出口商须在单据上注明"与原件无异"字样，并签章予以证实。

3. 贷款额度管理

贷款银行对出口商核定的信保融资授信额度需要与保险公司为出口商核定的最高赔偿限额及为对应进口商核定的买方信用限额相匹配。对应同一开证行/保兑行/进口商的累计未结清信保融资业务余额不能超过保险公司核定的该开证行/保兑行/进口商信用限额。如保险公司的保险单项下对应多个开证行/保兑行/进口商，应掌握保险单项下对应的所有开证行/保兑行/进口商的信用限额，并区分下列情况进行具体融资：如保险单对应的所有开证行/保兑行/进口商项下的赔款转让权益全部转让给贷款银行，则贷款银行对出口商的融资余额不得超过保险公司对其核定的最高赔偿限额；如保险单对应的不同开证行/保兑行/进口商项下的赔款转让权益已转让给多家银行，则贷款银行对该出口商的融资余额不得超过保险单确定的最高赔偿限额减去对应的未在贷款银行叙做融资的其他开证行/保兑行/进口商的信用限额之和。

贷款银行可根据实际情况决定是否为出口商继续叙做保单内对应的其他开证行/保兑行/进口商的信保融资，并可以相应降低出口商针对其他开证行/保兑行/进口商项下出口业务的融资比例。贷款银行向出口商针对特定开证行/保兑行/进口商的融资余额，不得超过保险公司为该开证行/保兑行/进口商核定的信用限额或出口商自行掌握的信用限额。单笔融资项下的融资金额不得超过以下三项中的最低者：出口商申报金额乘以相应赔偿比例、该开证行/保兑行/进口商的有效信用限额乘以相应赔偿比例、索汇/发票应收款金额乘以相应融资比例。

4.《赔款转让协议》的签署

贷款银行收到出口商的申请文件并向保险公司核实无误后，要与出口商、保险公司共同签署《赔款转让协议》，以取得短期出口信用保险项下的赔款权益受让权。贷款银行在与保险公司、出口企业签署下列专栏提供的《赔款转让协议》时应注意选择"转让范围"。贷款银行应在三种标准的转让范围中进行选择，以明确自身权益，并在确定的转让范围内为出口企业办理融资业务。如因特殊原因，出口企业只能将"买方代码为×××的买方的出口"项下部分合同或单一合同项下的赔款权益转让给贷款银行时，贷款银行须在《赔款转让协议》中进行约定，列明对应的合同号等能够表明转让给贷款银行该笔业务的详细信息。

专栏 3-3

赔款转让协议（样本）

鉴于出口商已向保险公司投保短期出口信用保险（保单号为_____），现出口商、保险公司和贷款银行三方经充分协商，就保险单项下赔款转让授权事宜达成如下协议：

一、自本协议生效之日起，且在保险单有效期内，对于出口商（1）在保险单适保范围内的全部出口；或（2）向_____地区的全部买方的出口；或（3）向买方代码为_____的买方的出口项下发生保险责任范围内的损失，出口商授权保险公司将按照保险单规定理赔后应付给出口商的赔款直接全额支付给贷款银行，且同时保险公司在上述出口项下的赔偿责任终止。

无论本协议其他条款如何规定，出口商和保险公司之间的保险法律关系，以及出口商和贷款银行之间的出口贸易融资法律关系是两个相互独立的法律关系。保险公司和贷款银行双方在各自与出口商签订的合同中独立享有合同约定的权利并承担合同约定的义务。出口商是否向保险公司投保短期出口信用保险并不构成其获得贷款银行的贷款或其他形式融资的必要条件或充分条件；出口商能否获得贷款银行的贷款或其他形式的融资并不构成保险公司接受其投保短期出口信用保险的必要条件或充分条件。保险公司和贷款银行双方应根据各自的规定，对出口商的投保申请和贷款或其他形式的融资申请做出独立的判断和决定。

二、义务约定。

（一）出口商义务：

1. 未经贷款银行书面同意，在保险单有效期内不单方面解除和变更保险单。

2. 无论索赔权是否转让，均履行保险单项下被保险人的各项义务。

3. 在得知发生保险单项下的损失或可能导致损失的事件时，立刻通知保险公司和贷款银行，及时采取一切必要的措施避免或减少损失，并且不延误地向保险公司和贷款银行报告有关进展，否则赔偿由此造成的损失。

4. 若出现如下情况，应由出口商向贷款银行偿还融资协议项下的款项（包括本金、利息、费用及其他应付款项），直至贷款银行完全受偿。

（1）保险公司按照国家有关法律法规、本协议、保险单的规定或基于其他任何原因，作出拒绝赔款的决定；

（2）保险公司向贷款银行赔偿款项不足以偿还出口商应向贷款银行偿还的款项；

（3）出口商因任何原因不向保险公司索赔或出口商没有按照保险单和《索赔单证明细表》等相关单证的规定向保险公司索赔。

5. 在保险公司已将赔款支付给出口商的情况下，出口商应无条件地向贷款银行偿还融资协议项下的款项。

（二）保险公司义务：

1. 保险公司将应付给出口商的赔款直接全额支付到贷款银行指定的账户＿＿＿＿＿＿。

2. 因过错未按本协议的规定将赔款支付给贷款银行，并给贷款银行造成实际损失的，保险公司应承担相应的赔偿责任。

3. 在保险单有效期内，出口商单方面提出变更或解除保险单的请求需事先征得贷款银行书面同意，对于出口商向保险公司提交的变更或解除保险单的书面申请，如未附有贷款银行的书面同意材料，保险公司将视其为申请材料不完备而不予接受。

4. 保险公司依据法律、保险单的规定或者与被保险人的其他约定作出变更或解除保险单决定后，应及时书面通知贷款银行。并且保险公司承诺该变更或解除不影响在变更或解除前保险公司按照法律和保险单规定应当承担的保险责任。

（三）贷款银行义务：

1. 开展此项业务前，已明晰了解保险公司的保险单条款。

2. 在向出口商融资前审查出口贸易的真实性、合法性。

3. 及时通知保险公司有关出口商的贸易融资金额，在每月15日之前将上月出口商收汇结算情况书面通知保险公司。

4. 如出口商直接向保险公司索赔或出口商委托贷款银行索赔，在贷款银行收到赔款或预赔款之后，保险公司经核实确认所发生的损失不属于保险责任范围内的损失，贷款银行协助保险公司向出口商进行追索，直到出口商退还保险公司已支付的赔款。

5. 保险公司将赔款支付给贷款银行后，贷款银行扣除融资本金、利息等相关费用后仍有余额，应将余款及时支付给出口商。

三、关于索赔。

1. 在本协议第一条授权范围内，如发生保险责任范围内的损失，应由出口商直接向保险公司索赔。因出口商怠于行使索赔权致使贷款银行利益受到损害的，出口商应对此承担责任。保险公司也接受出口商委托贷款银行进行索赔。

在出口商委托贷款银行索赔的方式下，出口商需与贷款银行另行签订书面委托代理协议，授权贷款银行向保险公司行使索赔权。

2. 出口商或贷款银行行使索赔权时，应按照保险单及其相关单证的规定向保险公司提供索赔单证，提供的索赔单证不齐全的，保险公司有权不予受理，但索赔单证的完整提供并不是保险公司定损赔付的唯一前提条件。

四、任何一方违反本协议的规定给其他各方造成损失的，应对受损失方的该损失承担赔偿责任。本协议有效期_____年。本协议的终止，不影响任何一方在本协议有效期内依据本协议所获得的权利，也不豁免任何一方在本协议有效期内依据本协议应该承担的义务。

5. 其他注意事项

（1）操作部门要按照贷款银行的国际结算和贸易融资业务相关规定对单据进行认真审核：申请融资金额与已有融资余额之和是否超过保险公司为出口商核定的最高赔偿限额。特定开证行/保兑行/进口商的信用限额是否充足。出口货物的名称与《出口申报单》中出口商申报是否为同种商品。信用证项下是否单证相符、单单一致，其他结算方式项下各单据之间的约定是否存在矛盾等。

（2）加强授信后管理，定期走访出口商，按照保险公司的损失赔偿条件，当未能在收汇日正常收汇还贷时，则书面要求保险公司赔偿。在保险公司赔付前，则积极督促出口商自筹资还贷。贷款银行须加强台账记载，并根据业务记载及台账对企业收汇情况进行动态监控，与保险公司保持密切联系和沟通，并定期（至少每月一次）核对出口申报和融资情况，如发现出口项下未能按期收汇、进口商短付款、进口商资信变化或其他异常情况等应及时向保险公司通报。

（3）如发生信保融资业务项下的出险情形且信保融资业务未到期时，贷款银行须要求出口商立即偿还融资本息。如出口商确已无力偿还融资，且出口商怠于行使索赔权，则贷款银行应直接向保险公司提起索赔。保险合同项下发生出险情形，贷款银行应停止办理出口商针对该开证行/保兑行/进口商项下的任何信保融资业务。

（4）如果企业出口的商品属于曾发生过或容易因质量问题引起买方国家封关的禽类、食品等特殊商品，贷款银行在叙做融资时应提示企业注意风险，要求出口企业了解相关信息，并进行核实，一旦发现异常情况，应停止融资。

（5）密切关注信保融资项下买方付款情况。在合同实际付款期限到期后，除保险公司明确给予买方有付款宽限期外，若买方没有按时付款，无论出口企业是否用自有资金进行了偿还或者该融资是否在贷款银行宽限期之内，应立即停止新的信保融资，只有对应的买方支付了货款，并确认该买方的信用限额有效，才可以为出口企业办理对应同一买方新的信保融资。

　　贷款银行原则上应要求出口企业将赔款权益已转让给贷款银行的同一买方项下的所有出口结算业务在贷款银行叙做，而无论贷款银行对相应的出口业务是否提供了融资。

　　贷款银行在审核出口企业提交的信保融资申请时，须严格检查出口企业对应的同一买方的所有出口申报情况（可以向当地保险公司了解出口申报情况，而不应该仅仅审查每笔信保融资对应的出口申报情况，以防同一买方有未按合同规定期限付款的情况发生）。如发现出口企业已向保险公司进行出口申报，但未在贷款银行叙做信保融资业务的，如其未在贷款银行叙做出口结算，应按照合同付款期限审核该笔业务的收汇情况。如按期收汇，贷款银行才可为其叙做新的信保融资业务。

　　（6）严格审查出口企业保险费缴纳情况。贷款银行在叙做信保融资业务时，应严格审核出口企业的《出口申报单》中的出口申报和保险公司保险费通知书中所列的出口申报是否一致。在确认上述两个文件中的出口申报一致，且卖方已按照保险公司保费缴纳通知书的规定足额缴纳保费并取得了保险公司的正式保费发票后，贷款银行才能为其叙做信保融资。

　　（7）加强出口信用险出险后管理。如叙做信保融资业务后出险，贷款银行应把出口企业作为第一还款来源进行追索，由出口企业向保险公司索赔。在进行索赔时，应密切注意保险公司对提交《可损通知书》以及其他赔偿文件的期限规定。如出口企业无力偿还且怠于行使索赔权，贷款银行应根据《代理索赔授权书》的约定直接向保险公司提起索赔。如事先未要求出口企业提交《代理索赔授权书》的情况下，贷款银行应立即要求出口企业提交相关授权文件和索赔单据，由贷款银行代为索赔。

　　（8）注意保险公司保单中的免责条款。保险公司一般对下列情况免责：出口企业的代理人违约、欺诈以及其他违法行为所引起的损失，非信用证支付方式下通常可以由货物运输保险和其他保险承保的损失，非信用证支付方式下买方的代理人违约、欺诈以及其他违法行为所引起的损失，非信用证支付方式下出口企业向其关联公司出口并由于商业风险引起的损失，出口企业在出运后、交单前发生（未将单据提交议付行/通知行）的损失。因此，银行一般不会对出口企业委托其他代理人进行交易和基础交易合同的买方委托其他代理人进行交易的情况提供信保融资。在本银行叙做信保融资业务时，贷款银行务必要求出口企业提供运输保险凭证，并严格按照基础交易合同的价格条款叙做业务。贷款银行还应跟进交单前已出口货物的发送情况，避免由于"时间差"而产生的风险。

（9）融资银行要特别注意了解出口商及进口商的资信情况，重点选择资信良好、现金流量大且出口比较稳定的出口商和与出口商无关联关系但往来时间较长的进口商建立业务关系。

（10）融资银行要根据出口人的结算方式选择宽严不一的风险防控措施。如信用证结算方式或托收中的付款交单项下，融资的条件与额度都可适当放宽，而承兑交单情况及远期 D/P 项下，则需谨慎办理。

七、福费廷

（一）基本含义

福费廷（Forfaiting），又称包买票据，是指包买银行（包买商）从出口商那里无追索权地买断由开证行已经承兑的远期汇票或确定的远期债权或进口商所在地银行担保或保付的由出口商出具的远期汇票或由进口商出具的远期本票的一种贸易融资方式。由于从事跨国票据业务的风险较大，在实务中，仅对远期信用证项下的已经承兑的汇票或已经承付的单据叙做福费廷业务。

对福费廷的概念，可从以下几个方面理解：

（1）福费廷概念中的无追索权是指持票人在票据到期不获付款或到期前不获承兑或因其他法定事由，并在行使或保全其票据上权利的行为后，向其前手请求偿还票据金额、利息及其他法定款项的一种票据权利。这种权利解除了出票人或转让人对其后手所承担的付款担保责任，当然欺诈情况除外。在福费廷业务中，实际上是提供融资的银行买断了业务申请人对开证行或保兑行的债权。

（2）买断债权并不是绝对的。当出现以下情况时，银行保留对申请人的追索权：因法院止付令、禁付令、冻结令或具有其他类似／相同功能的司法命令导致银行不能获得偿付时；申请人违反与银行签署的业务合同，出售给银行的债权是源于非正当交易的不良债权时。

（3）最适合进行福费廷融资的商品是资本性商品和耐用性商品，价格波动剧烈、替代品较多的商品不适合进行福费廷融资。福费廷融资一般期限较长，且多为固定利率。

（4）福费廷业务是出口地银行在收到出口信用证的开证行或保兑行出具承兑或承付通知书以后、在收到国外银行支付的货款之前向出口商提供的融资，属于"承兑后融资"。

（5）远期信用证项下，如果单证相符，开证行或保兑行必须在规定的工作日内向出口地交单银行出具承兑或承付通知书，明确将来付款的确切日期，到期后不管开证申请人出现什么情况，该银行都必须承担第一性的付款责任。这种由银行做出的付款的确定日，使出口地叙做福费廷业务的银行可以凭出口商提交的出口单据及信用证开证行或保兑行出具的承兑或承付通知书作抵押和保证进行放款。

（6）申请人获得银行融资后，将不再承担应收账款管理和催收的工作及费用，以及由于远期收汇所带来的利率风险、汇率风险、付款人的信用风险和国家风险等。银行叙做该业务则可获得利息和费用收入。其中，费用主要由固定手续费、承诺费及议付费、单据邮寄费、国内外银行联系费用等组成。其中固定手续费如果业务金额较大，也可减免；承诺费主要是为防止银行审查同意或协议签署后企业不再办理业务从而使银行前期工作白白付出而收取的补偿费用。

（7）福费廷业务项下的资金用途一般没有限制，可以用来生产、采购、归还银行融资及固定资产投资。

（8）叙做福费廷业务的银行一般也是出口地议付行或单据的处理银行。因为只有这些银行才能准确判断单据及贸易背景的真实性，也才能从申请人身上获得较大的综合收益。对非本行议付或处理的单据，银行一般不叙做该业务。

（9）福费廷业务的还款来源为信用证项下的收汇款。能否正常收回，在受益人没有欺诈违法、单证相符、开证行承兑或保兑行承付的情况下，取决于开证行的信誉及所在国家的风险。正常情况下，银行即使未能从国外收回货款，也不能从申请人账户中扣收资金来归还福费廷业务本息，因为银行已经"买断"。

（10）福费廷业务有很多变种，常见的有"间接买断"，即二级包买银行通过款项让渡或背书从一级包买银行那里买断由开证行或保兑行已经承兑或承付的单据所代表的应收账款。融资项下，二级包买银行需将单据或票据所代表的债权金额无追索权地立即付给一级包买银行，以后如若出现开证行拒付、倒闭等情况，二级包买银行应独自承担风险；非融资项下，二级包买银行不需将单据或票据所代表的债权金额立即付给一级包买银行，而是只有在开证行（保兑行）出现拒绝付款、倒闭情况下才承担赔付责任，实质上起到的是对债权进行担保的责任。一般情况下，融资性的间接福费廷业务由于需要垫付资金，故利润相对较大；非融资性福费廷业务由于不需垫付资金，故利润相对较小。

（二）对各方当事人的利弊分析

福费廷对涉及的当事人既有有利的方面，又有不利的方面，具体如表 3 - 1 所示。

表 3 - 1　福费廷对当事人的利弊分析

当事方	有利之处	不利之处
出口商	获得固定期限的中长期贸易融资，能够锁定利率成本。 出口商向包买商转嫁了利率、汇率等风险，为无追索权贸易融资。 把未来的应收账款变为现实的现金流入，有利于增强资产流动性，节约了应收账款管理成本，改善了财务结构。 不占用企业的银行授信额度，因为银行已无追索权地买断该应收账款。 银行只要接受进口商所在国的国家风险和担保银行的信用风险，就可与出口商在较短时间内达成业务合作协议，因此对出口商而言，是一种较为便利、灵活的融资方式	出口商有责任确保债权凭证的有效性和担保的有效性，否则就不能免除银行对其的追索权。 出口商不能保证进口商能够找到被银行接受的担保人。 该业务由银行承担所有的风险，因此融资成本要高

续表

当事方	有利之处	不利之处
进口商	可获得出口商给予的中长期信贷安排	银行对其债务提供担保或保付，需支付担保费，并占用其授信额度。 进口商不能以任何与货物或服务有关的贸易纠纷为借口拖延或拒绝付款。 由于出口商将融资费用转嫁给了进口商，因此基础交易协议的价格可能会有所提高
包买银行	通过福费廷业务购入的资产能够在二级市场较为容易地转让。 由于承担较大风险，收益率较高	债权凭证到期后不获付款，也没有追索权。 必须了解不同国家的相关法律规定，并承担代审票据和担保有效性的责任。 当一系列票据中的其中一票未能被债务人或担保人按期偿还时，票据的法律地位不允许银行对其余未到期的票据实行加速还款。 银行需承担固定利率风险
担保人	能够获得保费收入	担保人承担着进口商的信用风险，因为担保人承担的保付或担保责任，是独立于基础交易合同和债务人付款责任之外的第一付款责任，不得以进口商破产、倒闭或基础交易合同有瑕疵等为结构延迟或拒绝付款

（三）业务流程

1. 初始调查阶段

包买银行可围绕着国家信用风险、担保银行信用风险、商品交易、进出口商资信、此笔福费廷资产在二级市场上的可转让性五个方面进行调查，调查目的在于了解进出口商之间基础交易的真实性、合法性与可行性以及进出口商关于融资安排的具体情况。为此，需主要了解以下情况：

（1）融资金额、期限与币种融资金额应是债权文件/凭证，如汇票或本票的面值（该面值包括货物的价值及相应的利息）。融资期限关系到包买银行的资产结构与融资成本，一般不会超过1年，具体计算按照业务办理日到收汇到期日（承兑或承付日）的天数外加一定的宽限期确定。币种涉及各方当事人所面临的汇率风险和不同的融资成本，因而会经过仔细谈判而确定。

（2）出口商基本情况由于包买银行提供的是无追索权融资，因而了解出口商的基本情况非常重要，应了解经营范围、生产能力、技术状况、资信水平、履约能力等信息。

（3）进口商、担保银行的基本情况。

（4）债权凭证的种类，是本票还是汇票，包买银行应确保在融资提供日前能够获得合格有效的债权凭证。

（5）担保方式，是银行保付还是银行担保，抑或备用信用证。出口商应明确债权的担保方式，包买银行需提早确认保函或信用证的格式与条款。因为如不尽早确认，一旦银行保函或备用信用证已经开出，包买银行就只能审核其格式与条款的可接受性。

（6）了解融资商品的性质与种类，以评估基础交易的可靠性及融资商品的可接受性。了解票据分期付款金额及到期日，以便包买银行科学进行贴现安排。

（7）预计交货期（因为交货期与融资期紧密相连），确认债权凭证提交日期及付款地（因为付款地不同，涉及的国家风险也不同），获得相关的进出口许可证或特许、授权书。

2. 基础合同和福费廷协议签订阶段

包买银行在基础交易合同签订之前，可以给予出口商一定的融资选择期，在选择期内出口商和进口商谈判商品交易合同的具体条款，并最终签订商务合同。

表3-2　福费廷业务涉及的主要术语

术语名称	含　义
选择期	从出口商接受包买银行的融资建议到出口商与进口商签署商务合同这段时间。这段时间的长短取决于商品类型、交易金额及业务环境。在利率或汇率急剧波动的时期，包买银行一般不会给予选择期。选择期内包买银行承担了一定的利率和汇率风险，因此包买银行可收取一定的费用，如果选择期较短，包买银行也可不收，如果选择期较长，包买银行就会收取费用。费用一般按交易金额的一定比例收取

续表

术语名称	含 义
承担期	正式签订福费廷融资协议至贴现发生日之间这段时间。在这段时间内，包买银行必须承担利率、汇率等风险并无追索权地买断应收账款的义务，出口商也不得单方面终止所承担的契约责任，双方之一方如违约，则必须赔偿另一方因此而遭受的一切损失和费用。在承担期内，包买银行需要对资产负债表上未来的部分经济资源进行分配，从而会产生一定的机会成本，并且包买银行还承担了一定的利率与汇率风险。因此，包买银行应向出口商收取一定的承担费
宽限日	在计算贴现期限时，包买银行在债权到期日基础上另外增加的一段时间，亦即从债权到期日到包买银行实际收到款项这样一段时间。这是因为，在业务实践中，因资金不能及时划转等原因，债权付款日和债权到期日往往并不一致，一般是在到期日之后，包买银行才能收到国外担保银行的付款。利用宽限日这种方式，包买银行能够变相提高福费廷业务的收益，即能够弥补因资金清算延误而产生的损失。宽限日所适用的利率可采取应收账款买断日的贴现利率，也可采取迟付日的市场利率并加一定幅度的罚金构成
贴现率	包买银行在计算贴现利息时所适用的利率，一般以 LIBOR 为基准利率，并结合资金成本、风险成本、管理成本、业务策略和预期利润等因素进行一定幅度的加价。其中，风险成本由债权担保银行风险、国家风险和利率变动风险造成的成本构成；业务策略如是要大力发展，则报价就会具有市场竞争力；管理成本可从风险额度、资产可转让性和时间性三个方面考虑（风险额度剩余越少，则价格可能会越高，资产转让越容易则定价会越低，从报价到实际办理业务的时间越短，包买银行报价就会相对越低）
贴现方法	包买银行计算贴现利息时所采用的计算方法，主要有直接贴现法和贴现收益率两种方法。由于在贴现率一定情况下，采取不同贴现方法会计算得出不同的贴现利息，因此包买银行与出口商会就贴现方法进行谈判。 （1）直接贴现法 指根据到期日的债权面值所采取的贴现率及贴现期限，计算出相应的贴现利息，并从债权面值中扣减后计算出贴现市场价格/净值的方法。该种方法没有考虑货币的时间价值以及与债权现值相关的贴现现金流，计算公式为： 贴现净值 = 债权面值 – 债权面值的贴现利息 = 债权面值 × ［1 –（年贴现率×贴现期限即贴现日距离到期日所剩天数/计息期基础）］，其中，英镑在货币市场上以 365 天为计息期基础，美元、欧元等在货币市场上以 360 天为计息期基础。 （2）贴现收益率法 指采取贴现收益率计算贴现市场价格/净值的方法。所谓贴现收益率是指包买银行购买应收账款债权获得的回报率，又称贴现因子。 贴现净值 = 债权面值 –［债权面值×（贴现期限 + 宽限日期限）/100］×（利率/计息期基础） （3）两种方法的比较 两种方法的计算基础是不同的，直接贴现法的计算基础是面值 – 贴现利息 = 贴现净值，贴现收益率的计算基础是贴现净值 + 贴现利息 = 面值，因而两种方法的计算结果也有较大差异。 在业务实践中，出口商只有将直接贴现率换算成贴现收益率，才能比较贴现成本与进口商所支付的利息之间的差异。换算时，一般需先计算出融资的平均期限

商务合同签订后，出口商与包买银行正式签署福费廷融资协议，正式确定融资金额、融资期限、承担期、宽限日、贴现方法、贴现率和承担费等具体内容。

3. 生产备货与交单阶段

在生产期内，出口商按照基础商务合同要求购买原材料、生产备货和发货。收到国外信用证后，根据信用证制单，交出口地银行议付或做单据处理。

国外银行（开证行、保兑行）收到单据并确认单证相符后向出口地银行发出承兑或承付通知书。出口地银行收到后转交给业务申请人（出口商）。

4. 业务办理与付款阶段

出口商收到债权凭证后，通过背书转让或款项让渡书等方式将应收账款债权转让或让与给包买银行，同时提交信用证正本及信用证修改的正本、信用证要求的全套单据。包买银行审核债权凭证的有效性和票据保证的有效性后，按照预先签订的福费廷融资协议无追索权地贴现债权凭证，扣除利息、费用后，将余款支付给出口商。

债权凭证及相关单据在不同支付结算方式下有所不同。比如在票据结算方式下，债权凭证及相关单据主要包括经过无追索权背书并签章的汇票、见索即付保函正本及相应的保函权益转让书、担保银行出具的关于进口商签章的签字证实书、经证实的海运提单/商业发票/装箱单等单据的复印件等。

5. 到期结算阶段

在远期信用证项下，开证行或保兑行会在到期日付款给包买银行；在远期汇票或本票项下，在债权凭证即将到期之前，包买银行向债权凭证的担保银行提交债权凭证请求付款，担保银行于到期日向包买银行履行付款责任。

包买银行收到货款后自动代替申请人归还融资款项，并做业务销账处理。

（四）业务风险管理

在福费廷业务中，包买银行从出口商处无追索权地买断远期应收账款后，主要承担的是进口商所在国的国家风险，以及担保银行/开证行/保兑行的信用风险。

1. 国家风险

国家风险是指一个主权国家出于某种原因，不愿或无力偿还外国商业银行的贷款本息，或因国际结算款项、投资收益等汇回受阻，给国外银行造成经济损失的可能。其表现形式有两种：一是债务拒绝，即取消其所有的当期和远期国外债务和资本责任；二是债务重组，即国家宣布对于其当期和远期债务责任进行延缓和推迟。如果发生国家风险，债权人几乎不可能从该国政府获得补偿，弥补国家风险的手段非常有限。因此，对开办福费廷业务的银行来讲，防范国家风险是最基本的，也是最重要的。原则上不办理以高风险国家、地区为信用证开出地的福费廷业务。

国家风险的评估分两个层次：一是采取外部评级法或内部评级法对国家的国家风险进行评级；二是根据评级结果对不同等级的国家给予不同的交易信用额度。有些银行从严控风险角度出发，对政局不稳、违约情况多的国家，一律不给予交易信用额度。

2. 信用风险

在福费廷业务中，包买银行面临的信用风险主要来源于国外银行的信用风险和进口商、出口商的信用风险。因此，开证行、承兑行或担保银行，以及进口商、出口商都应具备资信良好这一条件。

（1）国外银行信用风险。如果进口商的信用和财务状况无法令出口商满意，则出口商都会要求进口商所在地银行对进口商债务提供某种形式的担保。担保银行通过票据保证或保付或银行保函方式做出担保后，或在信用证项下，开证行/保兑行发出承兑电文或到期付款确认电文后，就承担了不可撤销的第一性付款责任。通过进口商所在地银行的担保，进口商增加了信用等级，使国际贸易中的商业银行转化为银行信用。在业务实践中，包买银行能否接受国外担保银行的信用风险，是其决定是否叙做福费廷业务从而买断出口商应收账款债权的重要因素。而担保银行因流动性、道德风险等问题也可能给包买银行带来损失。因此，对国外担保银行的风险管理是包买银行需要考虑的另一重要内容。

对国外担保银行进行风险管理的核心是建立一套针对国外银行的科学、准确的风险评估体系，定期评估国外银行风险系数，并设立和及时调整相应的授信额度。

（2）进出口商信用风险。进出口商的信用风险表现在以下几个方面：一是在基础合同项下，出口商存在欺诈行为，进口商就会拒绝在债务到期日向包买银行履行付款责任；二是进出口商合谋欺诈包买银行，担保银行/开证行/保兑行发现后也会拒绝付款；三是进出口商之间存在贸易纠纷，如对货物质量存在不一致意见；四是进出口商洗钱风险。前三个方面的风险会使包买银行承受出现损失的可能，第四个方面的风险则会使包买银行因参与其中而承受处罚。

尽管福费廷交易独立于相关的基础交易，但作为包买银行应认真调查贸易背景的真实性和合法性，评估进出口商的资信情况，并多渠道了解担保银行/开证行的行为方式和对国际惯例的遵循力度，履行自己应尽的谨慎义务，确保自己是善意的当事人。

3. 利率风险

福费廷业务中，包买银行的收益率是固定的，但资金成本却是变化的，亦即福费廷业务是固定利率资产和浮动利率负债的结合体，两者在利率敏感性方面是不匹配的，包买银行不可避免地面临着利率风险。主要体现在：资金利率上升时，负债利息费用比预期更高或贴现利率比预期更低；或贴现决策做出后由于利率发生不利变化而使包买银行不能获得最大收益甚至出现亏损。

为有效管理利率风险，包买银行应持续地对其风险暴露头寸进行监控，确保福费廷业务期限结构、币种结构及其所承受的利率风险水平得到有效控制，并根据市场利率变化情况及时调整资金配置。为适应利率风险管理的需要，包买银行一般要建立科学的利率风险测算与监控系统，该系统应能够科学评估利率水平突然变化、收益率曲线幅度变化等对包买银行造成的利率风险。银行可根据分析结果，采取相应的对策。

4. 债权文件及单据风险管理

债权文件及单据风险是福费廷业务中不可忽视的操作风险。在福费廷业务中，不同的支付结算方式需要出口商提供不同的债权文件和单据，而不同债权文件和单据的操作风险点是不一样的。对票据和信用证这两种不同的债权凭证，银行应根据其特点进行不同的操作风险管理。要保证汇票、本票或其他债权凭证清洁有效，且已被开证行承兑或被担保行担保。对于以下情况的单据，原则上不应办理福费廷业务：没在本银行议付（或处理）的单据；高风险国家或地区开出的信用证；未经加押或有权签字人签字的承兑以及含义不明的承兑；在本银行没有授信额度的银行开出的信用证。

第三节 备用信用证担保贷款

一、业务含义

备用信用证担保贷款是指在外资银行开立备用信用证（可以是外资银行境内分支机构开立的人民币备用信用证，也可以是外资银行境外分支机构开立的外币备用信用证）提供保证项下，由贷款银行向外商投资企业发放的人民币贷款，属于外汇担保项下的贷款品种。

在此贷款业务中，备用信用证作为担保品，其合格与否、风险大小是关系到贷款能否安全回收的重要因素。外资银行开立的备用信用证一般要满足下列条件：必须为无条件、不可撤销的；所约定的币种为美元或欧元、日元、港元、英镑、瑞士法郎（外资银行境内分支机构开立的备用信用证可以是人民币）等主要货币；金额包括借款人人民币债务本金及相关利息和费用；失效期应晚于贷款合同到期日，至少应在贷款合同到期日后延长一定时限；受益人为贷款银行；已注明所担保的贷款合同名称以及合同号；索偿条款必须单据化，并明确开证行在收到索偿之后的付款期限。

专栏 3-4

何谓备用信用证

备用信用证最早流行于美国，因美国法律不允许银行开立保函，但是可以开信用证。于是，美国银行家们为了揽生意就把他们用于担保功能的东西叫做备用信用证。既满足了客户的需求，同时又避免了与法律发生冲突，备用信用证应运而生。后来其逐渐发展成为国际性合同提供履约担保的信用工具。鉴于备用信用证是集担保、融资、支付及相关服务为一体的多功能金融产品，加之用途广泛及运作灵活，目前已在国际承包工程的投标、国际租赁、预付货款、赊销业务以及国际融资等业务国际商务中得以普遍应用。

所谓备用信用证，又称担保信用证、履约信用证、商业票据信用证，是信用证的一种特殊形式，是开证银行对受益人承担一项义务的凭证，亦即开证银行不以清偿商品交易的价款为目的，而以贷款融资，或担保债务偿还为目的所开立的信用证。开证申请人未能履行其应履行的义务时，受益人只要凭备用信用证的规定向开证行开具汇票，并随附开证申请人未履行义务的声明或证明文件，即可得到开证行的偿付。

备用信用证是一种银行保证，开证行一般处于次债务人的地位，其付款责任是第二性的，即只有在开证申请人违约时开证行才承担付款责任。如果开证申请人履行了约定的义务，该信用证则不必使用。因此，备用信用证对于受益人来说，是备用于开证申请人发生违约时取得补偿的一种方式，其具有担保的性质。同时，备用信用证又具有信用证的法律特征，它独立于作为其开立基础的其所担保的交易合同，开证行处理的是与信用证有关的文件，而与交易合同无关。综上所述，备用信用证既具有信用证的一般特点，又具有担保的性质。

与一般信用证相比，备用信用证具有一些特殊的地方。比如，一般商业信用证仅在受益人提交有关单据证明其已履行基础交易义务时，开证行才支付信用证项下的款项，而备用信用证则是在受益人提供单据证明债务人未履行基础交易的义务时，开证行才支付信用证项下的款项。又如，一般商业信用证开证行愿意按信用证的规定向受益人开出的汇票及单据付款，因为这表明买卖双方的基础交易关系正常进行，而备用信用证的开证行则不希望按信用证的规定向受益人开出的汇票及单据付款，因为这表明买卖双方的交易出现了问题。再如，一般商业信用证，总是货物的进口方为开证申请人，以出口方为受益人，而备用信用证的开证申请人与受益人既可以是进口方也可以是出口方。

备用信用证的种类很多。根据在基础交易中备用信用证的不同作用，备用信用证主要可有以下八类：

（1）履约保证备用信用证。支持除支付金钱以外的义务的履行，包括对由于申请人在基础交易中违约所致损失的赔偿。

（2）预付款保证备用信用证。用于担保申请人对受益人的预付款所应承担的义务和责任。通常用于国际工程承包项目中业主向承包人支付的合同总价10%~25%的工程预付款，以及进出口贸易中进口商向出口商支付的预付款。

（3）反担保备用信用证。又称对开备用信用证，它支持反担保备用信用证受益人所开立的另外的备用信用证或其他承诺。

（4）融资保证备用信用证。支持付款义务，包括对借款的偿还义务的任何证明性文件。

（5）投标备用信用证。它用于担保申请人中标后执行合同义务和责任，若投标人未能履行合同，开证人必须按备用信用证的规定向收益人履行赔款义务。

（6）直接付款备用信用证。用于担保到期付款，尤指到期没有任何违约时支付本金和利息。主要用于担保企业发行债券或订立债务契约时的到期支付本息义务。

（7）保险备用信用证。支持申请人的保险或再保险义务。

（8）商业备用信用证。它为申请人对货物或服务的付款义务进行保证。

二、业务操作

备用信用证担保贷款的对象是资本金已按期到位且未减资、撤资的外商投资企业，所有中资机构、企业及外国的企业和其他经济组织在中国境内的分支机构均不属于此类贷款的对象。

外资银行开立的备用信用证格式应该符合贷款银行要求，贷款银行对提供备用信用证的外资银行需事先核定授信额度，且担保额度在贷款银行对其核定的授信额度之内。

从贷款期限上看，备用信用证担保贷款原则上应控制在 1 年以内，最长期限也不要超过 2 年，备用信用证担保贷款不得展期；从贷款金额上看，备用信用证担保贷款金额必须能全额覆盖贷款银行的债权，一般不要超过备用信用证担保金额的 90%。如贷款期限较长（比如超过 1 年），应适当降低贷款金额与备用信用证担保金额的比例。

在贷款发放前，贷款银行应查验借款人从外汇局领取的"或有债务登记表"，确认其已办理相关登记手续。贷款发放后，贷款银行还要及时到所在地外汇局办理相关或有外债登记手续。此外，贷款银行也应加强资金用途的监控，确保贷款资金只能用于补充企业流动资金不足，不能用于弥补长期项目投资缺口，也不能用于购汇进口和还贷。

贷款到期后，如借款人按期归还备用信用证担保项下贷款本息，贷款银行可及时注销该备用信用证，并告知开证行或退回原证。如借款人不能归还备用信用证担保项下贷款本息，应在备用信用证规定的有效期内按未偿还人民币贷款本息和相关费用以及贷款到期日该行挂牌的现汇买入价，计算应收外汇金额，向开证行索偿。待开证行履约将外汇资金汇入贷款银行指定的外汇账户后，直接办理结汇，一次结清。

第四节 国内信用证项下短期融资

国内信用证项下各融资品种主要有打包贷款、买方押汇、卖方押汇、议付（贴现）等。这些业务品种在业务原理上与国际信用证项下各融资品种基本一致。对银行来讲，从风险防范角度看，一般鼓励开展议付融资模式，控制卖方押汇业务。

一、国内信用证打包贷款

国内信用证打包贷款系指银行为支持卖方按期履行合同，出运交货，根据卖方的资信状况和国内证情况，向收到国内证的卖方提供的用于采购、生产、装运国内证项下货物的短期融资。发放贷款的时间为卖方收到信用证之后、向买方地银行提交信用证规定的单据以前。该笔贷款资金专项用于为支持卖方受益人执行信用证而进行的生产或收购活动，具有贷款期限较短、还款来源为信用证项下货款回收等特点。放款银行要留存信用证正本。到期受益人无法归还贷款时，贷款银行有追索权，借款人应从其他渠道筹集还款资金。

办理打包贷款业务，需掌握如下要点：

（1）对国内证项下打包贷款的授信管理应比照流动资金贷款管理的有关规定执行。

（2）对客户叙做打包贷款时，应对开证行资信和国内证条款进行审核，对影响安全及时收款的技术性风险应向授信部门加以说明。

（3）应根据卖方的业务流程、实际资金需求等情况确定打包贷款比例。一般情况下，打包贷款金额不能超过国内证金额的80%。

（4）打包贷款期限应与国内证付款期限、业务流程合理匹配。如拟以卖方押汇或议付款归还打包贷款，贷款期限不应超过国内证效期；如拟以国内证项下付款归还贷款，贷款期限不应超过国内证付款期加预计资金在途时间（1～3天）。

专栏3－5

打包贷款协议（样本）

××公司（借款人）与××银行就打包贷款业务达成一致，签订本协议。

第一章　总则

××公司（借款人）已经接到＿＿＿＿＿＿＿＿＿（开证银行）开来的以××公司（借款人）为受益人的国内证，国内证编号为＿＿＿＿＿＿＿，国内证总金额为：＿＿＿＿＿＿，国内证有效期为＿＿＿＿＿，国内证到期日为＿＿＿＿＿。

××公司（借款人）为解决卖方业务中的资金需求，向××银行申请卖方国内证打包贷款，××银行经审查，同意接受××公司（借款人）的借款申请。

就本协议而言，打包贷款系指在以××公司（借款人）为受益人的卖方国内证项下的货物出运之前，××银行向××公司（借款人）提供的一种以××公司（借款人）的卖方国内证项下的卖方单据能够正常收汇为基础的，并以××公司（借款人）的卖方单据将交由××银行寄单索汇为条件的短期贸易融资。

第二章　贷款与贷款利率

本协议项下的贷款币种为＿＿＿＿＿＿＿，金额为＿＿＿＿＿＿＿

（小写）（大写为＿＿＿＿＿＿＿＿＿＿＿＿＿＿＿＿＿），贷款期限为＿＿＿＿＿＿＿＿＿＿。自＿＿＿年＿＿月＿＿日至＿＿年＿＿月＿＿日。用途仅限于国内证项下卖方商品的采购、生产以及出运环节上的资金需要。

　　本协议项下的贷款适用人民币流动资金贷款利率，利率为（月利率/年利率）＿＿＿＿＿＿。贷款使用期间，若中国人民银行调整本项贷款利率，本协议规定的利率也作相应的调整。

第三章　贷款利息

　　本协议项下的贷款利息从××公司（借款人）提款之日起按照实际提款金额和实际占用天数计收。本协议项下贷款按月结息。贷款利息由××银行在结息日从××公司（借款人）在××银行及其分支机构开立的往来账户或其他账户中扣收。结息日未能支付的利息计收复利。

第四章　权利和义务

一、××公司（借款人）的权利与义务

　　××公司（借款人）应依法经营，并积极配合××银行对经营状况、贷款使用情况、国内证项下的卖方货物生产、出运情况的监督调查。

　　××公司（借款人）应按月向××银行提供财务报表，并及时提供货物出运计划以及××银行需要的其他相关材料。

　　××公司（借款人）应将在《打包贷款申请书》中所列示的相应卖方国内证正本交由××银行保管。

　　××公司（借款人）应根据卖方国内证条款的要求按时发运货物，履行国内证规定的义务。

　　××公司（借款人）应将打包贷款期间内对卖方国内证所作出的任何修改提交××银行审核。在未征得××银行同意前，××公司（借款人）不得向开证行确认接受修改；如对卖方国内证减额，××公司（借款人）应当立即归还减额部分的打包贷款。

××公司（借款人）国内证项下的卖方单据必须提交给××银行来审单、索汇。

××银行向××公司（借款人）提供的打包贷款在任何情况下都不得解释为××银行预先购买了××公司（借款人）国内证项下的卖方单据，也不得解释为××银行对××公司（借款人）提交的国内证项下的单据已付出了任何法律上或惯例上所称的对价。

未经××银行书面同意，××公司（借款人）不得进行承包、租赁经营、股份制改造、联营、合并（兼并）、合资（合作）、分立、产权转让、减资、停业整顿、解散、申请破产及其他影响××银行权益的行为。

××公司（借款人）应及时向××银行通知下列事项：任何违约或可能违约事件的发生；任何可能会严重影响或不利于××银行的事件，包括但不限于××公司（借款人）的财务状况或××公司（借款人）履行本协议义务的权利能力的诉讼、仲裁、行政措施或其他事件；如××公司（借款人）法人代表、授权代表、通讯地址、企业名称、财务及人事方面发生重大变化的，应提前十天通知××银行。

二、××银行的权利与义务

××银行应按本协议约定的时间和数额，向××公司（借款人）提供贷款。

××公司（借款人）在本协议所涉及的卖方国内证的收汇款项首先用于归还本笔贷款。××公司（借款人）授权××银行可直接以国内证项下的收汇款项归还贷款。贷款到期日，如不足还款，××银行有权从××公司（借款人）开立在××银行及其分支机构的账户中主动扣收。

如果卖方国内证项下的应收货款于打包贷款到期前收妥，××公司（借款人）同意打包贷款立即到期，××银行有权立即以该款项抵消××公司（借款人）的债务。

不论任何原因，如果开证行/付款人拒付国内证项下的款项，即使打包贷款尚未到期，则该贷款应视为立即到期，××公司（借款人）应立即偿还全部本息。

××公司（借款人）应按本协议规定的贷款用途使用贷款，并按本协议约定结息和还款。无论因何种原因导致××公司（借款人）不能安全收汇，均不得免除××公司（借款人）的还款义务。

第五章 贷款担保

本协议项下的担保方式为＿＿＿＿＿＿＿＿＿＿＿＿（连带责任担保/抵押担保/质押担保）。

××银行与担保人就具体担保事项签订相应的担保协议，作为本协议的从属协议。

第六章 违约责任

下列任一事件均构成××公司（借款人）违约：××公司（借款人）未能按照本协议的约定结息或未偿还到期贷款本息；××公司（借款人）未按国内证规定的期限出运商品；××公司（借款人）未将国内证项下的单据交由××银行审单、索汇；××公司（借款人）擅自改变贷款用途、挪用贷款；××公司（借款人）进入或将要进入停产、清算、解散、被撤销、破产或其他重大诉讼、仲裁、行政程序，或其全部或部分资产已经或将要被依法扣压、查封、征用、没收的；保证人丧失提供与本笔贷款相应的担保的能力，或违反其与××银行签署的担保文件的；××公司（借款人）发生任何足以影响其履行本协议项下义务的重大事件的；××公司（借款人）违反本协议其他条款的。

当上述所列违约事件之一项或数项出现时，××银行可采取下列一种或数种措施进行处理：单方解除本协议，从××公司（借款人）在××银行及××银行分支机构开立的账户中主动扣收全部或部分贷款本金、利息和费用，不足部分××公司（借款人）仍然承担偿还义务；停止向××公司（借款人）继续发放贷款；对逾期贷款和挤占挪用贷款按中国人民银行规定计收罚息；法律规定的其他措施。

第七章　其他

本协议经甲、乙双方签字并盖章后生效，至本协议项下借款本金、利息、复利及所有其他应付费用偿清之日失效。

××公司（借款人）提供的打包贷款申请书、借款凭证及相关书面文件均为本协议不可分割的组成部分，与本协议具有同等的法律效力。

本协议正本一式_____份，甲、乙双方和_____各执一份，具有同等法律效力。

××公司（借款人）：　　　　　　　　　　××银行：

法定代表人：　　　　　　　　　　　　　　法定代表人：
（或委托代理人）　　　　　　　　　　　　（或委托代理人）
年　月　日　　　　　　　　　　　　　　　年　月　日

二、国内信用证议付（贴现）和卖方押汇

（一）国内信用证议付（贴现）

国内信用证议付（贴现）是指在议付/延期付款国内证项下，议付（贴现）行在单证相符或者开证行已经承付的情况下扣除议付（贴现）利息后向受益人提供的有追索权的融资。在议付国内证项下，只审核单据而未付出对价的，不构成议付。该类贷款是以开证行出具的承付通知书作为融资保证，发放的时间是在议付行收到信用证开证行出具的付款通知书以后、收到开证行支付的货款之前。贷款资金可用于生产经营及资本性支出。该类融资具有融资期限较短、还款来源为

信用证项下收款等特点。同国内信用证打包贷款一样，当借款人不能按期归还贷款时，其应从其他渠道筹集还款资金。贴现与议付均为对卖方客户提供的融资行为。

议付（贴现）的处理需掌握如下要点：

（1）申请议付（贴现）的国内证应是延期付款及议付跟单国内证，且本银行为国内证指定的通知行及议付行。

（2）议付（贴现）以国内证项下收汇为还款来源，应对收汇安全性进行考核，包括考核开证行资信、客户交易历史和融资期限等情况。

（3）议付（贴现）行应在受理业务的次日起五个工作日内对受益人提交的国内证项下单据进行审核，单证相符或开证行已经承付，并同意议付（贴现）的，按银行规定的手续办理；对于单证不符或开证行未承付或虽然单证相符但本银行决定不予议付（贴现）的，应及时通知受益人，说明拒绝议付（贴现）理由，并要求受益人重新办理委托收款。

（4）对于单证不符的单据，本银行可在收到开证行的到期付款确认书后予以办理议付（贴现）。

（5）办理议付（贴现），须对开证行是否具有开证资格及国内证的真实性进行核实后方可办理。

（6）国内证议付（贴现）分为合格议付（贴现）和不合格议付（贴现）。合格议付（贴现）可不占用客户授信额度，但必须满足以下条件方可办理：议付国内证项下本银行须为国内证项下指定议付行；且开证行为本银行系统内分行或同业授信额度充足的代理行；单证相符且国内证无软条款（议付国内证项下）；或者开证行已经承付。对于无法满足上述所有条件的国内证议付（贴现）为不合格议付（贴现），不合格议付（贴现）需占用受益人的授信额度。

（7）议付（贴现）期限应为议付（贴现）日至国内证付款到期日前一日加合理宽限期（1～3天），且最长不超过180天（6个月）。

（8）合格议付（贴现）利率比照同档次人民币流动资金贷款利率与贴现利率两者较低者执行；不合格议付（贴现）利率按照同档次人

民币流动资金贷款利率执行。

（9）本银行如在同一证下为客户办理了打包贷款，议付（贴现）款必须优先偿还已办的打包贷款。

（10）议付（贴现）行议付（贴现）国内证后，对受益人具有追索权，到期未获开证行付款或付款不足的，可向受益人追索议付（贴现）款项或不足部分以及由此产生的利息、费用等。对于追索不还的客户，其新发生的授信业务应征得授信部门的书面同意后方可办理。

（11）议付（贴现）利息、实际议付（贴现）金额的计算。议付（贴现）行应在扣除议付（贴现）利息后将实际议付（贴现）金额支付给受益人。

议付（贴现）利息＝议付（贴现）金额×议付（贴现）利率×议付（贴现）天数

实付议付（贴现）金额＝议付（贴现）金额－议付（贴现）利息

（12）议付（贴现）行为受益人办理议付（贴现）款项入账后，需将相关法律文件和议付（贴现）凭证专卷保管，同时按国内证规定向申请人或受益人收取议付（贴现）手续费。

（13）在国内信用证议付环节，单证是否一致或在单证不一致的情况下开证行是否承付是关键。考察客户的贸易背景是否真实、卖方的增值税发票的融资是否唯一、货权是否发生转移等。在开证行不付款的情况下，注意追索卖方，应考虑卖方的偿还能力。

（二）国内信用证卖方押汇

国内信用证卖方押汇是指信用证受益人（卖方）发送货物后，银行凭单证相符的单据向其提供的短期人民币资金融通。该类贷款期限较短，可用于生产经营及资本性支出，发放时间为卖方收到信用证并且向当地银行提交信用证规定的单据之后、收到开证行支付的货款之前。该类贷款的还款来源为信用证项下货款回收。到期受益人无法归还贷款时，贷款银行有追索权，借款人应从其他渠道筹集还款资金。

办理国内信用证卖方押汇，需掌握如下要点：

（1）卖方押汇分为合格卖方押汇和不合格卖方押汇两种，其中合格卖方押汇无须占用卖方授信额度，但需要占用开证行的同业授信额度（银行系统内开证除外）。

（2）合格卖方押汇须满足下列条件：国内证为即期付款国内证；押汇行为国内证项下指定的通知行；单证严格相符且国内证无软条款；或单证不符但开证行确认接受不符点；国内证中要求提交提单或其他货运单据；开证行为本银行授信代理行，且同业授信额度充足或为系统内分行；卖方押汇期限最长不超过 30 天，押汇比例一般不超过发票金额的 90% 。

（3）卖方押汇以国内证项下收汇为还款来源，应对收汇安全性进行考核，包括考核开证行资信、客户交易历史和融资期限等情况。

（4）办理卖方押汇，须对开证行是否具有开证资格及国内证的真实性进行核实后方可办理。

（5）卖方押汇利率比照同档次人民币流动资金贷款利率。

（6）如在同一证下为客户办理了打包贷款，卖方押汇款必须优先偿还已办的打包贷款。

（7）押汇到期时，如遇开证行拒付或短付，或非卖方押汇行原因造成损失，卖方押汇行有权向受益人追回押汇款项及由此产生的利息、费用等。对于追索不还的客户，其新发授信业务应征得风险管理部门的书面同意后方可办理。

（8）受益人交单并申请办理卖方押汇的，银行有权拒绝办理卖方押汇，但应立即通知受益人重新办理委托收款。

（9）银行通常只叙做在本银行议付或做单据处理项下的卖方银行。这样，可提高押汇银行的综合收益。

（10）在国内信用证卖方押汇环节中，单据审核是关键，即要确保单证相符、单单相符且信用证无软条款；应注意审查信用证中要求提交的货运单据的真实性；审核货权是否真正发生转移，避免企业无背景交易，套取银行资金。银行受理的卖方押汇在不买断的情况下，如遇开证行不付款，注意追索卖方，押汇时应考虑卖方的偿还能力，要符合制度中规定的卖方押汇的基本条件。

专栏 3-6

国内信用证项下议付（贴现）及卖方押汇协议（样本）

××银行同意为××公司提供延期付款信用证项下议付（贴现）以及即期付款信用项下卖方押汇融资服务。双方达成如下协议：

一、释义

本协议所称议付（贴现），系指应××公司（信用证受益人）的申请，××银行作为指定议付（贴现）行在单证相符及开证行已经承付的条件下按照双方约定的利率有追索权地从××公司买入议付及延期付款国内信用证项下单据的行为。

本协议所称卖方押汇，系指应××公司的申请，××银行凭××公司提交的不可撤销国内信用证及其项下单据，向××公司提供的一种以国内信用证项下提交单据能够正常收款为基础的有追索权短期融资业务。

二、议付（贴现）及卖方押汇的条件

（一）××公司根据本协议申请叙做议付（贴现）的信用证需满足以下条件：

（1）开证行评级须符合××银行代理行政策并且代理行额度充足；

（2）××银行已收到开证行到期付款的确认电（函）；

（3）国内信用证应声明适用中国人民银行《国内信用证结算办法》或在国内信用证开立日有效的更新版本，国内信用证的形式和内容应经××银行审核认可；

（4）基础交易项下交易真实、合法，并提交信用证规定的相关单据。

（二）××公司根据本协议申请叙做卖方押汇的信用证需满足如下条件：

（1）开证行评级须符合××银行代理行政策并且代理行额度充足；

（2）国内信用证应声明适用中国人民银行《国内信用证结算办法》或在国内信用证开立日有效的更新版本，国内信用证的形式和内容应经××银行审核认可；

（3）基础交易项下交易真实、合法，并提交信用证规定的相关单据；

（4）信用证项下经××银行审核单证相符、单单相符。

不符合上述任一条件的，××银行有权拒绝为××公司提供本协议项下的融资。××银行对于上述条件的认定具有最终和完全的决定权，××公司无权提出任何异议。

三、利息、罚息与费用

本协议项下的单笔融资币种为人民币，融资利率按照中国人民银行公布的同期人民币贷款利率执行，具体以经××银行确认的××公司所提交的申请书上记载的利率为准。

××银行于融资到期日未收回融资款项，且双方就展期事宜未能达成协议，即构成融资逾期。融资发生逾期时，××银行有权按照中国人民银行的现行有关规定加收罚息利率，具体以经××银行确认的××公司所提交的申请书中的约定为准。

如××公司在本协议项下违约，则××公司应向××银行支付违约金、赔偿金及其他实现××银行债权有关的费用（包括但不限于诉讼费、仲裁费、律师费、财产保全费、差旅费、执行费、评估费、拍卖费等）。

××公司在本协议项下须向××银行支付的费用包括：××银行办理本协议项下每项业务而实际发生的费用；××银行为收回与本协议有关的信用证、票据、保证和抵（质）押担保项下的款项向有关当事人追索而发生的费用；××公司应当承担与本协议及本协议项下担保有关的律师服务、保险、评估、登记、保管、鉴定、公证等费用。

四、融资交易的先决条件

除非××银行全部或部分放弃，××公司未满足下列任何一项条件的，××银行有权拒绝向××公司提供议付（贴现）融资：

（1）在本协议有效期前向××银行提交相应的申请书。

（2）向××银行预留与签署本协议和单项协议有关的公司文件、单据、印鉴、相关人员名单、签字样本，并填妥有关凭证。

（3）开立××银行要求的为完成具体议付（贴现）/卖方押汇业务所必需的账户。

（4）××公司委托××银行办理的结算业务量符合××银行的要求。

（5）办妥叙做具体议付（贴现）/卖方押汇业务所必备的法律和行政审批手续，按××银行要求提交审批文件的副本或与原件相符的复印件；按照国家法律法规的规定，相关手续须由××银行办理的，××公司同意给予一切配合。

（6）满足单项协议中约定的其他叙做业务前提条件或提款前提条件。

（7）××公司同意做出本协议第八条约定的声明与承诺。

（8）××银行认为××公司应予满足的其他条件。

五、权利与义务

（一）××银行的权利与义务：

（1）按照单项协议的约定及时办理××公司提出的具体申请书；

（2）在办理××公司提出的具体议付（贴现）/卖方押汇业务申请时，提供高效、文明的服务；

（3）对××公司提出的监督、质询和批评给予重视并妥善处理；

（4）如××银行接受××公司叙做议付（贴现）/卖方押汇的申请，××银行应按照经其接受的申请书中约定的金额，将议付（贴现）/卖方押汇款项支付给××公司，并有权按照申请书中约定的期限、利率和方式收取利息和罚息。

（二）××公司的权利与义务：

（1）按照本协议和单项协议的约定按时向××银行支付在办理

融资过程中应由××公司承担的费用，计费办法按××银行规定执行。

（2）按照本协议和单项协议的约定及时清偿××公司对××银行的债务，包括但不限于本金、利息、罚息、相关费用和因××公司违约造成的汇差损失。

（3）将取得的资金用于本协议和单项协议约定的用途。

（4）××公司同意××银行将议付（贴现）/卖方押汇项下单据寄单索偿所得款项作为议付（贴现）/卖方押汇还款来源自动冲抵××银行对××公司的相关融资。如果信用证项下的应收货款于议付（贴现）/卖方押汇到期前收妥，××公司同意议付（贴现）/卖方押汇立即到期，××银行有权立即以该款项抵消××公司的债务。

六、违约事件及措施

（一）违约事件：

下列事项之一即构成××公司在本协议项下违约（如开证行系本银行自身辖内行，则其中第（7）款不适用）：

（1）未按本协议和单项协议的约定履行对××银行的支付和清偿义务。

（2）未按本协议和单项协议的约定将获得的资金用于约定用途。

（3）××公司在本协议中所做的声明不真实或违反其在本协议中所做的承诺。

（4）违反本协议和单项协议中关于当事人权利与义务的其他约定。

（5）确有证据表明××公司有下列情形之一的：经营状况严重恶化；转移资产、抽逃资金，以逃避债务；丧失商业信誉；有丧失或者可能丧失履行债务能力的其他情形。

（6）××公司在与××银行之间的其他合同项下发生违约事件。

（7）出现下列情形：①开证行财务状况恶化，××银行认为其将无力履行付款义务；②开证行被或者可能被解散、撤销、关闭或宣告破产；③开证行被法院宣告资金冻结或者发出禁付令；④开证行通知款项被法院冻结、止付或被采取其他财产保全措施而可能导致不能按时支付；⑤开证行主要财产发生毁损，或者被查封、扣压、冻结、没收、拍卖、变卖或征用；⑥开证行涉入重大诉讼或仲裁案件，××银行认为可能影响其履行付款义务的能力。

（二）措施：

出现上述违约事件时，××银行有权分别或同时采取下列措施：

（1）无须向××公司提前发出任何通知，立即宣布单项协议下尚未偿还的贷款/融资款项本息和其他应付款项立即全部到期。

（2）无须向××公司提前发出任何通知，有权直接从××公司在××银行系统内各机构的任何账户内扣收××公司应予偿还的债务本金、利息、罚息及汇差损失；账户中的未到期款项视为提前到期。账户币种与××银行业务计价货币不同的，按扣收时××银行适用的结售汇牌价汇率折算。

（3）要求××公司限期纠正违约事件或者要求××公司为本协议项下所有授信提供令××银行满意的有效担保。

（4）取消对××公司的一切授信/融资并中止、终止或解除本协议。

（5）××银行认为必要和可能的任何其他措施。

七、其他

（1）未经××银行书面同意，××公司不得将本合同项下任何权利、义务转让于第三人。

（2）本协议一式二份，××公司、乙双方各持一份，具有同等效力。

××公司：   ××银行：

法定代表人（或授权签字人）：   授权签字人：

____年___月___日   ____年___月___日

三、信用证买方押汇

国内信用证买方押汇是指银行收到国内信用证项下单据后，应开证申请人要求代其垫付信用证项下应付款项的短期人民币资金融通，融资金额一般不应超过卖方地银行（交单行）来单索汇的总金额。该类贷款资金需专款专用，即专项用于开证申请人履行国内信用证项下支付货款，缓解开证申请人因资金紧张而无法付款赎单的窘境，从而也避免银行自身因申请人经营活动中断而导致开证行垫款。办理押汇后，买方押汇申请人在没有支付货款的情况下得到货物的使用权，但货物的所有权仍属开证行。

办理国内信用证买方押汇业务，需掌握如下要点：

（1）对延期付款及议付国内证项下的买方押汇应从严控制。

（2）买方押汇期限应与货物销售款项的回笼周期相匹配，买方押汇的期限为从银行提供融资时起至还款日止，原则上不超过90天。可提前还款，到期不能按时归还，则视同逾期贷款进行管理。对于延期付款及议付国内证项下买方押汇，则按照上述原则对融资期限与国内证期限之和进行掌握。

（3）买方押汇利率比照同档次人民币流动资金贷款利率规定执行。

（4）买方押汇款项只能直接用于国内证项下来单的对外支付。

（5）买方押汇到期前，贸金部应及时提示客户经营部门敦促客户还款。对押汇出现逾期的客户，经营部门在督促客户还款的同时，还应及时通知风险管理部门；对其新发授信业务，应征得风险管理部门的书面同意后方可办理。

（6）买方押汇业务风险控制的核心在于把握买方风险，并考察卖方履约能力。

买方押汇协议（样本）

　　××公司为按时履行对外付款责任，向××银行申请买方押汇，××银行经审查，同意该申请。双方就买方押汇业务签订本协议。

一、押汇金额

　　××银行为××公司叙做的押汇金额为 RMB ＿＿＿＿＿元。押汇款项，全部用于代××公司支付到单通知号为＿＿＿＿＿＿＿＿的上述信用证项下款项。××公司保证上述信用证业务具有真实、合法的贸易背景，并不存在任何法律法规或政策上的障碍。

二、押汇期限及利息

　　本协议项下押汇期限为＿＿＿＿＿天，自＿＿＿＿＿年＿＿＿月＿＿＿日至＿＿＿＿年＿＿＿月＿＿＿日。押汇利率确定为（年利率/月利率）＿＿＿＿＿＿＿＿＿，按实际占用押汇天数计算。××银行在信用证项下的对外付款日，即为本协议项下的押汇起息日。

三、还款及保证

　　对××银行叙做的本协议项下买方押汇融资，××公司保证在规定的到期日前归还××银行全部押汇本金、利息及有关费用。

　　在全部押汇款偿清之前，××公司同意××银行有权控制、占有该信用证项下的货物以及该信用证项下的有关提单、仓单及其他单据。如××公司处分该货物必须事先征得××银行同意。上述单据的记载、内容、背书等情形以及××银行对单据的占有、控制等行为不得视为××公司所欠××银行的债务得到了任何形式的减免、豁免、抵偿或者其他形式的减少。××公司不得因前述原因向××银行主张任何赔偿、追索或其他权利。

　　××公司经××银行同意处分信用证项下的货物时，其各项单据的交接应服从××银行的安排。××公司同意将处分该货物有关的结算业务交××银行办理，货款须通过××公司在××银行开立的账户收取。该货款收妥后，××公司同意将货款质押给××银行，作为××公司归还本协议项下押汇的质押担保。××公司同意××银行直接扣收该货款或××公司的其他存款以抵消××公司所欠××银行的债务。若货款币种与押汇所使用的币种不同，按照扣款当日××银行公布的汇率牌价进行折算。

××公司自行使用信用证/买方代收项下货物的，如果××银行提出要求，××公司同意将上述货物抵押给××银行作为清偿本协议项下债务的担保，并办理相应的抵押手续。

如果××公司不能或者有证据表明××公司不能按照本协议偿清本协议项下的债务，××银行有权处分信用证项下的货物或有关单据，以所得款项清偿××公司所欠××银行的债务。上述所得款项不足以清偿全部债务时，××银行对××公司仍有追索权；抵偿债务有剩余时，××银行应及时付给××公司。××公司对××银行的前述行为不得提出任何异议。

四、担保

本协议项下的担保方式为＿＿＿＿＿＿＿＿＿＿＿＿（连带责任担保/抵押担保/质押担保）。若以抵押或质押为担保方式，或者同时以抵押、质押两种形式担保，应当到登记部门办理登记。

××银行与担保人就具体担保事项签订相应的担保协议，作为本协议的从属协议。

五、违约处理

如××公司未能按期还款，××银行有权采取如下措施：对逾期欠款按中国人民银行规定计收罚息；从××公司在××银行开立的任何账户包括出口收汇的结汇账款中主动扣收；要求保证人履行还款责任或处分抵押物、质押物。

在押汇款全部清偿之前，如果未经××银行书面同意，××公司或××公司的担保人因任何原因进行任何形式的分立、合并、联营、承包经营或企业收购行为；或者以出租、出售、承包或转移等方式处分资产；或减少注册资本、改组或重组、变更股东或隶属关系；或者为第三人利益提供担保或为第三人债务承担任何责任等均为无效。如未经××银行书面同意××公司发生前述情形，即构成××公司违约，同时，××银行有权宣布押汇款立即到期而要求××公司立即归还押汇款本息，或采取其他补救措施。

在押汇款全部清偿之前，如果××公司或××公司的担保人因任何原因发生解散、破产、重大违约、不能履行到期债务、重大侵权行为；或财产的全部或部分发生损毁、被查封、扣压、冻结、没收、被他人合法或非法占有，被强制征收或收购；或被宣布债务加速到期、被起诉，财产被保全、被索赔、被制裁等，必须及时通知××银行。发生前述情形，或由××银行发现前述情形，或因××公司或担保人违约或采取任何方式抽逃债务，××公司应承担本协议金额的违约金。同时，××银行有权宣布押汇款立即到期而要求××公司立即归还押汇款本息，或采取其他补救措施。

六、其他

本协议正本一式_____份，××公司、××银行、_____各执一份，具有同等法律效力。

××公司（公章）：　　　　　　　　　××银行（公章）：

法定代表人　　　　　　　　　　　　法定代表人
（或委托代理人）　　　　　　　　　（或委托代理人）
_____年___月___日　　　　　　_____年___月___日

第四章

配 套 融 资

配套融资是指向围绕在核心企业周围的配套企业提供的融资。相对于押汇、打包贷款等传统贸易融资而言，本书所讲的供应链融资更多的是指本章所介绍的配套融资。

第一节 特定专业市场融资

特定专业市场是指集合多种商品或某类商品进行聚合销售的场所，前者如沃尔玛等大型卖场，后者如钢材、油品、塑料、化工、粮油等专业产品交易市场。随着市场经济向纵深发展，专业交易市场对活跃经济、促进流通产生积极的作用。很多专业市场凭借先进的技术手段、高效的专业服务，吸引了越来越多的商户进入市场进行交易。长三角地区的塑料、钢材，以及珠三角地区的油品、化工等专业交易市场在国内产生很大影响。

作为银行，在风险可控的前提下，可向进驻专业市场的各企业提供融资，也可向专业市场本身提供融资。前者称之为专业市场提供风险缓释情况下的入场客户融资，后者称之为特定专业市场租金收入转让融资。

一、专业市场提供风险缓释情况下的入场客户融资

专业市场提供风险缓释情况下的入场客户融资是指银行选择知名专业化市场，与市场管理机构、担保公司等单位搭建融资合作平台，采取有效的风险缓释手段，通过集中监管平台和监控货物价格控制授信风险，批量开发市场内优质经销商授信业务的一种融资服务。风险缓释手段包括担保公司保证或市场管理机构监管等。

特定专业市场为吸引更多的企业（主要是经销商）会聚其中进行交易从而获得更多的营业收入，愿意为入场客户的融资提供风险分担承诺。在此种情况下，专业市场、入场企业与银行三方合作，基本模式是：企业申请成为专业市场的入场客户，专业市场同意后接纳其成为市场会员，入场企业按专业市场交易规则进行交易；入场企业存在资金需求时，向专业市场提出申请，专业市场认可其风险水平后向合作银行进行推荐，并承担程度不同的风险责任；银行独立评审后决定是否向入场企业提供融资。具体操作时，专业市场内从事买卖的交易双方在交易合同签订后，需将交易合同金额一定比例的预付款和保证金交存到专业市场，余下金额向银行融资；银行批准借款人的融资申请后，专业市场冻结买卖双方资金账户，同时将交存到专业市场的预付款和保证金存入贷款银行指定账户内，银行则根据保证金存入通知单向借款人发放贷款。在这样的业务操作中，专业市场起着交易监管的作用。有时，银行为更好地防范业务风险，甚至要求专业市场为其入场客户在银行的融资提供担保。

由于融资对象是入场的企业，因此考察企业状况、确定企业的融资准入标准就非常重要。一般而言，可入场企业成为融资对象应具备以下条件：符合银行授信业务客户基本条件，授信用途符合国家法律、法规及有关政策规定；原则上专业市场的商品物资年销售量在100万吨以上，辖内中小企业的生产和交易具有真实的贸易背景；企业连续正常经营两年以上，成长性较好，现金流及利润稳定增长；企业经销物资符合银行信贷政策要求，具有较强的变现能力，易于仓储保管等。

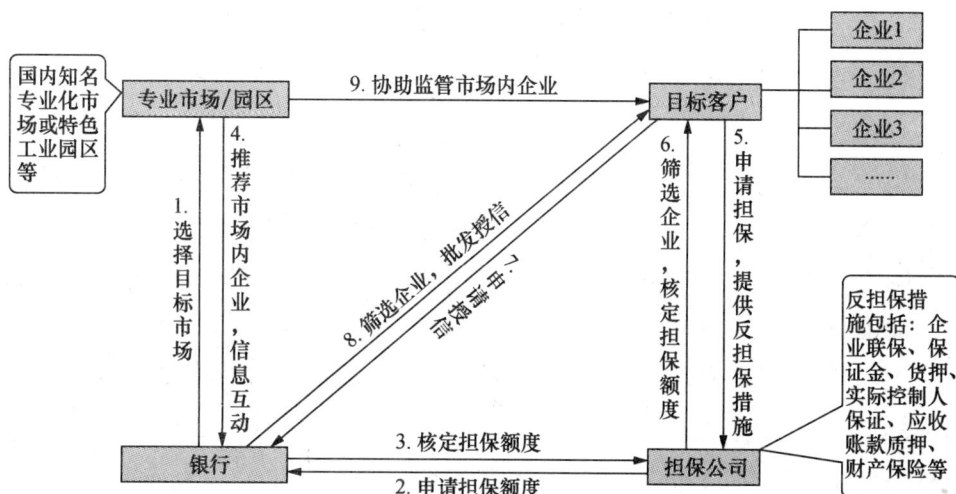

图 4-1　专业市场入场客户融资流程

此类业务的风险关注点有二：一是关注专业市场的销售规模和内部管理状况；二是市场内经销商的资信和成长性。具体风险控制措施则包括以下五个方面：一是尽量选择国内大型专业化商品交易市场及市场内排名较前或成长性较好的经销商/生产商。二是引入专业担保公司。不仅可增加风险缓释手段，而且更重要的是引入专业的风险监管手段，提高了银行的风险识别和监管的能力。三是选择授信产品。根据行业及产业特点、企业生产周期等选择不同的授信产品，通过授信品种控制信贷资金用途，要求贸易背景真实性。四是引入目标市场管理者的监管和互动。评估目标市场的服务能力，增加对企业内部信息了解，降低授信后管理的压力和成本。五是监控企业资金流。通过结算账户的开立、企业日常结算量来考察企业经营行为。

除钢材交易市场这类专业市场外，另一类专业市场是像沃尔玛、肯德基这样的客户。它们通过采购吸引着众多的供应商，这些供应商由于向这些世界知名企业供货，因而回款较有保证，因此银行也可对这些供应商提供融资。

二、特定专业市场租金收入转让融资

（一）业务背景与业务含义

各个专业市场为进一步吸引更多的商户入场进行交易，纷纷采取完善市场基础设施、改进交易服务手段等措施，而这些措施往往需要阶段性较大金额的资金投入，对于主要依靠租金及管理费、服务费为主要收入的专业市场而言，往往会出现短期性资金紧缺。

商业银行在传统意义忽视专业市场的融资需求，认为专业市场风险较大。作为市场先行者的部分商业银行也仅仅才开始依托入场商户的货物质押来开展业务，尚未意识到专业市场也有一定的融资需求，且有稳定的现金流入作为可靠的还款来源。

专业市场具有稳定的现金流入（租金收入），因此只要防范措施得当，银行提供融资的风险是可控的。业务具体操作就是市场将其可预见的或者已通过租赁协议确定了的未来租金收入转让给银行，银行据此提供融资专项用于该专业市场运营费用支出、设施改造扩建及修善费用支出。租赁协议项下的租金收入是归还银行融资的主要资金来源。

在此融资活动中，涉及的当事人包括特定专业市场、入场商户和银行。其中，特定专业市场拥有市场经营权且以具体经营该专业市场的专业公司的形象出现，其向入场商户提供交易基础设施服务，通过与入场商户签订租赁协议而获得稳定的租金收入。入场商户则借助专业市场提供的市场条件开展交易，并定期向专业市场缴纳租金。银行通过向专业市场提供融资，可带来较为明显的综合收益。比如，银行可利用专业市场的优势，吸引更多的入场商户来银行办理业务（尤其是结算业务），从而沉淀更多的存款。因向专业市场提供租金代收、账户管理等增值服务，银行还可获得中间业务收入。

（二）业务流程

（1）与专业市场磋商，核定专业市场未来确定时限的租金总收入，并对专业市场进行综合评价。内容主要包括：市场经营者与市场业主、入场商户之间有无法律纠纷；专业市场所在地是否被纳入当地城市的改、拆建规划；专业市场租金收入及入场商户的数量是否稳定。

（2）为专业市场设计融资服务方案，确定授信额度与业务品种，并按银行内部规定进行授信申报。

（3）授信审批通过后与专业市场签订业务协议，专业市场在银行开设专用账户用于租金收缴。

（4）银行联合专业市场书面通知各入场商户，告知租金缴纳账户名称、账号及缴纳方式、缴纳时间。同时，借助专业市场积极拓展各入场商户，与入场商户、专业市场签订三方协议。

（5）银行向专业市场提供融资，并及时将收缴的租金用于归还专业市场在银行的融资。一旦发生商户未按要求按时支付租金情况，专业市场须立即以现金方式，将场内商户违约金额交存到银行，提前偿还同等金额的授信。

（三）业务风险特征与防范措施

1. 专业市场还款来源不足风险

风险表现：融资到期时，专业市场可能因资金不足而延迟还款。

防范措施：根据租金收入总量核定融资量，按照不高于70%的标准掌握；尽可能追加抵押担保及第三方连带责任担保。

2. 专业市场实力不足风险

风险表现：专业市场规模较小、实力偏弱，信用风险较大。

防范措施：对专业市场的准入资格慎重筛选，重点选择区域内排名靠前、实力较强、辐射范围广的专业市场进行合作。

3. 专业市场履约风险

风险表现：专业市场虽有足够资金但不用来归还银行贷款。

防范措施：与专业市场、入场商户签署协议，专业市场承诺在银行开设唯一租金收缴专户，承诺将入场商户缴纳的租金直接用于还款；入场客户承诺将租金直接缴纳至该账户。通过对资金流的监控，防范业务风险。

4. 政策与操作风险

风险表现：专业市场所有权者与经营承包者存在纠纷及两者间的承包经营期限短于融资期限；专业市场所在地处于政府改造规划范围内。

防范措施：认真对市场业主、经营者及入场商户进行调查，确保彼此之间法律关系不存在瑕疵；了解专业市场所在地的城市规划，确保在融资期限内该市场不会被拆迁、改建。

（四）相关管理要求

为防范融资主体的业务风险，银行选定的专业市场应具备一定的条件，主要包括：区域内市场地位较高、交易条件较好、辐射范围广、知名度高、管理规范、入场客户众多、场内交易活跃、年交易量大、租金收入稳定增长、正常运行达到两年或以上、历史上拖欠租金的入场商户比例不超过5%。

为进一步缓释银行针对专业市场融资的信用风险，除对专业市场进行慎重选择外，银行应尽可能引入其他风险缓释要素，如专业市场的房地产抵押、第三方连带责任保证等。除租金定向支付之外，如有其他能够有效降低银行授信风险的抵押、担保措施，可适度提升授信额度总额，但最高不得超过租金年度总收入的80%。

银行根据专业市场的年收取租金总金额为标的，按不超过未来一年租金总收入70%的标准向专业市场提供融资。专业市场承诺在银行开设租金收缴专户，入场客户将租金缴纳至该专户，专项用此专户资金归还银行融资银行可以直接扣划该账户资金用以还款。该账户具有唯一性，专业市场承诺不在其他银行开设同类账户，不与其他银行开办同类业务。

专业市场应该同意与银行联合向入场客户书面通知租金缴纳专户名称、账号及缴纳时间，督促入场客户及时缴纳租金。专业市场承诺积极协调入场商户在银行开立基本账户或一般账户，用于办理日常交易结算与租金缴纳。一旦发生专业市场内商户未按要求按时支付租金，专业市场应立即以现金方式，将场内商户违约金额交存银行，提前偿还同等金额的融资。

专业市场应该承诺其入场客户优先在银行办理交易结算业务，银行承诺优先向其入场客户提供包括结算、理财、网上银行、信用卡在内的一揽子综合服务。对于交易活跃、记录良好、承诺在银行开设基本账户且有确定金额沉淀的入场客户，在有专业市场提供信用联结或提供足额抵押品的情况下，可向入场客户提供用于租金缴纳、商品采购的专项封闭融资。

银行需要严格监控资金流向，对专业市场的融资专项用于市场运营费用支出、设施改造及修缮费用。如提供资金，则实行资金封闭运作、专项向收款方进行支付；如提供银行承兑汇票服务，则需严格审查贸易背景的真实性，直接将票据交付收款方，严防专业市场利用无贸易背景票据套取银行信贷资金。

银行客户经理需要建立专门台账，逐笔记录放款或开票情况，并记录每笔票据的签发兑付情况，保证台账内容的准确性与及时性。同时应监控场内商户缴费及市场整体运行情况，提高防范授信风险能力和业务综合收益。

银行可向专业市场提供增值服务。除向专业市场提供资金融通外，银行实际上还向专业市场提供了租金代收、针对不同入场商户的租金分户账管理等服务。为体现银行此部分服务的价值，银行可以通过财务顾问服务的方式向专业市场收取一定的财务顾问费进行弥补。

为尽可能增加银行资金沉淀，银行应极力主张专业市场协调所有入场商户在银行开设结算账户，用于交易结算和租金缴纳。应尽可能采取银行主动扣收账户资金来缴纳租金的方式。

专栏 4 -1

专业市场租金收入转让融资业务合作协议（样本）

编号：_____

××专业市场与××银行就租金收入转让融资业务达成如下协议。

一、××专业市场同意采用××银行专业市场租金收入转让融资业务融通资金，专项用于（市场运营费用支出、设施改造扩建及修缮费用［此处资金用途以审批批复内容为准］），××专业市场须配合××银行并按××银行业务操作规定办理业务。××专业市场须在××银行开立租金收缴专用账户，专项用于收缴各入场商户缴纳的租金，并承诺××银行可以直接扣划该账户资金用以还款。该账户具有唯一性，××专业市场承诺不在其他银行开设同类账户，不与其他银行开办同类业务。

二、××银行同意为××专业市场提供专业市场租金收入转让融资业务项下的融资额度_____万元，业务品种为_____（开立银行承兑汇票或商票保贴或流动资金贷款），××银行承诺为××专业市场及××专业市场入场商户提供及时、便捷的结算、网上银行、理财、信用卡等在内的综合金融服务。

三、××专业市场同意与××银行联合向入场客户书面通知租金缴纳专户名称、账号及缴纳时间，督促入场客户及时缴纳租金。××专业市场承诺积极协调入场商户在××银行开立基本账户或一般账户，用于办理日常交易结算与租金缴纳。

四、一旦发生××专业市场场内商户未按要求按时支付租金时，××专业市场将立即以现金方式，将场内商户违约金额交存××银行，提前偿还同等金额的融资。

五、××银行有权利对××专业市场运行情况及入场商户的运行情况进行了解，××专业市场须配合××银行及时了解相关情况。

六、本协议一式四份，双方各执两份，本协议有效期____年。

××专业市场（公章）： ××银行（公章）：

法定代表人或负责人： 法定代表人或负责人：

签订时间：_____年____月____日

专业市场租金收入转让融资业务三方协议（样本）

编号：_____

××专业市场、××银行和××公司（入场商户）就租金收入转让融资业务达成如下协议。

一、××公司（入场商户）承诺于_____年____月____日之前，向××专业市场缴纳租金共计_____万元。

二、××公司（入场商户）选择以下第____种方式进行租金缴纳。

第一种方式：银行代扣方式，即：××公司（入场商户）在××银行开设账户，承诺该账户在交款前存有足够资金，并授权××银行在_____年____月____日直接将租金____万元划转至××专业市场开设在××银行的专用账户内，账户名称：_____；账号：_____。

第二种方式：入场商户直接缴纳方式，即：××公司（入场商户）承诺将应支付给××专业市场的租金在_____年____月____日前直接缴纳至××专业市场在××银行开立的专用账户，账户名称：_____；账号：_____。

三、××银行承诺为××专业市场、××公司（入场商户）提供优质高效的结算服务，××公司（入场商户）承诺优先将其他交易结算业务交由××银行办理。

四、本协议于各方法定代表人或授权代理人签字盖章后生效。共三份，各执一份。

××专业市场（公章）：　　　　　××银行（公章）：

××公司（入场商户）（公章）：

法定代表人或负责人：　　　　法定代表人或负责人：

法定代表人或负责人：

签订时间：_____年____月____日

第二节　连带责任保证融资

连带责任保证融资是指甲企业对乙企业在银行尚未清偿的贷款本息（含银行承兑汇票）和相关合理费用承担连带责任保证。当乙企业到期不履行与银行签署的还款协议时，甲企业无条件代为归还。在业务实践中，甲企业一般为银行认定的某一核心企业，乙企业一般为核心企业的原材料供应商或产成品经销商，亦即核心客户对其经销商及供应商在银行尚未清偿的贷款本息（含银行承兑汇票）和相关合理费用承担连带责任保证。当供应商或经销商到期不履行与银行签署的还款协议时，核心企业无条件代为归还。

一、核心企业的认定

判断一个企业能否担当核心企业的角色，要看以下五点：其一，最低程度要看这个企业是否符合本银行制定并在执行的授信要求。如果该企业连银行的授信审批都无法通过，则其本身就不具备从银行获得融资的条件，更不要说为其他企业的融资提供担保了。其二，如果符合主体企业授信要求，则看这个企业在产业链中的位置，如果围绕该企业已经形成一个稳固的供需网络，该企业对它的上下游企业具有支配地位且自身也具有较强的市场竞争力，则这样的企业可初步判断为核心企业，如钢铁制造企业、家电制造企业等。其三，至于一个企业能否充当核心企业的角色，还要看银行的政策导向与风险偏好。如果银行将目标客户定位在高端，如行业排名前50，则处于低端的客户就不可能成为该银行供应链融资业务的核心客户；如果银行的目标客户定位在行业中游企业，则处于中游的一些企业也可担当核心企业。其四，核心企业是相对的，某一产业链条中的核心企业在另外一个产业链条中可能是配套企业。其五，我们要广义地理解核心企业，即核心企业不仅仅指"企业"，凡是对自己的供需对象具有支配作用的组织，都可看作是核心企业。如政府在招标采购中对供应商具有选择决定权，一旦供应商通过投标成为政府部门的供应商，则政府的货款支付应该不成问题，因此在类似业务中，政府部门实质就承担着"核心企业"的角色。此外，像金融机构、事业单位这样的组织也具有类似的特征。

二、连带责任保证的含义

根据我国相关法律规定，保证人与债务人就同一债务对债权人承担全部清偿义务的，为连带责任保证。亦即保证人在债务人不履行债务时对债务人负连带责任。因合同关系产生的债务，债务人到期不履行时，债权人既可要求债务人清偿，又可要求保证人清偿。债务人和保证人对债权人履行债务并无顺序和主次之分。在债务人不履行偿付业务时，债权人可以不问债务人是否具有实际履行或赔偿损失的能力，而直接向保证人要求清偿。保证人承担连带责任，加重了保证人的负担，对债权人却更加有利。如果主债务履行期限尚未届满或主债务人具有履约能力并已开始实际履行时，债权人不能向保证人主张债权。只有主债务履行期限届满，且主债务人以种种理由拒不履行合同约定的偿付金钱义务时，债权人才可向保证人主张债权，此时主债权人既可向主债务人主张权利，也可向保证人主张权利，还可同时向主债务人与保证人主张权利。

例如，A公司为确保B公司合同债权的实现，与B公司签订一份担保合同，约定合同到期如C公司不依约履行偿付义务，则由A公司无条件偿付，并可单独诉讼。这种约定显然是连带责任保证，在合同到期C公司不依约履行债务，或B公司向C公司主张债权而C公司不予理睬或暂时无力归还的情况下，B公司可直接向A公司主张债权，并可就保证责任纠纷单独向有管辖权的人民法院提起诉讼。可见，连带责任保证是一种责任较重的保证方式。

专栏4-2

一般责任保证与连带责任保证的区别

比较点	一般保证	连带责任保证
定义	一般责任保证是指保证人仅对债务人不履行负补充责任的保证。一般保证的保证人在主合同纠纷未经审判或者仲裁，并就债务人财产依法强制执行仍不能履行债务前，对债务人可以拒绝承担保证责任。因此，在一般保证中，保证人仅在债务人的财产不足以完全清偿债权的情况下，才负保证责任	是多个责任人基于同一发生原因而产生的具有同一给付内容的数个责任，各连带责任人对外承担民事责任时并不以自己的份额为限，而是对全部共同责任负责，并因其中责任人之一的履行行为而使全体责任人的责任均归于消灭的责任形态，其目的是保护受害人的合法权益在受到损害后能够得到足够的救济
保证方式的认定	明确约定：债务人不能履行债务时，由保证人承担保证责任	①明确约定：保证人与债务人对债务承担连带责任；②推定：对保证方式没有约定或者约定不明确
保证人的权利	先诉抗辩权：保证人在主合同纠纷未经审判或仲裁，并就债务人财产依法强制执行仍不能履行债务前，可拒绝承担保证责任；不得行使的情形：①债务人住所变更，债权人要求其履行债务发生重大困难（债务人下落不明、移居境外，且无财产可供执行）；②人民法院受理债务人破产案件，中止执行程序；③保证人以书面形式放弃前款规定的权利	无先诉抗辩权：连带责任保证的债务人在主合同规定的债务履行期届满没有履行债务的，债权人可以要求债务人履行债务，也可以要求保证人在其保证范围内承担保证责任

续表

比较点	一般保证	连带责任保证
保证期间	①未约定的，保证期间为主债务履行期届满（或宽限期届满）之日起6个月；②约定的早于或等于主债务履行期限的，视为没约定，保证期间为主债务履行期届满之日起6个月；③约定保证人承担保证责任直至主债务本息还清时为止等类似内容的，视为约定不明，保证期间为主债务履行期届满之日起2年	与一般保证相同
保证责任的免除	①在保证期间内，债权人未对债务人提起诉讼或申请仲裁的，保证人免除保证责任；②债务履行期届满后，法律教育网保证人向债权人提供了债务人可供执行的财产情况，债权人怠于或放弃行使致使该财产不能执行，保证责任相应免除	在保证期间内，债权人未要求保证人承担保证责任的，保证人免除保证责任
保证合同诉讼时效的计算	债权人在保证期届满前对债务人提起诉讼或者申请仲裁的，从判决或者仲裁裁决生效之日起开始计算	债权人在保证期届满前要求保证人承担保证责任的，从债权人要求保证人承担保证责任之日起开始计算
保证债务诉讼时效的中断与中止	主债务诉讼时效中断，保证债务诉讼时效中断；主债务诉讼时效中止的，保证债务的诉讼时效同时中止	主债务诉讼时效中断，保证债务诉讼时效不中断；主债务诉讼时效中止的，保证债务的诉讼时效同时中止
当事人的诉讼地位	债权人向债务人和保证人一并提起诉讼的，人民法院可将债务人和保证人列为共同被告参加诉讼；但应在判决书中明确在对债务人财产依法强制执行后仍不能履行债务时，由保证人承担保证责任	债权人可将债务人或保证人作为被告提起诉讼，也可将债务人或保证人作为共同被告提起诉讼

专栏 4 - 3

主要行业的行业特征及核心企业

经过改革开放以来30余年的发展，在我国国民经济各个行业均涌现了一大批市场地位高、竞争能力强的企业。这些企业可以作为银行开展供应链融资业务的核心企业。下面列出了若干行业的主要企业名单，供大家参考。需要说明的是，由于市场竞争的日益激烈，有些企业今后可能会被重组，也可能会破产，一些未列出的可以充当核心企业的企业也可能会出现。当然，由于收集资料范围的限制，一些可能作为核心企业的企业名单可能未能列入。

若干行业的基本特征及主要企业名单

行业	行业基本特征	行业内主要企业名称
电力行业	电力行业包括电力生产业和电力供应业，其中电力生产业是指利用热能、水能、核能及其他能源等产生电能的生产活动，包括火力发电、水力发电、核力发电和其他能源发电四个子行业；电力供应业是指利用电网出售给用户电能的输送与分配活动，以及供电局的供电活动等，包括电力供应子行业	中国国电集团公司、中国华电集团公司、中国大唐集团公司、中国华能集团公司、中国电力投资集团公司、电力规划设计总院（中国电力建设工程咨询公司）、中国安能建设总公司（武警水电指挥部）、中国水利水电建设集团公司、中国水电工程顾问集团公司、国家开发投资公司、中国长江三峡工程开发总公司、国家电网公司、南方电网公司、浙江省能源集团有限公司、安徽省能源集团有限公司、广东省粤电集团有限公司、湖北省能源集团公司、各省（区、市）电力公司、上海电力股份有限公司、中国长江电力股份有限公司、申能（集团）有限公司、中国葛洲坝集团公司、广东核电集团有限公司、北京国华电力有限责任公司、北方联合电力有限责任公司、黄河上游水电开发有限责任公司、湖北清江水电开发有限责任公司、中国电能成套设备有限公司、中国电力技术进出口总公司、东北输变电设备集团公司、江苏输变电设备集团等

续表

行业	行业基本特征	行业内主要企业名称
钢铁行业	钢铁行业包括黑色金属矿采选业、黑色金属冶炼及压延加工业、金属及金属矿批发等子行业。钢铁行业的基本特征是：①属于资金密集型行业，是我国国民经济的支柱产业和我国工业产业中少数具备国际竞争力的产业之一，我国已成为世界最大的钢铁生产和消费国，钢铁产量占到全世界总产量的30%以上。②属于典型的周期性行业，与国民经济发展密切相关。③具有典型的规模经济特征。先进钢铁产业国家，大多经历了企业兼并重组产业组织结构调整，形成大型、超大型钢铁联合企业，具有很高的产业集中度 钢铁行业核心企业特征明显，上下游产业链较长。对银行而言，年产量较大、符合国家产业政策、拥有大型矿山或依托大港口资源优势、产品结构合理、符合环保要求的大型钢铁生产企业，特别适合作为开展供应链融资业务的核心企业	鞍本钢铁集团、宝钢集团有限公司、唐山钢铁集团有限责任公司、江苏沙钢集团、武汉钢铁（集团）公司、济南钢铁集团总公司、马钢（集团）控股有限公司、莱芜钢铁集团有限公司、首钢总公司、湖南华菱钢铁集团有限责任公司、邯郸钢铁集团有限责任公司、包头钢铁（集团）有限责任公司、安阳钢铁集团有限责任公司、攀枝花钢铁（集团）公司、酒泉钢铁（集团）有限责任公司、太原钢铁（集团）有限公司、唐山建龙实业有限公司、广西柳州钢铁（集团）公司、北台钢铁公司、唐山国丰钢铁有限公司、新余钢铁有限责任公司、南京钢铁集团有限公司、昆明钢铁集团有限责任公司、通化钢铁集团有限公司、广东韶关钢铁集团有限公司、萍乡钢铁有限责任公司、河北津西钢铁股份有限公司、新疆八一钢铁集团有限责任公司、天津天铁冶金集团有限公司、杭州钢铁（集团）公司、广州钢铁企业集团有限公司、青岛钢铁控股集团有限责任公司、福建三钢（集团）有限责任公司、重庆钢铁（集团）有限责任公司、天津天钢集团有限公司、天津荣程联合钢铁集团有限公司、江苏永钢集团、水城钢铁（集团）有限公司、邢台钢铁有限责任公司、南昌钢铁有限责任公司、四川川威钢铁集团有限公司、陕西龙门钢铁（集团）有限责任公司、常州中天钢铁有限公司、营口中板厂、山西海鑫钢铁有限公司、江阴兴澄特种钢铁有限公司、邯郸纵横钢铁集团有限公司、凌源钢铁集团有限责任公司、长治钢铁（集团）有限公司、河北敬业企业集团、石家庄钢铁有限责任公司、山东泰山钢铁集团有限公司、河南济源钢铁（集团）有限公司、中国冶金科工集团等
传媒行业	传媒行业包括新闻出版（报纸、图书、期刊）、广播电视电影和音像、记录媒介的复制、传媒业批发零售及印刷业等子行业。其中，报刊、影视、广播与互联网是四种主要的新闻、信息传播媒介 总体看，传媒通过电波、网络、印刷品等形式向受众传递信息，具有成本低、速度快、影响广泛的特点，使其能迅速形成规模效应和盈利。此外，传媒业所经营的信息产品决定了其具有独特的盈利模式：不是通过直接出售传媒产品获取主要收益，而是尽量扩大传播受众与范围，通过搭售广告的形式盈利，这在互联网、无线电视、报纸等媒体领域尤其明显。随着现代传媒业的高度商业化，激烈的竞争使大众传媒几乎渗透到社会生活的所有领域，广告日益成为传媒业发展的支柱	报业类企业主要有广州日报报业集团、光明日报报业集团、经济日报报业集团、文汇新民联合报业集团、南方日报报业集团、羊城晚报报业集团、深圳报业集团、北京日报报业集团、辽宁日报报业集团、解放日报报业集团、浙江日报报业集团、大众报业集团、河南日报报业集团、四川日报报业集团、沈阳日报报业集团、哈尔滨日报报业集团、江苏新华日报报业集团等，出版类企业主要有广东省出版集团、上海世纪出版集团、北京出版社出版集团、辽宁出版集团、中国科学出版集团、山东出版集团、中国出版集团、浙江出版联合集团、江苏省出版集团有限公司、四川出版集团、河南出版集团、河北出版集团、吉林出版集团、家庭期刊集团等 发行类企业主要有广东新华发行集团、四川新华书店集团有限责任公司、江苏新华发行集团、上海新华发行集团、安徽新华书店发行集团、福建新华发行集团、北京发行集团有限公司、新华发行集团总公司等 广电类企业主要有湖南广播影视集团、北京广播影视集团、山东省广播电视总台、上海文化广播影视集团、宁波广播电视集团、厦门广播电视集团、南方广播影视传媒集团、深圳广播电影电视集团等 电影类企业主要有长影集团有限责任公司、中国电影集团、上海电影（集团）公司、西部电影集团、潇湘电影集团、峨眉电影集团等

续表

行业	行业基本特征	行业内主要企业名称
煤炭行业	煤炭行业是我国最重要的能源产业，包括煤炭开采和洗选、炼焦等子行业。我国煤炭行业具有如下经济特征：①煤炭在各种能源中占有储量优势。目前我国已探明的煤炭资源约8.7万亿吨，居世界第三位。②煤炭是具有竞争力的能源。按同等发热量计算，北京市天然气、柴油价格约分别为动力煤价格的4倍和6倍。从经济上看，煤炭是廉价的能源。③煤炭消费有较大潜力。我国电厂、工业锅炉数量较多，对煤炭的市场需求总量较大，多数城市特别是中小城市居民生活，也多以煤炭为主要能源。④煤炭是可以洁净利用的能源。洁净煤技术是高效、洁净的煤炭加工、燃烧、转化和污染控制技术。通过加工可显著减少煤的硫分、灰分等污染物	神华集团有限责任公司、中国中煤能源集团公司、山西煤炭运销总公司、兖矿集团有限公司、山西大同煤矿集团有限责任公司、山西焦煤集团有限公司、山西晋城无烟煤矿业集团有限责任公司、河南平顶山煤业（集团）有限责任公司、山东枣庄矿业（集团）有限责任公司、黑龙江龙煤矿业集团有限责任公司、新汶矿业集团有限责任公司、山西阳泉煤业（集团）有限责任公司、山西潞安矿业（集团）有限责任公司、安徽淮南矿业集团有限责任公司、安徽淮北矿业集团有限责任公司、河南永城煤电（集团）有限责任公司、河北开滦（集团）有限责任公司、江苏徐州矿务集团有限公司、陕西煤业集团有限责任公司、辽宁铁法煤业集团有限责任公司、河北金牛能源集团有限公司、山东淄博矿业集团有限责任公司、内蒙古伊泰集团有限公司、宁夏煤业集团有限责任公司、安徽省皖北煤电集团有限责任公司、河南义马煤业（集团）有限责任公司、河南神火集团有限责任公司、河北峰峰集团有限公司、福建煤炭工业集团有限责任公司、北京京煤集团有限责任公司、河南鹤壁煤业（集团）有限公司、重庆煤炭（集团）有限责任公司、辽宁抚顺矿业集团有限责任公司、郑州煤炭工业集团有限公司、山东肥城矿业集团有限公司、山西省煤炭集团有限责任公司、河南焦作煤业（集团）有限公司等
房地产行业	房地产行业是中国经济的支柱产业，产业链长，关联度高，带动力强，对国民经济发展影响大。具有如下特点：①房地产在国民经济的不同阶段，发挥不同的作用。当国民经济紧缩时，房地产业发挥"加速器"作用，拉动需求，调整消费结构，刺激消费。当国民经济出现过热迹象时，发挥"减速器"作用，通过控制房地产投资规模进而控制固定资产投资规模。②房地产业发展有助于解决城镇化过程中的就业问题，有助于带动建筑业的发展。此外，物业管理业也吸纳了大量低教育水平的劳动者就业。③属于资金密集型行业且融资渠道从单一走向多元，出现银行信贷、各类投资基金、房地产信托多种融资方式。④产业关联度广。房地产业是一个巨大的产业体系，直接带动了57个相关产业，与建筑业、建材业、冶金业、纺织业、化工业、机械业、仪表业、林业密切相关，而且直接影响到家电、家具、装饰以及金融、园林、运输、商业、服务业的发展。还涉及土地储备中心、土管局、拆迁办、财政局等政府机构，被拆迁的居民和企业等参与者，没有一个其他行业有如此广泛的行业推动力和众多的市场参与者	中国海外发展有限公司、万科企业股份有限公司、合生创展集团有限公司、上海绿地集团、广州恒大实业集团有限公司、富力地产集团、大华（集团）有限公司、复地（集团）股份有限公司、绿城集团、北京天鸿集团公司、金地（集团）股份有限公司、招商局地产控股股份有限公司、北京城建投资发展股份有限公司、北京阳光100置业集团有限公司、上海农工商房地产（集团）有限公司、顺驰中国控股有限公司、中华企业股份有限公司、卓越置业集团有限公司、上海城投置地有限公司、北京万通地产股份有限公司、中信华南集团有限公司、深圳华侨城房地产有限公司、首创置业股份有限公司、浙江南都房产集团有限公司、上海中星集团、上海陆家嘴（集团）有限公司、广厦房地产开发集团有限公司、上海世茂房地产有限公司、沿海绿色家园有限公司、金融街控股股份有限公司、SOHO中国公司、大连万达集团、保利房地产公司、上海建工房产有限公司、中远房地产开发有限公司、上海凯迪企业（集团）有限公司、北京住总房地产开发有限责任公司、武汉地产开发投资集团有限公司、上海中环投资开发（集团）有限公司、碧桂园集团、上海证大集团、重庆龙湖地产发展有限公司、亿城集团股份有限公司、四川蓝光实业集团、宁波银亿房地产开发有限公司、重庆市金科实业（集团）有限公司、上海三盛宏业投资集团、青岛海信房地产股份有限公司、福建正荣集团有限公司、杭州宋都房地产集团有限公司、南京栖霞建设股份有限公司、上海瀛通（集团）有限公司、广州市番禺祈福新村房地产有限公司、北京北辰实业股份有限公司北辰置地分公司、深圳航空城（东部）实业有限公司、华润置地（北京）股份有限公司、北京市华远地产股份有限公司、北京新华联地产控股有限公司等

续表

行业	行业基本特征	行业内主要企业名称
家电行业	家电行业包括家用电力器具制造、家用视听设备制造、家用电器批发、家用电器零售等子行业。也可按黑色家电、白色家电、小家电的标准进行分类。其中，黑色家电主要包括电视机、录像机、音响、VCD、DVD等；白色家电则以空调、电冰箱、洗衣机为主；小家电指电磁炉、电热水壶、风扇等家电产品 家电行业属于制造业中市场化程度较高的产业，处在产业生命周期的成熟期。我国家电市场竞争格局已经逐渐从众多竞争者瓜分市场发展到只有少数寡头垄断大部分市场份额的阶段，产品利润率趋于平均化、市场集中度不断提高、产业结构进一步优化。行业领先企业依靠强势品牌、相对的技术优势、垄断性的市场份额，建立了较高的市场准入门槛，同时行业领先企业普遍拥有成熟的销售网络、性价比较高的产品、较佳的市场声誉、充沛的现金流，这些企业的市场份额和行业地位比较稳定。但我国本土家电行业也存在利润率偏低、产品同质化严重、产能相对过剩、产业链条对上下游行业依赖程度高、行业标准缺失、核心竞争力不足、竞争手段单一、渠道定价话语权偏弱等的不利情况，同时国际市场的专利费与节能环保标准升级也对我国家电企业的出口形成了较大的制约	我国家电产业主要分布在以下三个地区：一是珠三角地区，主要包括深圳、东莞、广州、珠海、佛山、江门、中山以及惠州、肇庆所辖的主要地区，一直都是我国最大的家电制造基地，在全国乃至全球家电业中占据着重要地位。在小家电领域，珠三角地区已经成为全球市场最大的出口基地，其中电风扇、烤面包器、电水壶的出口量占全球出口总量的半数。二是长三角地区，包括上海、江苏、浙江。长三角特别是宁波日益发展成为家电产品制造中心。三是环渤海地区，一般是指以山东半岛（松下电器、东芝电器、三星电器等日韩家电巨头均在当地大量设厂）、辽东半岛和京津唐地区为核心的区域，包括山东、辽宁、河北、天津、北京等。其中山东半岛已成为全国重要的家电生产基地，主要品牌有海尔、海信、澳柯玛。 家电行业主要企业有海尔、海信、长虹、厦华、美菱、新飞、惠州TCL、珠海格力、美的、格兰仕、西门子（在中国主要有博西威家用电器有限公司、博西华制冷有限公司、博世—西门子家电电器园三家投资企业）、国美、苏宁、志高、创维、万家乐、奥克斯、伊莱克斯以及富达、方太、惠康、帅康、三花、春晖、樱花、宝兰、顶上等

续表

行业	行业基本特征	行业内主要企业名称
电信行业（包括电信运营业和通信设备制造业）	电信运营业分为基础电信服务业和增值电信服务业。其中，基础电信服务指所有的公共和私人电信服务。包括语音电话服务、分组交换数据传输服务、电路交换数据传输服务、电传服务、电报服务、传真服务、专线电路租用服务等。增值电信服务包括电子邮件、语音邮件、在线信息与数据检索、电子数据交换、增值传真服务（包括存储与传送、存储与调用）、编码和规程转换、在线信息和/或数据处理（包括交易处理）；我国通信设备制造业分为五类：通信传输设备制造、通信交换设备制造、通信终端设备制造、移动通信及终端设备制造及其他通信设备制造 电信运营行业的基本特点包括：行业投资规模大，运行成本高，属资本密集型行业；技术更新快，衍生的产品和服务范围广，行业发展空间大；行业进入门槛较高，资本壁垒、技术壁垒、政策壁垒严重；由于行业竞争加剧，电信运营商整体向全功能服务、增值性业务为主的发展方向演变 通信设备制造业的基本特点包括：具有高创新性和高更新频率，技术含量高，是资金密集和技术密集型行业；产品生命周期缩短，技术更新及产业升级的要求较高，导致终端设备制造业行业风险较大	电信运营行业主要企业有中国电信、中国移动、中国联通、中国网通、中国卫通和中国铁通及其分公司 终端通信设备制造行业主要企业有北京首信诺基亚移动通信有限公司、北京诺基亚航星通信系统有限公司、摩托罗拉（中国）电子有限公司、中国三星电子有限公司、联想移动通信科技有限公司、东莞诺基亚移动电话有限公司、天津三星通信技术有限公司、宁波市波导股份有限公司、杭州摩托罗拉移动通信设备有限公司、诺基亚（苏州）电信有限公司等 通讯设备制造行业主要企业有中国普天信息产业股份有限公司、大唐电信有限公司、中国亚信科技（中国）有限公司、上海贝尔阿尔卡特股份有限公司、上海邮电普泰移动通信设备有限公司、华为技术（上海）有限公司、惠州侨兴集团有限公司、广东北电通信设备有限公司、浙江东方通信集团有限公司、华迅通信科技有限公司、华为技术有限公司、深圳市中兴通讯股份有限公司、华冠通讯（江苏）有限公司、卡特门—瑞福科技（常州）有限公司、苏州明基电子技术有限公司、利达通信（苏州）有限公司、飞创（苏州）电讯产品有限公司、青岛朗讯科技通讯企业有限公司等

续表

行业	行业基本特征	行业内主要企业名称
汽车行业	汽车工业是国民经济的重要支柱产业，主要包含汽车整车生产行业和零备件生产行业等子行业。该行业具有如下特征：①资本密集。汽车行业在产品研发、厂房建设、设备安装和调试、人员培训等环节的资金投入量巨大，随着产能的不断扩张，生产企业的资本投入将不断增长。②技术密集。汽车生产须历经市场调研、概念设计、原型开发、产品制造、样车测试、售后服务六大环节，各环节技术要求高，专业性极强。③产业关联度很高。汽车产业链链条长，行业主体众多，已成为我国最有增长潜力的产业群。④行业规模经济效应明显。汽车工业是典型的规模经济效益递增行业，固定成本在总成本中所占的比重较大。⑤行业的进入壁垒较高。该行业进入壁垒包括资本壁垒、技术壁垒和行业政策壁垒，新进入汽车行业的企业面临较大的竞争压力和壁垒障碍	生产乘用车的主要企业有上海通用汽车有限公司、一汽一大众汽车有限公司、上海大众汽车有限公司、北京现代汽车有限公司、广州丰田汽车有限公司、广州本田汽车有限公司、天津一汽夏利汽车、华晨中国汽车控股有限公司、东风日产乘用车公司、重庆长安铃木汽车有限公司、重庆长安汽车股份有限公司、一汽海马汽车有限公司、奇瑞汽车有限公司、神龙汽车有限公司、浙江吉利集团、江苏东风悦达起亚汽车有限公司、比亚迪汽车股份有限公司、安徽江淮汽车股份有限公司、东南（福建）汽车工业有限公司、华晨金杯汽车有限公司、长城汽车股份有限公司、北京奔驰一戴姆勒·克莱斯勒汽车公司、湖南长丰汽车制造股份有限公司、上汽通用五菱汽车股份有限公司、哈飞汽车股份有限公司、东风汽车公司、中国第一汽车集团公司、中国重型汽车集团公司、陕西重型汽车集团公司、北汽福田汽车股份有限公司、上汽通用五菱汽车股份有限公司、哈飞汽车股份有限公司、一汽红塔云南汽车制造有限公司、江西昌河汽车股份有限公司、郑州宇通客车股份有限公司、厦门金龙旅行车有限公司、金龙联合汽车工业（苏州）有限公司、厦门金龙联合汽车工业有限公司、丹东黄海汽车有限公司、浙江青年尼奥普兰汽车集团有限公司、江西江铃汽车控股有限公司等
石化行业	石化是石油和化学工业的简称，石化行业通常划分为石油天然气开采业、精炼石油产品制造业、化学原料及化学制品制造业、化学纤维制造业、橡胶和塑料制品等子行业 石油和天然气开采业是石化行业的源头，通过开采石油和天然气，为石化行业提供基础原料；精炼石油产品制造业是指对石油进行炼制并进一步裂解成乙烯等合成物；化学原料及化学制品制造业产品众多，应用广泛，还可细分为专用化学品制造业、合成材料制造业、化肥制造业、农药制造业、日用化学品制造业等子行业；化学纤维制造业是指用天然的或合成的高分子化合物做原料，经过化学和物理方法加工而制得纤维的工业；橡胶和塑料制品行业是指以塑料和橡胶为原材料进行加工的行业 石化行业产品品种繁多，包括原油、天然气；汽油、煤油、柴油、润滑油、石蜡、沥青和液化石油气；合成纤维、合成树脂、合成橡胶和多种合成单体；化肥、农药、染料、涂料、化学助剂等；橡胶和塑料制品，例如：轮胎、塑钢、编织品等	上、下游一体化的大型石化企业主要有中国石化、中国石油、中国海洋石油、中国化工集团、中化集团、中航油集团等 世界著名石油石化公司在华投资企业主要有埃克森美孚、壳牌、BP、LG集团、沙特阿美、阿拉伯石油公司、道达尔、杜邦、道化学、三井化学、中国香港建滔化工、中国台湾翔鹭、中国台湾台塑等 地方石化企业主要有云南云天化、湖北宜化、山东海化、烟台万华、安徽丰源生化、河北三友化工、沧州大化、青海盐湖钾肥、四川宏达化工、浙江巨化、南宁化工、江南高纤、南京红太阳、海螺型材、佳通轮胎、江苏琼花等 石化贸易企业主要有中化集团、中国航空油料总公司、中国国际石化联合公司、中国石油联合有限公司、珠海振戎、黑龙江石油化工联合公司、大连信孚港务有限公司、广州市华泰兴石化有限公司等

续表

行业	行业基本特征	行业内主要企业名称
机械行业	机械制造业为新技术、新产品的开发和生产提供重要的物质技术，是经济高级化不可或缺的战略性产业，其行业门类较多，主要包括通用设备制造业和专用设备制造业。机械行业的主要特点是其生产的产品主要用于作为生产行业的中间产品或直接形成固定资产，很少用于直接消费，因此，行业受下游行业的变动和固定资产投资变动影响较大	内燃机及配件制造企业主要有潍柴动力股份有限公司、江苏常发实业集团有限公司、上海柴油机股份有限公司、江苏林海动力机械集团公司、江苏英田集团等 起重运输设备制造企业主要有徐州工程机械集团有限公司、上海振华港口机械（集团）股份有限公司、奥的斯电梯（中国）投资有限公司、上海三菱电梯有限公司、广州日立电梯有限公司等 气体压缩机械制造企业主要有上海日立电器有限公司、杭州制氧机集团有限公司、黄石东贝电器集团有限公司、威海华埠集团、上海英格索兰压缩机有限公司等 液压和气压动力机械及元件制造企业主要有SMC（中国）有限公司、济南锅炉集团有限公司、颇尔过滤器（北京）有限公司、伊顿流体动力（上海）有限公司、深圳寿力亚洲实业有限公司等 轴承制造企业主要包括瓦房店轴承集团有限责任公司、上海美蓓亚精密机电有限公司、人本集团有限公司、洛阳LYC轴承有限公司、哈尔滨轴承集团公司等 齿轮、传动和驱动部件制造企业主要有杭州前进齿轮箱集团有限公司、重庆齿轮箱有限责任公司、浙江恒久机械集团有限公司、亚实履带（天津）有限公司、山东浩信机械有限公司等 机械零部件加工及设备修理企业主要有常州机械设备进出口有限公司、天津赛瑞机器设备有限公司、武汉市江南机床大修机械加工厂、安徽省湖滨机械厂等 采矿、采石设备制造企业主要有中信重型机械公司、沈阳矿山机械（集团）有限责任公司、沈阳重型机械集团有限责任公司、郑州煤矿机械集团有限责任公司、张家口煤矿机械有限公司等 石油钻采专用设备制造企业主要有宝鸡石油机械厂、兰州石油化工机械设备工程集团公司、江苏曙光集团有限公司、山东墨龙石油机械股份有限公司、深圳赤湾胜宝旺工程有限公司等 建筑工程用机械制造企业主要有广西柳工机械股份有限公司、中联重工科技股份有限公司、大宇重工业烟台有限公司、厦门工程机械股份有限公司、三一重工股份有限公司等 拖拉机制造企业主要有中国一拖集团有限公司、山东常林机械集团股份有限公司、约翰迪尔有限公司、新乡一拖股份有限公司、上海纽荷兰农业机械有限公司等 机械化农业及园艺机具制造企业主要有山东福田重工股份有限公司、文登市第一通用机械厂、约翰迪尔佳联收获机械有限公司、久保田农业机械（苏州）有限公司、洛阳一拖东方实业有限公司等 营林及木竹采伐机械制造企业主要有小松全能（常州）机械有限公司、桂林玉柴工程机械有限公司、青岛千川木业设备有限公司、柳州索罗小型动力机厂、溧阳市平陵林机有限公司等 铁路机车车辆及动车组制造企业主要有齐齐哈尔铁路车辆（集团）有限责任公司、长春轨道客车股份有限公司、中国南车集团戚墅堰机车车辆厂、中国南车集团株洲电力机车厂、中国北车集团大连机车车辆有限公司等 发电机及发电机组制造企业主要有哈尔滨电机厂有限责任公司、东方电机股份有限公司、上海汽轮发电机有限公司、青岛捷能电工电子集团有限公司、北京北重汽轮电机有限责任公司等

续表

行业	行业基本特征	行业内主要企业名称
有色金属行业	有色金属行业包括铜、铝、铅、锌、镍、金、银、锡、锑、镁、钨、钼、钛等金属品种。从供应链角度考虑，有色金属行业有矿山、冶炼、加工及其所属贸易公司、窗口公司等企业主体。该行业具有如下特征：①产业规模较大，产业梯度深，产业集中度相对高，产品需求稳定，产品质量易衡，交易比较规范；②企业固定资产多，经营现金流量大，行业平均利润居中；③产品价格波动大，一般采用期货市场进行保值；④产品易保管、运输、变现；⑤单笔交易大，属资金密集型产业，对银行资金依赖程度高	锌生产企业主要有株洲冶炼集团、葫芦岛锌厂、中金岭南、四川宏达有限公司、银荔集团龙诚化工总厂、云南冶金集团、白银有色金属公司、陕西东岭锌业公司、柳州锌品股份有限公司、云南祥云化工冶炼公司等。锌精矿生产企业主要有白银有色金属公司、西部矿业股份公司、兰坪有色金属公司、云南弛宏锌锗股份公司、白音诺尔铅锌矿、成州矿业（集团）公司、云南文山州都龙锡矿、内蒙古东升庙矿业公司、会东铅锌矿、黄沙坪铅锌矿、陇南磨沟铅锌矿等 铜冶炼企业主要有江西铜业、铜陵有色金属公司、云南铜业集团、大冶有色金属公司、金川集团公司、白银有色金属公司、上海大昌铜业有限公司、上海鑫冶铜业有限公司、葫芦岛有色金属公司、烟台有色金属集团公司、中条山有色金属公司等 铝生产企业主要有中铝青海分公司、青铜峡铝业集团有限公司、焦作万方铝业股份有限公司、中铝贵州分公司、包头铝业（集团）有限公司、河南万基铝业股份有限公司、抚顺铝厂、兰州铝业股份有限公司、山东信发铝电集团、南山集团、峨眉山铝业（集团）有限公司、兰州连城铝业有限公司、白银有色金属公司、云南铝业股份有限公司、青海桥头铝电股份有限公司等 铅生产企业主要有河南豫光金铅集团、株洲冶炼集团有限公司、安阳豫北金属冶炼厂、云南冶金集团总公司、水口山有色金属公司、徐州春兴合金有限公司、广西南方有色冶炼公司、安徽池州有色集团、济源市万洋有色金属冶炼厂等 铅精矿生产企业主要有西部矿业股份公司、云南弛宏锌锗股份公司、中金岭南、水口山有色金属公司、云南锡业集团、白银有色金属公司、陇南民政西和福利铅锌采矿厂、白音诺尔铅锌矿、四川汉源旷世有限责任公司、西霞山锌阳矿业公司、贵阳县铅锌矿业公司、广西佛子冲铅锌矿、青城子矿业有限公司、梧桐花铅锌矿等。铝型材生产企业主要有辽宁忠旺、广东凤铝、广东坚美、广东兴发、台山金桥、亚洲铝业、淄博松竹、苏州罗普斯金、福建南平铝业等

三、连带责任保证融资实例

业务实践中，一般是由银行的某一机构作为主办银行来为核心企业核定授信额度，核心企业向主办银行提交经销商名单，并承诺愿意为名单中列明的经销商在银行的融资提供连带责任保证。协办银行应经销商申请，根据经销商与核心企业签订的《购销合同》，在核心企业提供连带责任保证项下，为经销商办理银行承兑汇票，专项用于向核心企业支付货款。主办银行与协办银行均为某家银行的分支机构，一般来讲，核心企业所在地的银行分支机构承担主办行的角色，而经销商所在地的银行分子机构承担协办行的角色。这一业务模式在电器、机械等行业中被广泛使用。对核心企业来说，能够培植经销商并强化对经销商的控制，迅速扩大销售规模；对经销商来说，能够迅速扩大销售规模，锁定销售资源，获得较好的返点。由于核心企业提供连带责任保证，银行向其经销商提供定向采购融资，核心企业收票放货，风险较其他担保措施为低。

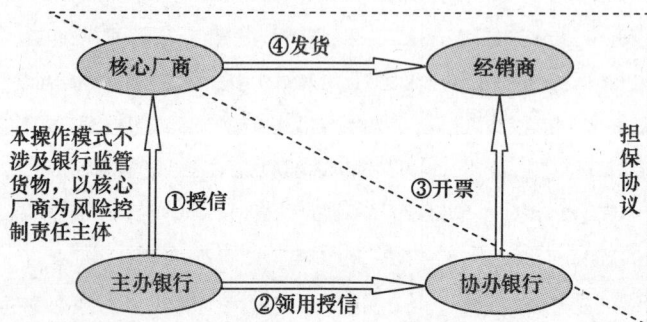

图4-2　连带责任保证融资业务流程

对有些关系密切的供应商，核心企业也愿意为其在银行的融资提供连带责任保证。一般发生在以下两种情况：供应商采购销售给核心企业的货物时；或供应商为生产核心企业所需产品而采购原材料时。此时，银行需在与核心企业签署保证协议后，向供应商提供融资。

第三节　回购担保融资

回购担保融资是核心企业向银行提供连带责任保证，并在承担保证责任之后按预定的条件从经销商处买回前期出卖物以补偿其自身损失的综合性担保方式。它是核心企业向银行提供连带责任保证和核心企业与经销商附回购条件买卖两种法律关系的结合体，具有双重性质。核心企业作为回购方，是物品的前期出卖方。如非核心企业进行独立的保证担保，再约定购买，则不构成回购，而只是"优先购买权"。

以回购方式进行担保的内在动因应该是银行为了增强担保力度，在其已经得到物的所有权或抵押权的情况下，要求核心企业为实际用款人（经销商）在进行抵押担保之外再提供第三方保证担保。因为一般情况下核心企业的资金实力较强，他们为促进销售一般也能接受提供保证担保。而为了减少核心企业可能因代偿而形成的损失，需要在售出物上设立一定的反担保措施，因其已设定了以银行为权利人的抵押，无法再行办理抵押，所以才出现了附回购条件的买卖，约定代偿后有权收回出售物的条款，以保障核心企业的利益。

由于当事人大多会约定以物品直接抵偿核心企业向银行偿还的本息及相应费用，所以该物品的所有权直接归为核心企业所有，而不需经过类似抵押、质押中的折价、拍卖、变卖的"清算"程序。可以考虑在约定中加入清算义务，尤其是在核心企业为所有权人提供担保时，其以回购方式向债务人（所有权人）追偿时，应按市价对该物品进行清算，在补偿其代偿款后如有剩余，则应返还给债务人。

此外，附条件买卖所适用的法律为合同法，它是通过买卖双方合同义务的约束达到物的担保目的，可以理解为非典型担保的一种。它仅对合同双方具有约束力，而不涉及第三方。如善意第三人已实际取得了该物品，则核心企业即丧失了优先权和物上的追及权利，无法实际索回财产，而只能要求经销商承担赔偿责任。

从银行的供应链融资业务实践中，回购担保有两种具体形式：见证回购担保和实物回购担保。

一、见证回购担保——以汽车行业为例

见证回购担保是指核心客户对经销商未售出库存货物进行全数回购，回购价格按照原始发票价格，回购金额应当覆盖银行授信风险敞口余额，回购标准是仅提交物权凭证，无论库存货物实物是否实际移交。物权凭证必须由签发人直接移交银行。银行向经销商提供的融资以银行承兑汇票为主，有时也直接提供贷款或透支款项。在提供贷款或透支款项情况下，银行一般通过账户监管的方式保证资金封闭运作。见证回购担保方式出现最多的领域是汽车经销领域。

（一）汽车经销领域见证回购担保方式的含义与意义

汽车经销领域的见证回购担保，就是汽车制造商将经销商在银行承兑汇票到期时未能售出的库存车（以汽车合格证形式）进行回购，并将回购资金交与银行用于偿付到期银行承兑汇票项下垫款的行为。见证回购担保在汽车经销领域的盛行不是偶然的，是银行、汽车制造商和经销商三方共同利益的产物。

1. 对银行来说

在日益火暴的汽车市场，传统的信贷产品已不能吸引资金充裕的汽车制造商；而为其中游经销商和下游终端用户提供资金支持以帮助其销售从而稳固和扩大其市场份额成为银行提供汽车金融服务的主要内容。面对经销商普遍规模小、实力差的实际情况，银行寻求汽车制造商的担保支持成为必然；银行的信贷风险就在于经销商在承兑汇票到期前不能将汽车卖出而导致银行对外垫款，虽然银行能够以控制汽车合格证等手段控制物权，但依然要面对处置库存车变现归还垫款的难题。这时汽车制造商的回购担保使银行摆脱了处置汽车这一其并不擅长的领域，因此受到银行的普遍欢迎。

2. 对汽车制造商来说

经销商融资渠道的扩大、资金实力的增强必然会实现其产品促销，而要求制造商为经销商提供《担保法》中规定的保证担保是厂商不愿意接受的。因为一方面制造商表外或有负债会大大增加（上市公司要公布对外担保信息）；另一方面制造商要承担经销商的道德风险、违约风险等，这些就不在它们的能力范围之内了。而回购担保是对汽车产品实物的购回，这一方面体现了汽车制造商对其产品的信心、对其自身调剂能力的信心，另一方面也防止由非专业人士处置汽车产品导致市场价格被扰乱等混乱局面。同时，由于回购担保不属于《担保法》中规定的担保方式，因此汽车制造商不必将其视作或有负债。

3. 对汽车经销商来说

由于普遍存在着成立时间短、规模小、实力弱等问题，以往完全以现金方式向汽车制造商购车大大制约了其销售能力。有了汽车制造商的回购担保，使经销商能够从银行取得信用额度扩大销售真正是其求之不得的。

（二）汽车经销领域见证回购担保业务的具体操作

1. 涉及的当事人

见证回购担保方式涉及的当事人主要包括汽车制造商、经销商、主办银行、协办银行和协调银行。其中，主办银行是指为汽车制造商核定回购担保额度并对该额度进行管理的银行分支机构；协办银行是指为经销商具体提供融资服务的银行分支机构；协调银行一般由银行总行承担，负责协调主办银行与协办银行之间的业务事宜。

在业务实践中，一般以销售金融服务网络的方式运行。由汽车制造商选择、推荐信誉良好、市场开拓能力强的经销商加入该销售金融服务网络，主办银行将经销商名单报协调银行审核后，通知各协办银行，并将审核结果书面告知汽车制造商。加入汽车销售金融服务网络的经销商原则上应在协办银行开立基本账户，特殊情况可开立一般结算账户。

2. 业务的基本流程

第一步：主办银行或协调银行营销汽车制造商，与汽车制造商达成建立汽车销售金融网络的意向，并签署相关协议。

第二步：汽车制造商与经销商按照汽车制造商商务政策签订汽车买卖合同，约定货款以协办行出具的银行承兑汇票支付。经销商委托汽车制造商将该买卖合同项下的汽车合格证原件直接送至协办银行用作抵押。

第三步：协办银行向经销商提供银行承兑汇票服务。

3. 业务关键环节

（1）银行承兑汇票额度的核定与调整。在银行核定的综合授信额度内，汽车制造商根据各经销商销售业绩和销售计划提出其购买车辆所需银行承兑汇票授信额度，主办银行审核并报协调银行备案后，由主办银行正式通知各协办银行。开立银行承兑汇票实行授信风险敞口最高限额（不含保证金）控制，对经销商核定的授信额度不超过此风险敞口限额并可周转使用。为了便于汽车制造商与经销商之间的往来资金结算，汽车制造商应在主办银行开立一般账户。

在授信有效期内，如需调整经销商名单或经销商开立银行承兑汇票的授信额度，由汽车制造商出具推荐函给主办银行，主办银行在总额度控制的前提下审核后出示书面意见，及时将有关调整通知相关协办银行并报协调银行备案。最常见的情况是经销商因汽车制造商商务政策调整需要批量采购及集团客户中标采购等原因，需在已启用的银行承兑汇票额度以外临时追加单笔非循环的专项银行承兑汇票额度。此时，必须由汽车制造商出具书面的《临时额度调整申请》交与主办银行，主办银行在对汽车制造商授信总额度控制的前提下审核，并出具书面意见，及时将有关调整情况通知相关协办银行并报协调银行备案。协办银行收到汽车制造商签发的《临时额度调整申请》及主办银行出具的相关书面意见后，结合经销商的实际销售情况，在经销商符合及满足《临时额度调整申请》中相关规定的前提下，根据银行的信授业务操作规程，为经销商办理专项银行承兑汇票额度的授信业务。

（2）银行承兑汇票的开具与承兑。汽车制造商应向协办银行出具书面文件，指定专人负责办理银行承兑汇票收取、查询、汽车合格证送达等事宜，并将盖有指定专人签章样本及汽车制造商或其授权的分支机构的公章印鉴卡预留在协办银行备查。经销商需要开立银行承兑汇票向汽车制造商购车时，填写《银行承兑汇票申请书》，并附相关汽车买卖合同文本原件，向协办银行申请办理银行承兑汇票，此申请书应一式两份，一份送协办银行，另一份送汽车制造商，并在协办银行存入申请银行承兑汇票金额一定比例的资金作为保证金。汽车制造商或其授权分支机构收到《银行承兑汇票申请书》后，出具《银行承兑汇票领取承诺函》，并直接送达协办银行。协办银行收到《银行承兑汇票领取承诺函》后与预留印鉴核对，并向汽车制造商查询核实，以确定《银行承兑汇票领取承诺函》的真实性及有效性。之后，协办银行可与经销商签订《银行承兑协议》，在确认保证金存款足额入账的前提下，开具并承兑收款人为汽车制造商的银行承兑汇票，交汽车制造商指定人员（汽车制造商或其委托的分支机构不在协办行所在地的，可将银行承兑汇票交经销商），并登记台账。协办银行保证所出具的银行承兑汇票真实、合法、有效。

汽车制造商收到银行承兑汇票并经查询核实确认无误后，应在《银行承兑汇票领取承诺函》中承诺的有效期内，在《汽车合格证送达通知书》中明确填列有关合格证编号、发动机号、底盘号、车型、数量、单价、总金额等要素后，连同有关汽车合格证直接送达协办银行。协办银行收到汽车合格证送达通知书及相关合格证后，与预留印鉴核对，并向汽车制造商查询核实无误后，签署《汽车合格证送达通知书（回执）》交汽车制造商指定人员。若汽车制造商不能在《银行承兑汇票领取承诺函》中承诺的有效期内交付相应周转车合格证，汽车制造商应承担退款责任。

为了便于经销商销售，协办银行应以银行承兑汇票合同项下汽车总量的一定比例，向经销商提供首批汽车合格证，并视经销商在协办银行的保证金账户中的销售回款情况，在销售回款的额度内分批次向经销商提供合格证。未经协办银行书面同意，汽车制造商不得为任何人（单位）补办《汽车合格证送达通知书》上所载明的汽车合格证，但已经由协办银行提供给经销商的除外。

当经销商到期无法足额交存任何一笔已到期的银行承兑汇票票款时，协办银行应立即停止对经销商继续开具新的银行承兑汇票，并有权直接从经销商的保证金账户或其他账户中扣收。因此加强对经销商保证金账户的管理十分必要。一般做法是规定保证金账户的金额不能低于票面金额的一定比例，并要求经销商将销售回款账户开在协办银行。当销售款项到达后，协办银行根据经销商的授权可直接扣收该款项补充至保证金账户，直至保证金账户余额达到票面金额的100%。

（3）银行承兑汇票的传递。银行一般不允许经销商直接将银行承兑汇票送达汽车制造商，而是通过银行进行传递。这样做，既保证了票据传递的安全，也使银行增加了一次营销汽车制造商的机会。银票传递路径是协办银行为经销商承兑银票后，由协办银行送达主办银行，再由主办银行交给汽车制造商。对于由汽车制造商明确指定且出具尤其加盖公章的书面授权书的情况，银行也可将已承兑的银票交由经销商送达给汽车制造商。

在合格证对应车辆总金额要覆盖银票总敞口的基础上，如果《汽车合格证送达通知书》中未列名合格证对应银票编号的，银行可按合格证到达及银票开立的先后顺行自行建立合格证对应银票台账。银票对应所有合格证的销售回款入账后，此银票对应额度方能释放。即使销售回款账户余额大于其中任意一张银票敞口金额，但各张银票项下仍有对应合格证未能完成回款的情况下，须经销商补足银票敞口后方能释放银票额度。

（4）合格证管理。协办银行在开立银票、发放贷款和透支款项后，应向汽车制造商发送银票传真件、贷款拨付通知函，并立即与汽车制造商确认合格证送达日期，跟踪合格证的送达情况。汽车制造商应在收到银票、透支借款、流动资金贷款后的规定日期内寄出合格证，否则汽车制造商应不迟于规定日内以书面传真形式，告知协办银行融资项下合格证的寄送日期。合格证送达前，汽车制造商对经销商融资承担连带付款责任。

为避免业务风险，银行一般不同意由经销商代为传递合格证，而是由汽车制造商所指定的专人送交协办银行，或者通过特快专递寄送达协办银行指定人员。协办银行指定人员签收《周转车合格证送达通知书》前，应对合格证对应要素是否填列完整，合格证对应的银票编号是否填列清楚，所列合格证编号、发动机编号、颜色等要素与库存情况是否一致等情况进行核实，并与汽车制造商电话进行确认合格证的唯一、有效性。审核无误后，协办银行指定专人应在《周转车合格证送达通知书》上签收确认，并将合格证入库保管。入库保管手续按双人经办原则办理，并指定专门部门专门人员负责管理。要明确规定汽车合格证入库清单一经确认不得改动，严禁合格证串用、以证换证等问题的出现。应专门为合格证编制入库清单，入库清单上应列明对应合格证编号和对应的银票编号。合格证的保管应按照银票编号分类保管，合格证对应车辆总金额要覆盖银票总敞口。

在办理合格证出库手续时，应先由会计部门核实保证金是否足额入账，如已经入账，会计部门出具销售回款入账证明。同时必须落实经销商是否办妥保险并提交给协办银行保单，投保期限不得短于协办银行给予经销商的融资期限。

出库时应由客户经理填制汽车合格证出库审批表并经审查后，协同会计部门出具销售回款入账证明一并交与合格证管理部门办理出库。

在业务实践中，经销商会产生合格证串用的需求。银行对此应严格限制，即使串用，也应在同一种型号等额等量串用，且串用的合格证不得超过原合格证期限。客户经理应确认串入合格证对应车辆的完好和换入合格证的真实、唯一，同时填写入库清单和出库审批表，按照入库和出库办理。换出的合格证必须在换入合格证收妥后方可放行。

（5）贷后管理。客户经理根据经销商的销售情况、资信水平、内部管理、人员变动等情况按照银行开出票据/发放贷款逐笔进行贷后检查和盘库核查。正常情况下客户经理应每月不少于一次进行实地检查。

核查要点包括：质押合格证对应的库存车在数量、价值和要素上是否相符；库存车状态是否完好，存放地点是否安全。客户经理应建立库存车核查档案。每次盘查记录应由经销商盖章确认后备查。对于不承担回购担保但产品需求旺盛的汽车制造商，原则上要求经销商的库存车管理须引入第三方仓储方监管。库存车盘查过程中如发现有车辆存放二级经销商，应要求经销商立即补足对应车辆的款项，否则停止释放合格证。

（6）回购约定。汽车合格证是办理买方所购汽车上路行驶手续的有效凭证。只要掌握了合格证，就等于掌握了汽车。因此银行与汽车制造商、经销商都认可合格证质押的融资方式，并约定在见证回购担保项下，回购标准仅提交合格证，不涉及库存车实物的移交。

回购价格与经销商对银行的债务金额没有直接关系。回购发生时，存在着回购价格的问题。车辆在存放了几个月之后市场价格与车辆卖给经销商时的原价一定是有所差异的，这种差异可称为回购损失。值得一提的是，银行不应将回购价格简单等同为经销商拖欠银行的本金、利息等债务金额，虽然回购款是专用于归还经销商债务的。制造商对汽车的回购行为与经销商对银行的债务行为应视为相对独立的行为。

回购损失的界定和承担问题。回购发生时，制造商、经销商和银行三方应共同协商回购价格。可能造成回购损失的因素包括（但不限于）以下几种：汽车在回购过程中发生的运费；汽车在库存期间发生的自然损耗；汽车在库存期间因移库发生的部件损伤；汽车在库存期间向保险公司投保所涵盖的水、火、盗等损失；汽车在库存期间由于经销商自身债务原因用于抵债、担保及被公、检、法等司法部门诉讼保全或查封等不能回购而产生的损失；汽车在回购过程中发生的其他相关费用。

二、实物回购担保

实物回购担保是指除满足见证回购担保的基本条件外，核心客户回购前提条件是货物及相应的跟单资料完好。在此实物回购担保方式下，银行可委托专业仓储公司监控货物，并要求借款人足额保险，物权凭证必须由签发人直接移交银行。这种方式大多发生在钢铁经销领域。具体做法一般是经销商以银行承兑汇票为结算支付工具，由银行控制货权，核心企业（或仓储方）受托保管货物并对承兑汇票保证金以外的敞口金额部分由卖方以货物回购作为担保措施，经销商随缴保证金、随提货。此种模式适用于产品质量稳定（不易发生化学变化）、属于大宗货物、易变现、产值相对较高、流通性强的商品，在销售上采取经销商制销售体系，如家电、石油、汽车、电脑、轮胎、纸张、手机、烟草等。核心企业实力较强，而经销商实力一般，核心企业可以很好地控制商品的销售，对商品的调剂能力非常强。

（一）业务优势

1. 对经销商的益处

（1）依托真实商品交易结算，经销商借助核心企业资信获得银行的定向融资支持。如果核心企业不介入，单靠经销商是无法获得银行融资的。银行向经销商提供融资，看重的是核心企业的信誉。因此，经销商把核心企业拉入交易结构后，较易获得银行的融资。

（2）买方获得批发购买优惠，使其享受到大宗订货优惠政策，降低了购货成本。经销商如果用自有的资金向核心企业购货往往金额较小，而通过银行开立银行承兑汇票的方式，往往金额较大，核心企业对较大金额的购货往往会提供优惠的价格。而对经销商来讲，只需部分银行承兑汇票保证金，就可锁定整批货物，扩大了自身的经营能力。

2. 对核心企业的益处

（1）可以有效扶持经销商，巩固、培育自身的销售渠道。核心企业为扩大自身的市场竞争实力，需要培育自己的经销商网络，借以扩大自身的销售渠道，增加产品销售的覆盖范围。而资金及信用的支持无疑是使更多经销商加盟核心企业销售网络的重要条件。

（2）核心企业提前获得订单，锁定了市场销售，便利安排生产计划。在促进产品销售的同时，核心企业还能牢牢控制货权，防止了赊账方式下，可能产生的经销商迟付、拒付风险。

（3）核心企业支付了极低的成本（自身信用），借助经销商间接获得了低成本的融资（票据融资），并通过把应收账款转化为应收票据或现金的方式，大幅减少了应收账款，改善了核心企业的资产质量。

3. 对银行的益处

（1）银行有核心企业的最终保证，在经销商到期不归还融资款项时，可以通过核心企业的回购在一定程度上降低授信风险。

（2）业务双向结算封闭在银行，销售回款覆盖融资本息，可以较好地保证银行信贷资金安全。

（二）业务流程

（1）银行和核心企业、经销商、仓储公司签订《四方合作协议》（在没有仓储公司情况下，签订《三方合作协议》，即核心企业不经过仓储公司，直接向经销商发货）。

（2）银行为经销商核定一定金额的授信额度，明确首次保证金比例。

（3）根据单笔交易合同，经销商签发以核心企业为收款人的银行承兑汇票，银行办理承兑。

（4）根据《四方合作协议》（或《三方合作协议》）规定的条款，经销商在银行存入一定保证金，核心企业将等额货物发至指定仓储方仓库（或买方）。在有仓储公司参与的情况下，货物从仓储方出库必须凭加盖银行预留印鉴的《发货通知书》。

（5）经销商分次存入银行承兑汇票保证金，仓储方根据银行出具的《发货通知书》向经销商发放等额货物。当银行承兑汇票保证金为100%，释放全部货物，并循环操作。

（6）根据《四方协议》（或《三方合作协议》）规定，在银行承兑汇票到期前，经销商提货金额不足银行承兑汇票金额，核心企业回购货物。

（7）核心企业将回购款汇入银行指定账户。

（三）风险控制

（1）银行承兑汇票须载明生产厂商为收款人，确保贸易背景的真实性。

（2）仓储方要选择管理规范、制度完善、信用良好的仓库，确保银行实质控制货权。

（3）定期对质押的货物进行实地盘查。

（4）银行承兑汇票传递以及发货通知书等重要单据传递须四方专人负责，采用预留印鉴，电话沟通确认机制，尽可能减少操作风险。

（5）签署协议维护权益。在见证回购担保融资业务中，生产企业提供的《不可撤销申请书》、银行提供的《要求履行回购责任的函》，以及生产企业和银行签署的《回购担保融资协议》是三份最重要的书面文件。

专栏 4 - 4

不可撤销申请书（样本）

（＿＿年）第＿＿＿＿号

××银行：

经＿＿＿＿＿＿＿＿＿＿＿＿＿＿＿＿＿（经销商）拟向我公司购买××产品＿＿台（件），合同总金额＿＿＿＿＿万元人民币。现因经销商资金周转紧张，特向贵行申请使用回购担保额度：金额＿＿＿＿＿＿＿＿万元。

请贵行按以下＿＿＿＿＿（A/B 类）办理。

A 类：在未办妥产品抵押手续前放贷。我公司承诺对该笔贷款承担连带保证责任。

B 类：在办妥产品抵押手续后放贷。

申请人：××公司

＿＿＿＿＿年＿＿＿月＿＿日

专栏 4 – 5

要求履行回购责任的函（样本）

××公司：

根据贵公司（＿＿＿年）第＿号《不可撤销确认函》的意见，银行为＿＿＿（买方）叙办了回购担保融资业务，包括开具银行承兑汇票和办理××产品按揭贷款业务。现因买方连续＿期未履行还款义务，或＿＿＿＿＿＿＿＿＿＿，银行特提请贵公司按照《贷款抵押物回购协议》约定履行回购责任，并于＿日内将预付回购款打入贵公司在银行开立的保证金账户。

××银行

＿＿＿＿年＿＿月＿＿日

附：相关欠款证明材料

专栏 4 – 6

回购担保融资协议（样本）

××公司与××银行就回购担保融资业务签订本协议。

一、××银行为＿＿＿＿＿＿＿＿＿（以下简称买方）提供金额为＿＿＿＿＿＿＿＿元的贷款（不超过合同金额的 65%），用于采购××公司生产的××产品，贷款期限为＿＿＿＿＿＿个月（不超过 18 个月），实行按月等额还本付息。

二、上述贷款担保方式：买方以所购产品抵押并由××公司对抵押物回购担保。如××公司要求在××产品抵押手续办妥之前发放贷款，并经××银行审查同意，则××公司必须承担阶段性连带责任保证担保，保证期限为贷款发放之日起至抵押手续办妥之日。

三、如在贷款期间，买方发生拖欠本息的情况，第一次未能如期履约，××银行应在十天内书面通知××公司；第二次未能如期履约，××银行应在十天内书面通知××公司同时将××公司上两期拖欠本息存入保证金专户。

四、当出现以下情形之一时：①借款人连续三期拖欠本息；②借款人累计六期拖欠本息；③××银行认为借款人经营情况恶化，存在严重信贷风险，且借款人一期以上拖欠本息。××银行可依法对借款人提起诉讼（或直接向法院申请执行），并向××公司发出《要求履行回购责任的函》，××公司应履行回购责任，立即将回购款划入开立在××银行主办行的保证金账户。

五、如发生信贷风险，××银行应通过与借款人协商，以抵押物折价或诉讼方式实现抵押权。

六、××银行应通过与借款人协商以抵押物折价抵偿债务行使抵押权。除非××银行和借款人协商的价格明显低于抵押物的价值，××公司必须以该价格回购抵押物。

七、如果××银行无法与借款人就抵押物折价事宜达成一致，应通过诉讼方式行使抵押权，××公司在此同意以下列方式回购抵押物：

1. 法院的执行过程中，如对抵押物进行拍卖，拍卖底价应不低于贷款余额（包括利息）以及实现债权费用；如不进行拍卖或拍卖未能成功，××银行可按法院确认的价值受让该抵押物，而××公司应以不低于贷款余额（包括实现债权费用）的价格对抵押物进行回购，抵押物回购交付时，××银行应持有法院依法处理抵押物的有关法律文书（判决书、执行裁定书、拍卖或评估材料等）。

2. 抵押物交付后，××银行可在该保证金中直接扣收贷款。

××公司	××银行
（公章）	（公章）
法定代表人：＿＿＿＿＿＿	法定代表人：＿＿＿＿＿＿
＿＿＿＿年＿＿月＿＿日	＿＿＿＿年＿＿月＿＿日

第四节 确定购买付款/未售退款承诺方式供应链融资

核心客户对供应商提供的标准化产品提供确定付款承诺（供应商供货后，核心客户一定付款，且定向支付到供应商在银行开立的账户上，供应商承诺用此资金归还银行融资）。核心客户对经销商未售出货物提供退款承诺，经销商用退款覆盖银行融资敞口。在此方式下，银行可委托专业仓储公司监控货物，银行全程监控物权凭证移交。

一、经销商融资之核心企业退款保证模式

该模式是指银行应经销商申请，根据经销商与核心企业签订的《购销合同》，为经销商办理银行承兑汇票，专项用于向核心企业支付货款。经销商缴存保证金赎货，银行累计通知核心企业发货的价款不超过保证金账户余额，如此滚动操作，直至银行承兑汇票敞口全部覆盖。如经销商到期未能足额付款，核心企业承诺无条件将票据敞口款项退还。该模式具有如下典型特点：一次融信，滚动付款，分批发货；利用核心厂商关联营销众多的经销商；核心厂商作为风险控制责任主体；通过票据由主办银行传递等措施，实现对核心企业的深度营销。

对核心企业来说，该模式能够：

（1）提前锁定订单、合理规划产能。

（2）通过经销商间接融资，降低融资成本。

（3）市场销售稳定情况下，提供适度的赊销融资。

对经销商来说，该模式能够扩大销售规模，锁定销售资源，获得较好的返点。

（一）基本流程

银行、核心厂商、经销商签订《三方合作协议》。核心厂商、经销商、主办银行、协办银行互相留存《预留印鉴证明书》，以做核对。

经销商向协办银行出具《委托书》，协办银行根据经销协议在额度内签发银行承兑汇票，主办银行持票与核心厂商交换《商品金额证实书》。

经销商将其销售货款转入其在协办行开立的银行承兑保证金账户，并签发《提货申请书》，协办银行在《商品金额证实书》所记载的货物金额内通知主办银行签发与进账货款等额的《提货通知书》。核心厂商凭主办银行签发的《提货通知书》向经销商发货。

若汇票到期前5个工作日内，经销商未按《承兑协议》要求将其应付票款足额缴存上述保证金账户，协办银行即通知主办行与核心厂商核对由核心厂商签发并由银行持有的《商品金额证实书》与由银行签发的《提货通知书》之间货物金额的差额情况，由主办银行向核心厂商签发《退款通知书》。银行承兑汇票相应票款退还给银行后，主办银行向核心厂商退还《商品金额证实书》。

（二）风险控制措施

1. 核心厂商选择

核心厂商必须行业销售、产能排名靠前；产品知名度较高，市场占有率较大；符合银行法人客户授信审查审批标准。

2. 经销商选择

经销商必须建立购销关系较长，年交易额较大。由核心厂商推荐，银行二次核准。

3. 结算账户与保证金账户管理

经销商在银行开立承兑保证金专户，且存入承兑保证金；开立结算账户，承兑汇票采购货物项下的销售收入必须进入结算账户，并及时转入保证金账户。

4. 承兑额度、期限的确定

根据买卖双方签订的《购销合同》，区别不同的商品和销售季节，确定不同的额度和期限；承兑的金额不超过经销商上年度同期该商品销售额的80%。

5. 额度管理

核心厂商回购担保额度由主办银行管理。为防止经销商一份购货合同多头取得信用，在办理承兑前客户经理必须与厂商核实，要求对方书面确认。

6. 操作管理

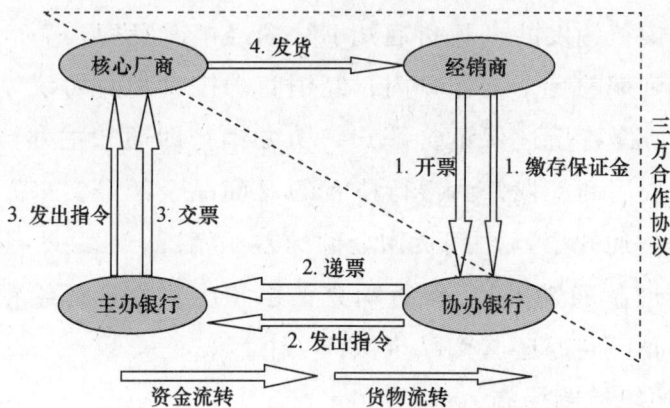

图4-3 核心企业退款保证模式流程

商品金额证实书、银行承兑汇票、提货通知单等文件必须由客户经理双人交接，并按规定加盖印鉴。银行承兑汇票由银行直接传递给核心厂商，不得由经销商转交。

二、供应商融资之核心企业定向付款模式

此业务模式为核心厂商确定购买付款承诺的前提下，向供应商提供融资，适合于买方（核心客户）付款历史记录良好、实力强大情况下的供应商融资。下面以两个案例进行说明。

（一）某铁路供应商五环钢贸的融资业务

该业务涉及主体包括银行、供应商（五环钢贸钢材股份有限公司，以下简称"五环钢贸"）、核心企业（某铁路客运专线有限公司）、协作单位（铁路建设工程承建方）四方。

1. 业务描述

银行应五环钢贸的申请，根据某铁路客运专线有限公司应付五环钢贸货款金额和五环钢贸向国内各大钢材生产厂家签订的《购销合同》，银行向其收取一定比例的保证金，为其签发银行承兑汇票，专项用于铁路建设用钢的采购。用某铁路客运专线有限公司应付五环钢贸的货款来偿付银行承兑汇票。

2. 客户的结算流程

——某铁路客运专线有限公司根据工程建设需要订出钢材贸易招标计划；

——各钢材供应商投标；

——某铁路客运专线有限公司开标，确定钢材供应商和供货品种、金额等要素；

——各施工单位（中铁十二局等）与钢材供应商签订供货合同；

——施工单位根据工程进度对钢材供应商下订单；

——钢材供应商根据订单组织货物；

——钢材供应商将货物送到施工单位指定的建设工地，工地验收合格后出具验收单；

——施工单位对已验收的货物进行汇总，向某铁路客运专线有限公司发出《物资采购委托付款通知书》；

——某铁路客运专线有限公司审查合格后，直接支付货款到供应商指定账户。

3. 银行业务流程

——五环钢贸公司向钢厂购买铁路项目所需的钢材；

——五环钢贸公司组织钢材运送到项目施工单位，进行验收；

——验收合格后，施工单位向某铁路客运专线有限公司和银行出具《铁路客运专线甲控物资采购委托付款通知书》和《铁路客运专线甲控物资委托付款汇总表》；

——银行根据《铁路客运专线甲控物资采购委托付款通知书》和《铁路客运专线甲控物资委托付款汇总表》所列货款金额开具银行承

兑汇票，向钢厂购买铁路项目所需的钢材；

——某铁路客运专线有限公司按付款通知书内容支付货款到五环钢贸公司在银行开立的结算账户，银行补齐开具银行承兑汇票的保证金至100%。

依照上述流程循环使用。

4. 操作前提

——五环钢贸公司与施工单位签订了购买协议；

——五环钢贸公司已向施工单位供应了项目用钢；

——某铁路客运专线有限公司已按操作规程按时支付贷款。

5. 风险控制手段

（1）资金控制。该公司在银行开立结算账户和保证金账户，铁路客运专线有限公司支付的货款全部汇入该账号，并立即补充此笔银行承兑汇票保证金。

钢材购销合同的买方（施工单位）出具"变更合同收款银行和账号的函"，明确该笔合同项下货款付至合同卖方在银行开立的账户上，并承诺未得到银行的书面通知下不得更改。

（2）货权控制。承兑汇票的收款人限定于数量有限的钢铁公司。银行依据上一笔未付款的委托付款通知书和该书确定的金额开具银行承兑汇票，这样就可以保证该公司已经组织货源送到铁路项目的建设工地并已验收合格，控制了该公司挪用银行银票的风险；同时，有了委托付款通知书（其付款金额和收款银行都已确定）也可以有效地锁定货款回笼到银行账户，及时归还兑付资金。

（二）石化公司B确定付款案例

1. 业务主体

该业务是A公司通过国内进口代理商从新加坡进口燃料油，然后销售给石化公司B。涉及的业务主体包括：

（1）A公司。该公司成立于2001年9月，注册资本5000万元，总资产约1.5亿元，2005年销售额3亿元。企业性质为民营股份，现有员工15人。一直与石化公司B保持业务合作关系，是该石化公司指定的燃料油采购及委托加工企业。主要进口印度尼西亚和俄罗斯的燃料。委托某化工进出口股份有限公司在银行申请开证。

（2）石化公司 B。为大型企业，目前年处理原油生产能力 800 万吨，由于多种原因，长期以来生产能力不饱和，目前接近 90%，A 公司近几年平均对石化公司 B 销售量约占 4% 的产能。

（3）银行 C。银行 C 为一家中小商业银行的分支机构，正尝试开展供应链融资业务。

2. 业务操作

本次进口燃料油数量为 3 万吨，开证金额约 1200 万美元，所需全额保证金（按溢装 10%）计约 10450 万元人民币。申请人自筹资金比例不低于 60%，敞口部分由银行为其贷款，最高金额为 4000 万元。

授信：银行向 A 公司提供授信 4000 万元，期限 1 年，60% 保证金，授信敞口 4000 万元，满足单次进口燃料油最高 3 万吨的资金需求。

委托开证：A 公司将全额货款划入代理进口商（某化工进出口公司）在银行开设的账户，再转为保证金，信用证自开证至最迟付款日约 50 天。开证后油轮到港时间 10～15 天。收货人指定为银行。

货物监管：银行与港口外轮代理有限公司签订货物监管协议。油船到港后，外代公司上船签收船东签发的银行为收货人的货物到港通知（NOR），并附该公司的证明传真至银行，外代公司必须在接到银行的货物放行通知的传真件后才能通知港口卸货过驳，由江轮运至石化公司 B。

卸货条件：油船到港后：①如 A 公司在银行监管账户内资金已覆盖贷款本息，银行即通知外代公司卸货；②如 A 公司在银行监管账户内资金不能覆盖贷款本息（无论敞口多少），则石化公司 B 须向 A 公司签发付款承诺函，银行派人与 A 公司到石化公司 B 签收付款承诺函，即通知外代公司卸货。

额度循环：自信用证开出至油轮到港的平均周期为 20 天，额度每月循环使用一次。

3. 风险控制措施

（1）与外代公司、某化工进出口公司分别签署监管协议及账户托管协议，并由专业部门出具法律意见。

（2）所开立的信用证条款中必须含有货到港并检验无瑕疵后付款的内容。

（3）提单的收货人必须为银行。

（4）石化公司 B 向银行出具无瑕疵的付款承诺。

专栏 4-7

连带责任保证融资、回购担保融资以及确定购买付款/未售退款承诺融资业务的授信额度核定与业务风险管理

对于连带责任保证融资、回购担保融资以及确定购买付款/未售退款承诺融资业务，均需要以核定核心客户授信额度为前提，对供应商、经销商核定授信额度之和不得超过核心客户总授信额度。无论核心客户是否实际提供连带责任保证或回购担保，供应商、经销商的授信额度等额占用核心客户额度。选择核心客户须依照信贷投向政策进行；选择供应商和经销商要充分利用打分卡及评审模型，考虑客户信用风险、产品风险和债项风险。

一、授信额度核定

（一）对于核心客户额度的核定

核心客户应具备行业内综合实力靠前、对外履约记录良好，符合银行授信政策要求，无不良信用记录等条件，重点支持。

（1）资源优势突出，如石油、煤炭、电力等能源类行业中的大型企业。

（2）回购担保能力强，财务指标优良，具备较强履约能力，如大型制造企业。

（3）竞争优势明显，内部经营管理规范，如大型外资装备企业。

（4）在行业中处于绝对垄断地位的客户，如有行业导向能力的客户。

（5）国内著名、实力颇强、辐射范围广、运行稳定的特定专业市场。

对于配合提供授信资料的核心客户，执行一般的信贷操作流程，按照信贷政策手册规定，收集资料，进行项目申报、审批。

对于不配合提供授信资料的核心客户，主办客户经理应当参考专业评级公司的评级结果，按照评级结果孰高孰低原则确定该客户的信用级别，并采取多种途径尽可能多地收集客户资料。客户经理从其他渠道获得的核心客户授信材料应符合银行授信政策的有关要求。适用于管理规范、市场知名度较高、关系国计民生的特大型、垄断型、资源型客户或大型上市公司。外部专业公司的范围限定在国外国内知名的评级公司。

（二）对于配套企业额度的核定

1. 配套企业的准入条件。

供应商和经销商一般应由核心企业推荐，列入核心企业供应商或经销商名录的优先支持。供应商一般具有如下条件：

（1）信誉较佳，履约记录良好，无违约记录；

（2）具有专业化、一定规模化的生产供货能力；

（3）与核心客户建立了长期稳定的供应链关系，交易履约记录较好。

经销商一般具有如下条件：

（1）所处区域市场需求旺盛，货物周转速度较快；

（2）信誉良好，无违约记录，其销售与服务活动直接在核心客户支持与监督下；

（3）内部管理规范，具有专业的团队人员配合银行业务开展；

（4）重点支持核心客户排名靠前的经销企业。

2. 对配套企业额度的核定。

对供应商、经销商授信限额的核定可参考如下计算公式确定：

$$Q = C \times G \times S$$

其中：

Q = 当期最高授信额度。

C = 经营循环资金周转量。（经营循环资金周转量 = 应收账款平均余额 + 存货平均余额 + 预付平均余额 + 应收票据平均余额 - 预收账款平均余额 - 应付账款平均余额 - 应付票据平均余额，其中，平均余额 = 期初余额/2 + 期末余额/2，货币资金应扣除保证金）

注：应收账款应剔除一年以上及其他明显可能损失的应收账款；平均存货应当剔除一年以上的或明显滞销的存货。

G = 预期销售增长率。（该系数反映客户销售增长预期，可参考宏观经济环境、行业景气程度和客户经营业绩综合确定，通常取值为 1.0 ~ 1.3，如取值超过其上限应充分说明理由）

S = 目标市场份额系数。（该系数反映银行在全部金融机构对该客户信贷业务中的目标市场份额，可参考上年度末实际市场份额和本年度对该客户的市场营销策略确定）

原则上，按照以上公式确定对供应商和经销商的授信额度，对于管理规范，经营规模较大的经销商，授信金额可以适度增加。

3. 对配套企业额度的管理。

在核心企业承担回购担保、连带责任担保、付款（退款）承诺或见证回购责任下，审批部门认定后可实行单一额度管理，即额度由核心企业授信申报银行根据与核心企业的协商结果及业务贸易特点进行核定，不再走一般信贷审批流程。对于运行质量较好、风控能力强的双额度管理网络，可转换为单一额度管理，由审批机构核准。

如果核心企业不承担回购担保、连带责任担保、付款（退款）承诺或见证回购责任，实行双额度管理，即对配套企业授信额度的审批仍按现有的一般信贷审批流程进行报批。

二、业务风险管理

（一）行业周期性风险管理

供应链融资营销模式以核心企业为中心向供应链上、下游延伸开展授信业务，而供应链的整体运营与行业发展所处周期阶段高度相关。风险防范措施包括：拓宽行业范围，增加服务的宽泛度；加强行业组合管理及行业限额控制管理；加强宏观行业走势分析与管理，及时关注行业风险变迁，并通过拓宽投向政策及时引导供应链融资项下业务的行业分布结构调整。

（二）授信集中度管理

在供应链融资中，实质是对整个供应链的风险进行总体评估。如果银行将过多资源投入某一行业，一旦该行业形势发生逆转，就可能会给银行带来损失。应加强对核心企业的实质授信和对供应链的整体把握。

（三）法律风险

供应链项下法律关系复杂，存在法律地位不明确、权利追索可能有障碍等风险。应主动跟进业务进展，不断加以完善业务模式，对于与交易对手签署的协议文本，必须经相关专业部门审定后方可使用。

（四）操作过程管理

供应链融资强调授信方案的完整性，具体融资品种复杂程度较高，货押项下存在盯市、补仓等操作要求较高的行为。防范措施包括：加强业务培训，建立专业审批团队，实施专业化审批，加强资格认证及专业人员管理，加大业务检查及管理；建立货押专业团队，实行货押业务专业化管理；建立中介公司准入审批机制，选择国内规模领先的大型物流仓储管理公司进行货物监管；掌握供应链融资项下货物的入库、质押、定期盘库、置换、出库等信息，所有信息必须建立专门的台账，客户经理必须定期实地了解相关信息，分行相关管理部门要定期检查业务人员的有关台账；开展供应链融资业务的银行分支机构，应在组织架构、制度建设、风险管理、人员配备和专业培训等方面达到相关制度规定的要求。

（五）市场波动预警管理

对于钢材、有色金属等行业来讲，价格波动较为频繁。围绕这些行业开展供应链融资业务的银行，应加强市场研究，建立针对市场价格波动的快速反应机制；建立货押中心与资金部联动盯市机制；除票据产品融资及特定客户实体融资模式项下，供应链融资客户单笔授信原则上不超过合同交易金额的80%。同一贸易背景和同一操作模式下，供应链融资授信业务可核定循环额度，循环额度采用余额控制，期限不超过1年，单笔出账一般不超过6个月。

（六）资金流管理

借款人可能将产品销售收入挪作他用从而对银行融资造成风险。防范措施包括：突出贸易背景的真实性审查，着重把握资金真实流向和企业经营细节，防止资金挪用，只承接真实稳定贸易背景项下客户的融资需求；从加强对融资对象的信用考察、选择市场信誉度高的客户外，应加强对客户资金流向的管理，主要是保证金管理和履约定向付款管理。要求客户将供应链融资项下的结算资金全部进入银行保证金账户进行封闭管理，不断缓释银行融资敞口风险。为客户提供的融资定向用于货物的采购，银行要监控资金的逐笔使用，以确保资金按照客户承诺使用。

（七）业务过程控制

业务开展整个周期内，借款人状况会因各种原因发生变化。各业务经办银行应加强贷后管理，每个月应做好贷后管理报告，并应实地检查授信企业；定期对销售情况进行分析，根据借款人历史销售水平和未来销售预期，对于额度不合理的经销商、供应商应会同核心厂商及时调整；根据借款人的财务状况决定收缩或退出措施；对于经营状况不佳、管理水平低、信誉差的借款人应坚决退出；在单纯货物质押方式下，质押率达到警戒线及时通知借款人补足货物或保证金，如达到平仓线，应直接平仓等。

第五节　订单融资（政府采购融资）

一、订单融资业务介绍

订单融资是指借款人收到买方有效订单或贸易合同、协议后，由贷款银行对借款人提供的用于订单项下原材料收购、半成品加工、生产、产品储运等生产经营周转，并以销售回笼款项归还融资款项的一种短期融资业务。

订单融资的借款人应该是行业内优势企业的上游供应商（包括国内知名大型生产企业配套的指定供应商或国内知名大型流通企业供货的指定供应商），业务基础是供应商与行业内优势企业必须有真实、稳定的贸易关系。因此，办理该业务的基础是贷款银行首先要确定行业内的优势企业（应该具有竞争力强、市场影响大、业务效益好，对上、下游配套企业具有一定话语权等特点），然后再选择这一优势企业的供应商作为融资对象。对钢铁、有色、汽车、工程机械、电器、电力、石油石化等行业内优势企业的供应商而言，此业务非常适合。当然，并不是优势行业的所有供应商都应该提供此业务。银行应首先选择那些信用等级较高、与优势企业业务合作时间较长、履约能力和履约记录良好的供应商作为业务办理对象。除供应商的选择要采取一定的标准外，贷款银行对订单项下的具体商品也要有所要求，比如质量稳定、标准化程度高、市场前景较好等。

订单合格与否是订单融资能否发放的重要条件。一般而言，订单必须为有效订单，交易信息必须清晰明确，以避免产生贸易纠纷。如订单要对交易的货物规格/品质条款、检验条款、支付方式、纠纷解决方式等作出明确规定。然而，订单毕竟只是用来缓释贷款风险的，真正的还款来源是行业内优势企业支付的货款。因此，①贷款银行要做好销售汇款及授信用途的监控，确保授信用于采购生产核心企业所购商品项下的原材料采购、商品生产及储运等内容，销售回款到贷款银行指定的账户。②贷款银行要关注买方的经营状况及资信状况，在借款人未提供其他担保措施的情况下，更应加强对买方的资信调查。

对订单项下的付款方式，贷款银行一般建议选择电汇方式。若交易双方约定以票据方式或其他非现金方式结算，贷款银行应要求行业内优势企业（买方）每次交付票据前通知贷款银行与借款人一起前往取票。

鉴于一笔商品或劳务交易不可能拖延很久，订单融资业务的时间也就不会很长，可根据订单约定的最迟交货期加合理的应收账款账期确定。至于贷款额度，要依据订单项下的资金缺口来设定，既不能太少以致不能完成备货，也不能全部依靠银行贷款来完成备货。从经验来看，单笔订单融资金额不应超过订单实有金额（指订单金额扣除订单卖方预收货款金额后的余额）的70%，对借款人符合贷款银行信用贷款条件或订单买方为借款人提供全额担保的，融资金额最高可放宽至订单实有金额的90%，但也不能达到订单金额的100%。

订单融资实质上是用应收账款来还款。为稳妥起见，贷款银行须登录人民银行应收账款质押登记系统，确认订单项下预期销货款不存在已被质押、转让和异议登记等情形，并办妥质押登记。在办妥质押登记后，买方可向借款人发出有效订单，借款人将订单报备贷款银行进行融资对外进行购货，借款人按照订单要求向买方发货。结算期至，买方将结算资金如期划入借款人在贷款银行指定的结算账户，贷款银行对该资金进行监管。借款人订单履约、账款到期后资金回笼划付到贷款银行指定账户后应及时归还订单融资或划入相关的保证金账户。在买方提交下一笔订单，且该笔订单的金额不少于前笔订单金额的情况下，经贷款银行同意，借款人可使用前笔提货回笼的结算资金。

只要借款人与买方的交易能顺畅进行，对贷款银行而言，业务风险就不会很高。但如果交易不能按计划完成，对贷款银行而言则无疑是值得焦虑的。因此贷款银行应密切关注授信申请人的订单履约情况，重点可关注：借款人有无将订单融资资金挪作他用；生产经营情况是否正常运转，是否能按期开展原材料采购、商品生产及储运等经营流程，是否能按期交货履约；订单条款修订是否经贷款银行同意，条款变更有无发生不利于贷款银行的重大变化；有无产品质量出现不稳定或产品市场价格出现较大波动；有无重大的贸易纠纷；订单项下的回款是否按贷款银行要求划付至指定账户；买方是否出现重大信用风险。如果出现了上述重大问题，贷款银行应立即收回授信并取消借款人的额度。

为进一步锁定业务风险，贷款银行应与借款人、买方签署《三方合作协议》。在协议中，各方都要做出承诺，以确保交易的顺利进行和银行贷款的按期回收。比如，借款人要承诺在贷款银行设立资金结算账户，并作为销售资金的回款账户；买方承诺从采购协议签订之日起将该协议项下所有结算资金全部划入该账户，且在每笔订单的提货相关单据文件中注明该提货为贷款银行《三方合作协议》项下的提货；贷款银行则承诺及时提供贷款资金。

二、一种特殊的订单融资——政府采购融资

（一）业务含义

政府采购是指国家机关、事业单位和团体组织，使用市级财政性资金采购依法制定的集中采购目录以内的或者采购限额标准以上的货物、工程和服务的行为。各级政府的政府采购中心主要通过招标方式选择供应商，具体实施政府采购活动。企业通过中标或其他方式成为政府采购的供应商后，为组织货物生产或劳务提供，可能需要一定的资金支持。银行就根据政府采购中标或成交通知书，按照一定的规则为有融资意向的供应商提供融资服务。该项业务的主要特点是：根据政府采购订单，通过资金封闭运行的方式，为供应商提供前期生产或周转资金，以政府财政支付资金为主要还款来源。

银行推出政府采购融资业务，对业务涉及各方均有益处。对供应商而言，可获得履约而必需的资金；对银行而言，可在风险得到缓释的前提下，向特定中小企业提供融资服务（因为供应商大都是中小企

业）；对政府而言，可充分发挥采购结算资金的保障作用，在缓解中小企业融资难问题的同时，保障了采购项目的顺利进行。

专栏 4-8

政府采购的相关规定

根据《中华人民共和国政府采购法》的规定，"采购"是指以合同方式有偿取得货物、工程和服务的行为，包括购买、租赁、委托、雇用等；"货物"是指各种形态和种类的物品，包括原材料、燃料、设备、产品等；"工程"是指建设工程，包括建筑物和构筑物的新建、改建、扩建、装修、拆除、修缮等；"服务"是指除货物和工程以外的其他政府采购对象；"供应商"是指向采购人提供货物、工程或者服务的法人、其他组织或者自然人。

政府采购的方式包括公开招标、邀请招标、竞争性谈判、单一来源采购、询价等，其中，公开招标是政府采购的主要采购方式。符合下列情形之一的货物或者服务，可以采用邀请招标方式采购：具有特殊性，只能从有限范围的供应商采购的；采用公开招标方式的费用占政府采购项目总价值的比例过大的。符合下列情形之一的货物或者服务，可以采用竞争性谈判方式采购：招标后没有供应商投标，或者没有合格标的，或者重新招标未能成立的；技术复杂或者性质特殊，不能确定详细规格或者具体要求的；采用招标所需时间不能满足用户紧急需要的；不能事先计算出价格总额的。符合下列情形之一的货物或者服务，可以采用单一来源方式采购：只能从唯一供应商处采购的；发生了不可预见的紧急情况不能从其他供应商处采购的；必须保证原有采购项目一致性或者服务配套的要求，需要继续从原供应商处添购，且添购资金总额不超过原合同采购金额 10% 的。

经采购人同意，供应商可以依法采取分包方式履行合同。

（二）业务流程

（1）在取得政府采购中标或成交《通知书》并已签订《政府采购合同》后，有融资需求的供应商向融资银行提交该《通知书》和《政府采购合同》的原件、复印件并提出贷款申请。

（2）银行向（省、市、县）财政局政府采购处提交政府采购供应商履约情况确认表。银行获得盖章确认的回执后，据此评估供应商的履约情况。供应商的申请融资金额一般不能超过政府采购合同总金额敞口部分（指政府采购中心与供应商签订的购销合同总金额扣减预付金后的金额）的90%。

（3）银行按照内部信贷流程对供应商进行信贷审查。必要时，引入担保公司。担保公司则按照内部担保流程对供应商进行独立审查。

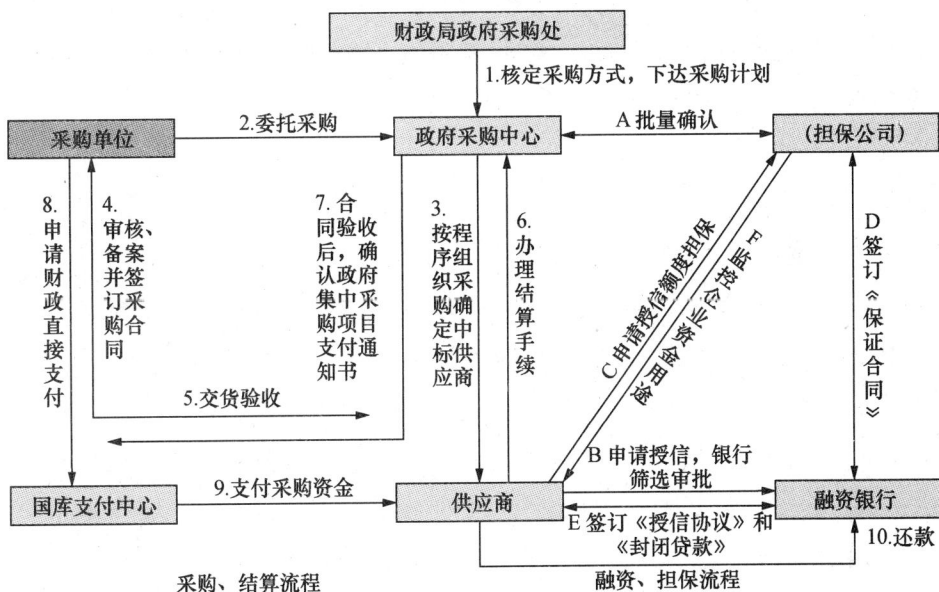

图4-4　政府采购融资业务流程

（4）如果通过银行/担保公司的审查可以开展授信业务，则由银行向财政局政府采购处提交融资备案表，财政局政府采购处在该备案表中盖章确认。该备案表由拟融资供应商填写、经银行确认,用于锁定政府采购资金履约时的回款账号;除非银行出具提前还款通知书外,财政局将不再变更政府采购资金拟融资供应商履约时的回款账号。

专栏 4-9

政府采购供应商融资备案表(样本)

编号:

××财政局政府采购处:

我司已成为(商品/劳务)_____(项目号_____)的供应商,且与使用方(名称)_____签订合同(项目号_____),拟凭此在××银行××分行融资_____元。为保证该笔债务按期归还,我司现将我司收款账号告知贵局,请将合同款项直接付至以下账号:

户　名:_____

账　号:_____

开户行:_____

我司承诺除××银行××分行出具《贷款提前还清通知书》外的任何情况,合同款项的支付路径将不再更改。特此备案

(供应商)

_____年____月____日

该司已开立上述专用账号,用于结算上述合同项下政府采购款项。特此备案

××银行××分行

_____年____月____日

回　　执（样本）

编号：

××银行××分行：

　　贵行（备案号）_____号下备案表已收悉，我处已登记备案项目号_____项下供应商（名称_____）的合同（项目号_____）金额_____，在该供应商履行合同前提下，我处确认将合同款汇入以下专户：

　　户　名：_____

　　账　号：_____

　　开户行：_____

特此回执

××财政局政府采购处

_____年____月____日

　　（5）银行在获得财政局政府采购处出具的备案表回执及完善担保公司提供的担保手续后，与供应商签订《封闭贷款运行协议》和具体业务合同。

专栏 4-10

政府采购中标供应商融资封闭运行协议（样本）

　　××公司（中标供应商）与××银行就政府采购融资封闭运行达成以下协议：

一、本协议中封闭贷款是指为支持××公司供给政府采购之货物的生产及采购，在供给政府采购货物的生产及销售过程中，××银行实行贷款发放和收回专户管理，封闭运行。

二、××公司应在××银行开立结算账户和收入监管账户（在财政局政府采购处备案的政府采购结算账户）。

结算账户用于结算往来，支付需符合用于完成政府采购供应行为的用途，资金支付时需××银行主办客户经理审批。

收入监管账户用于核算××公司收入政府采购供应的销（预）售收入及其他资金，进入本账户内资金用于归还未结清授信，余款可拨入结算账户自行支配。

三、如果××公司获得的是可循环额度授信，与××银行签订"综合授信协议"后，可凭《中标通知书》、《政府采购合同》申请提款；如果××公司获得的是单笔单批授信，与××银行签订借款合同后，××公司可凭《中标通知书》、《政府采购合同》向××银行申请提款。

四、××公司应定期向××银行提供既定产品测算的原材料、工费清单及对外支付明细情况，以及与政府采购货物销售有关的合同或协议类资料和财务会计资料。

五、××公司政府采购货物生产过程中原辅材料的采购、费用开支等一切支付，都要由××银行根据××公司提供的原材料、工费清单经审核并由××银行客户经理签字后从结算账户予以支付，所有与该清单无关的费用，不得支付。

六、××公司保证获得政府采购货物销售收入后及时存入××公司所开立的政府采购收入监管专户，在还清××银行贷款本息前，不将收入监管专户的资金挪作他用、不得截流。××银行应监督跟踪产品销售，掌握付款方式及时间，督促××公司偿还借款本息，可于贷款到期后直接从××公司账户扣除贷款本息。

七、××银行对××公司政府采购货物销货款未进收入监管账户、挤占挪用封闭贷款或有逃废银行债务行为的，有权立即停止发放贷款，并扣收原发放的贷款；对无力还清的贷款，有权追索担保单位。在××公司采购结算资金到账后，××银行在扣款还贷款本息的同时将其余款项解除监管。

（6）向供应商放款。贷款发放后，银行及时向担保公司递送"上账通知函"，便于担保公司登记台账和收取担保费。银行和担保公司共同对政府采购供应商的合同履约过程进行监管，共同负责与财政局和政府采购中心的沟通工作。

（7）供应商按照授信合同约定履行合同的情形：采购人按照采购合同的约定验收物品或者接受服务后，向采购中心提交收货/验收证明、相关发票，经过采购中心确认后提请财政局政府采购处支付全额款项，划入供应商在融资银行开立的政府采购收入监管账户，该笔款项的部分资金用于归还供应商在融资银行的全额政府采购借款资金本息，其余部分划入供应商结算账户使用。

贷款提前还清或到期还清后，融资银行出具"解除担保责任确认函"，担保公司相应解除对应的贷款担保责任。如供应商未能按借款合同约定按时还款，银行则书面通知担保公司，由担保公司履行担保责任。

（三）　注意事项

（1）政府采购融资的业务风险主要表现在供应商在组织生产（贸易）和交货验收环节。一是供应商产品的品质保证；二是生产、贸易环节中的经营风险；三是交货验收环节中的货物流通风险。据此，可采取如下措施：①选择政府采购部门确定的供应商作为融资对象，并从政府财政部门获得确认信息，对供应商的中标/成交通知书、合同、支付凭证等形式要件进行审查。②追加风险缓释第三方，包括选择具有财政背景或担保实力较强的担保公司或再担保公司，增强政府采购融资的风险控制力，并协助银行监控供应商的日常经营等行为。③采购信贷资金封闭运行，如要求供应商收款账号和开户行设立在融资银行，锁定政府采购资金还款来源；要求专款专用，实行用款监督支付；要求供应商的销售回款资金和结算通过融资银行，确保对企业资金流的监控；争取政府采购资金专户在融资银行开立，对外支付通过融资银行办理，确保信贷资金的全封闭运行。④部分项目推行企业财产保险。对于易燃易损物品推行财产保险制度，预防供应商遇到不可抗力等事件导致的信贷资产损失。

（2）融资银行、担保公司、财政局、政府采购中心等各方各司其职，并通过签署合作协议方式明确各自职责。银行负责对特定的供应商借款人审批授信规模，并负责对保证人担保资格的审核；担保公司则负责审定相应的履约融资担保规模。

（3）融资银行委托政府采购中心向供应商进行融资业务宣传，并代为发放银行办理业务流程的宣传资料，以扩大银行的影响，提升业务量。

第六节　融资租赁封闭贷款

一、业务含义

融资租赁封闭贷款是指商业银行针对特定交易项下的融资租赁项目，通过设计封闭还款、监管资金流进行风险有效控制而向租赁公司发放贷款的一种供应链融资产品。融资租赁封闭贷款中所称融资租赁包括直接租赁和回租赁两种。其中，直接租赁是指出租人根据承租人对出卖人、租赁物的选择，为出卖人购买租赁物件，提供给承租人使用，向承租人收取租金的交易，它以出租人保留租赁物的所有权和收取租金为条件，使承租人在租赁合同期内对租赁物取得占有、使用和受益的权利；回租赁是承租人和供货人为同一人的特殊融资租赁方式，指承租人将自有物件出卖给出租人，同时与出租人签订一份融资租赁合同，再将该物件从出租人处租回。

融资租赁封闭贷款的业务品种主要有中长期封闭贷款、应收租赁款质押封闭贷款和应收租赁款买断封闭融资三种形式。其中：①中长期封闭贷款是指银行向作为出租人的融资租赁公司提供贷款，由出租人专用于购买专业设备，提供给承租人使用。贷款以设备抵押作为担保，由设备供应商提供回购担保；或者由实力较强的设备供应商或第三方提供连带责任保证；或者提供贷款银行认可的其他授信担保方式。此种贷款的还款来源为贷款项目租金收入。②应收租赁款质押封闭贷款是指以已经确认并可以按期足额收回的应收租赁款质押为担保条件，向融资租赁公司发放贷款。贷款的用途可以是独立于被质押应收租赁款项目以外的其他租赁项目。贷款的还款来源同时包含贷款项目租金收入和被质押应收租赁款项目的租金收入。③应收租赁款买断封闭融资是指以有追索权为前提，对租赁公司可以按期足额收回的应收租赁款开展买断融资业务。

二、业务操作

1. 选择适合的项目

在商务实践中，融资租赁在以下设备的交易中比较适用：飞机、船舶等大型运输设备，大型通信设备、生产设备、科研设备、检验检测设备、工程机械设备等各类大型设备，大型医疗设备，大型印刷设备等。因此，上述设备采取融资租赁方式时，商业银行可以用融资租赁封闭贷款产品进行介入。

2. 选择合适的借款人和承租人

融资租赁封闭贷款主要涉及商业银行、租赁公司和承租人三个方面的业务主体。我国的租赁公司包括金融租赁公司和非金融类的租赁公司两种类型，这两类租赁公司由不同的政府主管部门审批成立。商业银行选择租赁公司作为借款人时，应选择那些由境内设备制造企业作为股东的金融租赁公司和风险资产（含担保余额）占资本总额比重较低的非金融类租赁公司。这是因为，具备这个特点的租赁公司大都实力较强，或者有较强的租赁项目甄选能力，或者有较强的抗风险能力。作为融资租赁封闭贷款业务中的承租人，应该具备一定的条件。比如：有良好的经营业绩支撑，其租赁费偿还对租赁项目产生的效益依赖性较小；在租赁前有足够的与租赁资产相匹配的净资产，有效净资产与租赁资产的比例较高；具有较高盈利能力，现金流量净额为正值，资产负债率较低；制订有详细的融资租赁计划和还款计划；承诺在贷款银行开立账户等。

鉴于融资租赁封闭贷款的还款来源主要依赖于承租人按时缴纳的租金，因此除选择好的租赁项目外，商业银行对承租人也要作详尽的调查。那些在市场上拥有较强竞争能力、能产生稳定经营现金流的企业是作为承租人的首选。这是因为，承租人能否按时缴纳租赁费用，取决于其生产经营状况。如果承租人不能依靠经营活动产生足够的现金流入，他就不能按时向出租人缴纳租金，当然银行的贷款就会处于风险之中。

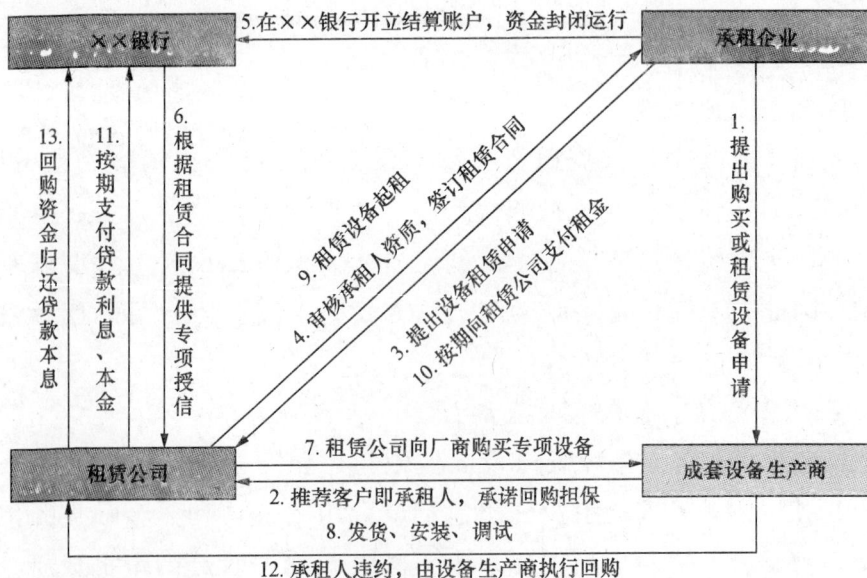

图 4－5　融资租赁封闭贷款业务流程

3. 采取恰当的风险控制手段

贷款银行在办理融资租赁封闭贷款时，一般会采取如下风险控制手段：办理租赁标的物的抵押手续，将该标的物的抵押权人设置为贷款银行；监控租金的流向，以项目租金收入作为第一还款来源；要求承租人在贷款银行开立还款专用账户，每月租金划付此账户内，委托贷款银行直接办理还款手续，实现项目资金封闭运行；必要时，要求借款人提供其他有效的担保；要求保险公司提供保险。

专栏 4-11

兴汉租赁有限公司应收租赁款
买断封闭融资营销案例

一、企业基本情况

兴汉租赁有限公司是由兴汉控股集团有限公司与美跃电器集团控股有限公司共同发起成立的，是我国某省会城市唯一一家从事融资租赁业务的专业化公司，注册资金2亿元。该公司已累计向300余户不同行业、不同类型、不同规模的中小企业提供达20亿元的资金支持。该公司近3年租赁业务投放金额分别是2.12亿元、3.52亿元、3.53亿元，资金回收率均在99%以上。公司实现主营业务收入分别为3458万元、4717万元、5830万元，实现净利润分别为1365万元、1884万元、2242万元，主营业务利润率分别为94.52%、95.24%和93.29%，净资产益率分别为5.72%、9.81%、11.19%。

兴汉租赁有限公司的控股股东兴汉控股集团有限公司是经当地国资委批准设立并授权经营的国有独资公司，以金融为主业，以打造金融控股公司为目标，代表市委、市政府承担建立和完善地方金融服务体系的任务。目前业务范围涉及银行、证券、保险、信托、基金、租赁、典当、房地产、酒店和物业管理等多个领域，是当地的强势企业。

二、银行营销方案

A银行与兴汉控股有限公司有联系，但该公司本身并没有融资需求。在一次业务走访中，得知其下属子公司兴汉租赁有限公司在流动资金方面存在一定需求，随即开始与其联系。在反复沟通的过程中，兴汉租赁公司提出了它们对融资方面的具体要求，希望能有效解决流动资金贷款时间较短、额度受限的问题。A银行结合企业的租赁期限一般为三年这一经营特点，决定向其推荐应收租赁款买断封闭融资业务，授信期限三年，该公司将应收租赁款转让A银行，授信资金用于公司经营资金周转。授信期限内，在A银行批复的总授信额度内，兴汉租赁有限公司可将满足A银行要求的合格应收租赁款持续添加转让给A银行。该笔融资的期限与租赁期限相匹配，最长三年，融资比例为出租方应收租金的90%。

通过该笔业务，A银行获得贷款金额10%的保证金存款，并且吸收部分公司结算存款2000余万元，从而带动了存款业务的增长。业务手续费率按三年期标准收取，也为A银行带来一定的中间业务收入。

该业务的成功办理，为A银行与企业母公司兴汉控股集团有限公司加大合作打下了很好的基础。客户经理紧抓这一切入点，积极展开对兴汉控股集团有限公司的营销工作。恰好在这段时间，兴汉控股集团有限公司根据当地市政府的要求，介入当地另一企业的改制工作。由于此次改制处置资产规模较大、时间较长，出现较大资金需求。得知这一信息，A银行迅速介入，通过与企业反复沟通，最终与企业达成一致，向其提供了三年期的5000万元中长期流动资金贷款。

从承租人介入的融资租赁封闭贷款营销案例

一、承租人基本情况

河黄煤业化工集团公司是以煤炭开采、煤炭转化为主的大型能源化工企业，在当地具有很强的竞争优势和规模优势。该集团在地方经济发展中占有重要的地位，地方政府的大力扶持为集团持续稳定发展创造了有利条件。截至去年末，该集团总资产700亿元，所有者权益260亿元（其中少数股东权益110亿元）；去年实现营业收入257亿元，利润总额21亿元。

该集团作为当地的龙头企业，一直与各家银行间保持良好的合作关系，各家银行争相对其授信，共计获得近900亿元的综合授信额度，其中已使用信用额度230亿元。该集团的间接融资渠道也非常畅通。A银行自前年与该集团进行合作，授信额度从前年的0.4亿元增加到去年的2亿元，但双方合作都停留在最原始的领域内，并且企业实际只使用过2000万元银行承兑票，基本上没有开展结算业务，A银行认为综合收益很低。

根据省政府确定的煤业战略发展规划，该集团拟在未来5年内发展成为以煤炭生产为主业，煤、化、电、运综合发展，产业结构合理、产权清晰、资本结构多元化的跨地区、跨行业、跨所有制和跨国经营的国内一流、国际知名的特大型能源企业。据初步测算，为了完成这一目标，未来5～10年内，该集团对外融资规模将逐渐增加。但鉴于该企业的强势市场地位，银行间的竞争仍会很激烈。A银行认为自己议价能力低，收益小，因而必须做一些其他银行还没有开展的而客户又有需求的产品。只有这样，才能打开突破口，进而达到全面切入客户的目的。A银行通过对企业财务报表的分析，发现该集团下属矿井公司的固定资产较大，且折旧年限较长，因此拟定了向该集团提供融资租赁封闭贷款的服务方案。

二、银行营销方案

A银行主动接触已经与自己有业务往来的租赁公司，由该租赁公司向A银行申请融资租赁封闭贷款，用途为购买租赁设备，河黄煤业对此提供连带责任担保，承租人为河黄煤业下属矿井公司。租赁公司和承租人签订租赁合同，将产生的应收租赁款质押给A银行，

A 银行按租赁期限收取本息的同时向租赁公司收取手续费。河黄煤业下属矿井公司和租赁公司在 A 银行开立监管账户，信贷资金及租金回款均由租赁公司书面委托 A 银行按照用途划转，实现资金的封闭运行。

方案特点：

（1）租赁公司用银行贷款资金购买租赁标的物，由此产生租赁合同项下对应的应收租赁账款。

（2）A 银行用租赁公司这个平台，通过监管账户封闭划转给河黄煤业下属矿井公司，从而将信贷资金间接用于河黄煤业融资租赁。

（3）河黄煤业提供连带责任担保。

（4）河黄煤业下属公司和租赁公司在 A 银行开立账户，信贷资金及租金回款均由租赁公司书面委托 A 银行按照用途划转，实现资金封闭运行。

根据上述方案，A 银行能获得贷款利息收入、存款沉淀等综合业务收益。由于该项业务的开展，该集团将 A 银行作为副主承销商发行了短期融资券 20 亿元，又给 A 银行带来了发行费中间业务收入。双方下一步还将在信托、中期票据等其他业务上开展合作，A 银行真正达到了全面切入该客户的目的。

为具有集团背景的租赁公司提供融资服务案例

一、客户背景

A 租赁公司初始注册资本 2000 万美元，去年增资到 4000 万美元。主要从事工程机械的融资性租赁业务。其母公司 B 主要从事挖掘机、叉车和发动机的生产、销售，为一家韩国独资企业。B 公司在中国投资了主要生产挖掘机、叉车的 C 公司。近年来，C 公司生产的挖掘机连续多年在国内挖掘机市场排名居于前列，市场占有率 15.7%。从细分市场角度，C 公司的产品主要集中于迷你型和中型挖掘机市场。B 公司投资成立 A 租赁公司的目的就是围绕工程机械销售，为下游客户提供融资服务。

A 租赁公司总资产 11.5 亿元，资本充足率 24%，风险资产倍数 4.8，租赁业务逾期率 1.83%，逾期金额 1500 万元。由于 A 租赁公司一直实行代理商连带担保及厂家回购模式，故 A 租赁公司不存在关注类以下资产。截至目前，A 租赁公司已累计与国内 20 家代理商签订合作协议开展融资租赁业务，累计办理的 C 公司挖掘机融资租赁达到 3800 台；整体融资租赁业务中，各部分产品金额所占比重分别为：挖掘机 79%，装载机 17%，叉车/机床 4%。根据经营预测，未来几年国内工程机械类市场容量达到 310 万台，其中 80% 为挖掘机和轮式装载机。A 租赁公司的业务具有很好的发展前景。

二、合作思路

H 银行的主要思路是结合 B 公司对中国市场的战略规划，依托现有的制造商 C 公司和融资租赁平台，根据 A 租赁公司的无条件回购保证、部分保证金担保以及 C 公司的回购担保，为工程机械类下游中、小型企业客户提供基于设备租赁背景的融资服务。

（一）合作方案

1. 设备制造商：C 公司

2. 融资主体：A 租赁公司

3. 融资项下租赁合同承租人准入条件：

由 A 租赁公司和 C 公司推荐，优先选择还款记录较好、经营管理水平和经济效益较好、资产负债比例合理、有较强偿债能力的承租人与租赁公司开展合作。

4. 业务品种：

根据租赁合同确定融资期限，原则上最长融资期限不超过 5 年。

5. 担保责任：

授信申请前，必须以三方合作协议形式明确 A 租赁公司的无条件回购保证、保证金比例以及 C 公司提供回购担保责任：①A 租赁公司的无条件回购保证：A 租赁公司承诺承租人未按期支付时无条件回购当期租金。②A 租赁公司的担保保证金，即在厂商回购担保的基础上，贷款银行另收 4% 的保证金：在承租人连续 3 期未能及时还款且厂家回购款尚未到账时，贷款银行有权将这部分保证金扣划用来归还贷款。③C 公司提供回购担保责任：违约累计达到 3 次立即由 C 公司回购剩余全部租金。

根据授信申请，可视情况要求承租人法人代表或实际控制人提供个人无限连带责任保证担保。

6. 风险防范措施：

（1）设置额度控制。贷款银行为 A 租赁公司核定授信总额。

（2）签订合作协议，要求在租赁合同中约定租金回款到贷款银行监管账户，另外应注意细化异常状态处理流程。

（3）授信存续期内，A 租赁公司转让给贷款银行的应收账款不得再转让给其他银行。

（4）融资前，要求 A 租赁公司提供承租人确认的应收账款转让通知回执，或列明应收租赁款已转让给贷款银行条款的租赁合同。

（5）授信后管理。贷款银行定期核查 A 租赁公司的监管账户对账单情况，及时了解买方对应收账款履约支付情况，及卖方在贷款银行信用情况。设置台账及时登记融资金额，关注租金回款情况。如发生异常情况，未能按约定完成单笔授信的租金回购或厂商回购，合作暂停，待回购处理完毕后方可提供新的融资。

（二）业务办理流程

1. 签署三方合作协议。此协议主要明确租赁公司、制造商和承租人的权利和义务。

2. 准备相关材料，包括业务申请书、融资租赁合同或应收账款转让通知书、租金明细、还款计划、转让清单和客户清单等。

3. 为 C 公司核定回购担保额度。

4. 按租赁标的物类型或客户类型对承租人进行批量授信审批。

5. 按融资发生额收取 A 租赁公司担保保证金，并向 A 租赁公司发放贷款。

第七节　信誉保证金监管融资

一、业务含义

很多生产企业的产品比较畅销，经销商为拿到该产品，就会按照生产企业的要求先缴纳一定的保证金。这种保证金的作用表面上看是经销商拿出一部分资金对自己的实力和信用做担保，以获得生产企业的认可。但实际上往往成为生产企业打压经销商、甚至变相占用经销商资金的一种手段。为盘活这部分资金，银行愿意提供信誉保证金监管融资业务。而所谓信誉保证金监管融资业务，就是指部分强势制造企业按年度订货协议收取下游经销商一定的信誉保证金，制造企业在信誉保证金额度内为经销商提供连带责任保证，由银行向经销商提供融资。

二、业务流程

（1）生产企业与其经销商签订"年度经销协议"。
（2）经销商向生产企业缴纳信誉保证金。
（3）银行、生产企业与经销商签订"三方协议"。

专栏 4-12

协议书（样本）

鉴于××经销商与××公司于____年____月____日签订《××年××产品经销协议》，××经销商已向××公司缴纳人民币____万元的信誉保证金。该信誉保证金不得抵算购货款。由××公司在年度终了一次性全额本金退还给××经销商。为此，三方就退还信誉保证金本金＿＿＿＿＿＿＿万元的有关事项，自愿达成如下协议：

1. 如××公司按《经销协议》精神办理退还××经销商年度信誉保证金时，必须将××经销商缴纳的本金直接汇入××经销商在××银行开设的账户内，账号为：＿＿＿＿＿＿＿，不得转入其他任何金融机构或其他账户。

2. ××公司未按期办理全额退还信誉保证金，或在退还信誉保证金时未按约定款项全额汇入××经销商在××银行开设的账户内，则××公司承担为××经销商以信誉保证金额度内在××银行融资金额的连带保证责任。

3. 因本协议与《经销协议》在时间周期上并不一致，而《经销协议》约定年终到期，如果××公司和××经销商双方不再继续下年度的合作关系，××经销商年度信誉保证金退还时间延迟到本协议到期日，××公司办理退还××经销商本金的事宜，但不予支付××经销商保证金延迟时间内的利息。如双方在下年度继续保持合作关系，并仍需要继续缴纳年度信誉保证金，则××经销商原有的年度信誉保证金将自动转入下一年度。××经销商在××银行的融资债务到期时由××经销商自行偿还，偿还后需要重新签订"三方协议"的可进行续签。

4. 如××经销商因某种原因，在与××公司协作过程中单方面解除合作关系并不再与××公司发生业务往来，××公司承诺在协议规定期限退还信誉保证金本金，但不支付利息，××经销商承诺不享受业务中断前××公司未兑现的各种类型的返奖金额。

5. 本协议自签订之日有效，有效期为一年。

6. 本协议一式三份，甲、乙、丙三方各执一份。

（4）经销商出具承诺：银行可扣划生产企业退还的信誉保证金用于偿还授信本息及相关费用等。

专栏 4 - 13

承诺函（样本）

致：××银行：

本公司经有权人集体审议，承诺如下事项：贵行可自行扣划××公司（生产企业）退还本公司的信誉保证金（户名：_____、账号：_____）用于偿还本公司在贵行的一切授信本金、利息及相关费用等。

××公司（经销商）公章

_____年____月____日

（5）领用回购担保额度之后，完成授信出账。在启用授信额度时，经销商除提供正常的授信启用材料外还须提供银行、生产企业及经销商签订的三方协议、银行与经销商签订的补充协议、回购担保额度领用申请暨审批表、经销商承诺函、生产企业与经销商签订的经销协议复印件（客户经理须对原件进行核实）、信誉保证金入账凭证复印件（客户经理须对入账原件进行核实），否则银行放款审核部门有权不予启用授信额度。

（6）在授信使用后，该信誉保证金即自动作为归还授信的最终还款来源。若贷款或银行承兑汇票到期日晚于保证金退还日，且经销商与生产企业在下年度不再合作，则生产企业将该年度信誉保证金全额退还至经销商在银行开设的账户内并给予冻结直至用于归还到期授信。若生产企业未按三方协议的规定按期、全额退还信誉保证金，则生产企业承担为经销商以信誉保证金额度内在银行融资金额的连带保证责任。若经销商和生产企业在下年度继续保持合作关系，并仍需继续缴纳年度信誉保证金，则经销商原有的年度信誉保证金自动转入下一年度，由经销商自行偿还银行授信。

三、风险控制

（1）银行应要求经销商须把本行作为其资金结算主要银行，并将一定比例的日常销售收入回笼到本银行，同时，自愿接受银行对其资金用途的监管（含银行发放的信贷资金）。

（2）在信誉保证金监管融资业务项下，银行需对生产企业及其经销商同时核定相应的授信额度并实行双额度管理：对生产企业须提前核定回购担保总额度，该额度可由不同的经销商分期分笔占用。

（3）银行对经销商的授信额度不得超过其向生产企业缴纳的信誉保证金的95%，并等额占用为生产企业核定的回购担保额度。

（4）若任意一家经销商在银行的授信出现连续三次欠息或授信到期时出现逾期、垫款等不良状况且生产企业未按银行要求退还信誉保证金的，银行须立即暂停该项业务，待问题解决后，再视情况决定是否恢复该项业务。

（5）银行对单一经销商授信不超过生产向其收取的信誉保证金，并等额占用生产企业的连带责任担保额度，全部经销商授信总额不超过生产企业连带责任担保额度。

（6）生产企业和经销商应向银行承诺：生产企业可以正常使用保证金，保证金不用于提货。生产企业还应承诺：退还保证金必须划入经销商在银行的保证金账户，在信誉保证金没有按时退还到位的情况下，生产企业对银行向经销商提供的融资提供连带责任保证。经销商还应承诺：银行可以扣划生产企业退还信誉保证金用于偿还融资本息等费用。

（7）银行对经销商提供的融资到期日应当晚于信誉保证金的退还日，在没有银行书面同意的情况下，不得办理保证金退还的延期。

后　记

　　为银行从业人员编写一套实用性较强的营销类图书，是我多年来的心愿。当这个心愿终于完成的时候，原以为会心潮澎湃，没想到内心却出奇的平静。关于业务方面的事，在这套书中，我能想到的，基本上都力所能及地写到了。作为后记，还是聊些别的吧。

　　自1997年博士毕业至今，将近20年了，俯仰之际，韶华尽逝，我的心境也在不知不觉中发生了重大变化。曾经的希冀早已不在，躁动的内心也已平复，只有奋力写作时才能依稀看到那个曾经努力追求、不敢懈怠的自己。从第一本关于银行营销的专著出版，到今天这套丛书的最终完稿，既为兴趣、责任所驱使，又属"寄兴托益"之作。此时最希望表达的，当是对许多人的谢意。

　　我要感谢我的家人。父母亲对我关爱有加、呵护倍至、以我为豪，二老恭俭仁爱、勤劳善良、与人为善，影响我终生。我与爱人田一恒相识、相恋于学校，相倚、相扶于社会，我们鹣鲽情深、恩爱逾常，她是我今生的最爱。宝贝女儿宋雨轩从出生给我们的家庭带来了无尽的生机与快乐，成为我们夫妻今生和睦如初、努力进取的不尽源泉。现在女儿已是一名中学生了，衷心希望她能一如既往地健康成长，在人生之路努力追求、勤奋耕耘，不断取得进步，对人生抱以积极向上、乐观豁达的态度，也对社会作出持续多样、价值颇大的贡献。

　　我要感谢我学生时代的各位老师，他们让我经常回忆起那登攀书山、泛舟学海、无所顾虑、力争上游的求学好时光。尤其我的博士导师吴世经先生，他在新中国成立前就很知名，在20世纪八九十年代的国内工商管理教育界德高望重，但他并不因为我没有背景、当时仅仅是个 23 岁的年轻人就拒绝录取。永远忘不了先生冬日里在膝盖上盖个小毛毯，在家中手捧英文原版营销学教材为我一人讲课的情景。"云山苍苍，江水泱泱。先生之风，山高水长"，先生在我毕业不久就仙逝了，但先生逝而不朽、逾远弥存。我想，只有继承了先生的品格，才是对先生最好的报答。

我要感谢参加工作以来遇到的各位好领导、好同事。高云龙先生是清华大学博士，多年来担任政府高官和企业高管，他节高礼下、修身施事、学识渊博、思路开阔，待人接物充满君子之风，德才雅望、足为人法，俊采懿范、堪为人效。吴富林先生是复旦大学博士，多年来担任金融企业高管，他理论素养丰厚、实践经验丰富、德行为同人所敬仰，做事为人，亦皆所称誉，其言约而蔼如，其文简而意深，吾辈望之弥高而莫逮。此外，尚有余龙文、张岚、王廷科、阎桂军、李晓远、孙强、张敬才、孙晓君、周君、宁咏、赵红石、陈凯慧、韩学智、黄学军、王正明、周江涛、宋亮、丁树博、王浩、陈久宁、王鹏虎、赵建华、耿黎、申秀文、郝晓强、张云、秦国楼、李朝霞、杨超、李旭、王秋阳诸君。这样的名单还可列出一长串。从他们身上，我学到很多东西。

我要感谢经济管理出版社的谭伟同志。我和他几乎同时参加工作，我的博士论文就是在他的青睐下公开出版的。这些年来，他经常督促我把所思所想记录下来并整理成书出版。在书籍撰写和学术交流中，我们成了很好的朋友。

借本套丛书出版的机会，对所有曾经关心过我及这套丛书的朋友，以及为写作本书而参考的众多书目的作者致以衷心的感谢。希望通过这套丛书的出版，能够结识更多的朋友。我一如既往地欢迎各位读者朋友与我联系、交流。我的联系电话常年不变：13511071933；E-mail：songbf@ bj. ebchina. com。

我还要感谢为本丛书出版而辛苦、细致工作的各位编辑，没有他们的努力，这套丛书也不可能如此迅速且高质量地面世。

"年寿有时而尽，荣乐止乎其身，二者必至之常期，未若文章之无穷。"对于古人如此情怀，我虽不能至，但心向往之。我深知我所撰之书，无资格藏之名山，但能收之同好，心愿足矣！

岁月不居，时节如流。四十又三，忽焉已至。"浮生若梦，为欢几何？"人之相与，俯仰一世，如白驹过隙。转瞬之间、不知不觉中我渐渐变成了我曾经反对的那个人。有感于斯，就把这套丛书献给自己吧，就算是送给自己进入不惑之年的一份礼物，也算是对已逝时光的一种追忆。

"往者不可谏，来者犹可追。"多年来的读书生涯，让我养成了对"问题研究"的"路径依赖"。作为一名金融从业者，我会继续以我的所知、所悟、所想、所做，帮助银行从业人员更加卓有成效地开展工作。就我个人而言，东隅已逝、桑榆未晚，我将秉承知书、知耻、知乐、知足的"四知"理念，积极探究未知领域，讲求礼义廉耻、为适而安，努力向上。

言有尽而情无终，唯愿读者安好！

宋炳方

2014 年 3 月